실전 선거법
A to Z

일러두기

* 이 책은 공직선거법, 정치자금법, 형법 등을 기준으로 선거 현장에서 자주 접하는 사례를
  위주로 작성하였습니다.
* 이 책 발간 이후에 개정된 법과 추가 또는 변경된 법원의 판결 및 중앙선거관리위원회의
  유권해석 등은 이 책의 내용과 다를 수 있습니다.
* 용어의 표기는 아래와 같습니다.
  • '공직선거법' → '공선법', '선거법' 또는 '법'으로 표기
  • '선거관리위원회' → '선관위'로 표기
  • '제58조 제1항 제1호' → '§58 ① ⅰ'로 표기
  • '국회의원' → '의원'으로 표기
  • '지방의회의원 선거' → '지방의원 선거'로 표기
* 각 장의 도입부에 들어간 문구는 로마 집정관 선거에 출마한 마르쿠스 툴리우스 키케로를
  위해 그의 동생 퀸투스 툴리우스 키케로가 선거 전략을 정리해 헌정한 《선거에서 이기는
  법》(2020)의 내용 중에서 발췌하였습니다.

실전 선거법
A to Z

법무법인 한결 지음

매일경제신문사

어김없이 선거의 계절이 돌아왔다. 어느 선거든 치열하지 않은 선거가 없었겠지만, 다가오는 4월에 치러질 제21대 국회의원 선거는 역대급으로 격렬한 선거가 될 것으로 예상한다. 선거가 치열해진다는 것은 물불을 안 가리는 혼탁하고 불법적인 선거운동이 횡행한다는 것이다. 그 선거의 후유증으로 선거법 위반과 관련한 고소·고발·수사 의뢰 등의 건수가 급증하게 되고 급기야 당선이 무효로 되는 사례도 적지 않게 발생할 것이다. 마음이 급한 후보자와 선거운동 관계자들은 선거법을 다 지키면서 어떻게 선거운동을 하느냐고 푸념하면서 최대한 선거운동의 공간을 넓히고자 하는 유혹에 빠지기 쉽다. 그 심정이야 백분 이해하지만 넘어서는 안 될 선을 넘어서는 선거운동은 치명적인 결과를 낳게 된다.

공직선거법은 조문이 279조나 되는 방대한 법이다. 규정이 매우 복잡하여 이해하기 어렵고 해석상 논란의 여지도 많다. 또한 우리 선거법은 그간의 부정선거에 대한 반성적 고려에서 매우 엄격한 규제 중심의 법체계를 갖추고 있다. '이런 정도는 상식적으로 인정되지 않겠어'라고 안이하게 생각하다가 법 위반이 되는 사례가 빈발하게 된다. 게다가 최근에는 SNS

를 이용한 선거운동 등 종래의 전통적 선거운동과는 다른 새로운 선거운동의 양상이 뚜렷해지고 있으나, 이러한 새로운 선거운동의 양상에 대해서는 제대로 된 판례나 해석론이 없는 경우도 허다하다. 따라서 공정 선거·준법 선거를 하려는 의지를 갖는다고 해도 그것에 대한 정확한 이해가 없으면 실수를 하기 쉬운 것이 바로 선거법이다.

로펌에서 선거법에 대한 책을 출간하는 것은 다소 이례적일 수 있겠다. 우리 법무법인 한결은 2018년 6·13 지방선거를 앞두고 선거법 컨설팅 팀을 발족했다. 우리가 추구한 목표는 간단하지만 강력했다. 우리가 자문하는 후보들이 공정·준법 선거로 당당하고 안전하게 당선될 수 있도록 노력하겠다는 것과, 이러한 노력이 대한민국의 선거 문화를 한 걸음 발전시키는 계기가 되길 바란다는 것이었다. 2018년 지방선거에 이어 2019년 3·13 제2회 전국동시조합장 선거에서도 우리의 소박하지만 강력한 노력은 계속 이어졌다. 이제 대한민국은 2020년 제21대 국회의원 선거를 앞두고 있다. 이번 총선이야말로 공정 선거·준법 선거가 정착되느냐의 중요한 분수령이 될 선거일 것이다. 그래서 우리는 우리가 그간

연구하거나 실무적으로 경험한 바를 종합하여 선거법 해설서를 내고자 하는 마음을 갖게 되었다.

선거법 해설서를 내기로 결심하고 나서도 어떠한 책을 만들어볼지에 대해서는 고민을 거듭했다. 이제까지의 선거법 해설서들은 대체로 선거법을 조문 순서대로 설명하는 전문 서적이거나 수험서들이 대부분이었다. 이러한 해설서들은 내용이 지나치게 방대하고 실무적인 요청에 대한 고려가 없이 조문 해설 및 관련 판례 소개에 머물러 있는 경우가 태반이었다. 몇몇 현실정치의 경험이 있는 저자들이 현실정치나 선거운동 관련자들의 요구를 반영한 실무적 선거법 책을 출간하기도 했다. 그러나 이슈 중심 혹은 흥미 위주의 서술이다 보니 선거법에 대한 체계적 이해를 돕고, 선거운동에 대한 종합적인 지침서가 되기에는 역부족이고 저자들의 관심사에 따라 편집된 부분적인 내용의 선거법 해설서가 되고 마는 경우가 많았다.

따라서 전문 서적이 갖는 체계성과 전문성을 잃지 않으면서도 실무적인 선거운동 지침서로서의 현장성과 실전적 도움을 줄 수 있는 선거법 해설서를 서술해보자는 것이 우리의 목표가 되었다. 선거법에 대한 전문적이고 체계적인 이해를 높이면서 이 책 한 권이면 선거운동에 대한 종합적인 실전 지침이 되게끔 집필하고자 노력했다. 두 마리 토끼를 모두 잡았는지는 독자들이 판단해줄 몫이지만 우리로서는 최선을 다했다. 아무쪼록 이 책이 선거운동의 바이블이 되기를 기대한다.

이 책은 크게 2개의 부로 구성돼 있다. 제1부에서는 선거법 총론으로서 '현재부터 선거일까지, 선거운동의 모든 것'이라는 주제로 선거운동에 대한 기본 정의에 대한 설명부터 시기별로 선거운동에 대해 허용되는 것과 제한되는 것에 대한 규제가 어떻게 달라지며, 이에 따라 어떠한 시기별 체크리스트를 만들어서 효과적인 선거운동을 할 것인가를 체계적으로 설명하고자 했다. 그러면서 현역 의원에 비해 불리한 조건의 정치 신인들이 현재의 선거법 체계 하에서 어떻게 최대한 효율적인 선거운동을 할 수 있는지에 대해 여러 가지의 조언을 하고자 했다.

제2부에서는 선거법 각론으로서 반드시 알아야 할 선거운동의 핵심 이슈들을 다루어보았다. 실전에서 가장 자주 부딪히는 주제를 추출해 선

거운동의 아킬레스건인 금전 문제, 새로운 선거운동 트랜드인 온라인 선거운동, 가짜 뉴스로 상징되는 허위 사실 유포, 후보자 비방 등에 대한 대처 방안, 그리고 발생 빈도가 높은 선거법 위반의 생생한 사례 및 선거법 위반 사건의 처리 절차 등을 다루었다. 지면의 한계로 인해 공직선거법 279개 조문을 모두 설명하지는 못했지만, 선거법에 대한 체계적인 이해를 돕고 실무에서 부딪히는 문제를 해결하는 지침이 될 만한 내용과 이슈는 거의 커버했다고 자부한다. 또한 현재까지의 최신 판례를 빠짐없이 검색해 책의 내용에 반영을 했으므로 지금까지 나온 어떤 선거법 책보다 최근 이론과 판례를 충실히 반영한 책이라 생각한다. 개인정보 보호를 위해 비실명화 처리를 했지만 독자들은 책에서 언급한 판례를 읽다 보면 '얼마 전에 신문에서 본 바로 그 사건인데 벌써 분석, 정리를 했구나' 하는 생각을 하게 될 것이다.

이 책을 내는 데 도움을 주신 분들께 감사의 말씀을 드리지 않을 수 없다. 이 책은 한결의 선거법 팀이 집단으로 집필한 책이다. 팀의 고문이자

최고참 선배로 든든한 버팀목이 되어주신 차병직 변호사, 집필에 참가해 많은 수고를 해주신 김희제 변호사, 김장식 변호사, 윤덕근 변호사, 양문식 변호사, 이유진 변호사를 비롯한 선거법 팀의 여러 변호사들께 깊은 감사를 표한다. 중앙선관위에서 25년 공직 생활을 마친 뒤 우리 법인의 선거법 팀 전문위원으로 재직하며 이 책에서 실무적 생생함과 실전적 조언의 상당 부분을 담당해주신 조훈 전문위원에게도 감사의 말씀을 전한다.

2020년 1월

법무법인 한결 선거법 팀장

대표변호사 안식

목차

제2장 마음 급한 후보자를 위한 핵심 조언

제2부 선거법 각론

반드시 알아야 할 선거운동 핵심 이슈

제1장 선거운동의 아킬레스건, 금전 문제

제2장 선거운동의 트렌드, 온라인 선거운동

제1부

선거법 총론

현재부터 선거일까지,
선거운동의 모든 것

제1장

선거운동, 무엇을 하고 무엇을 하지 말아야 하는가

가족과 친구부터 당신을 확실하게 지지하도록 하라.
배우자와 자녀들이 당신을 지지하지 않는다면 선거에서 승리하
는 데 어려움이 따를 것이며 유권자들이 보기에도 탐탁지 않을 것
이다. 후보에게 가장 치명적인 소문은 그에게 가장 가까운 사람들
에게서 시작된다.

– 퀸투스 툴리우스 키케로,《선거에서 이기는 법》중에서

01 선거운동이란 무엇인가

선거운동의 정의와 그 판단 기준

선거법에 대한 설명의 출발점은 무엇이 선거운동인가 하는 것이다. 어떤 행위가 선거운동인지 아닌지는 언뜻 쉽게 판단할 수 있다고 생각하곤 한다. 하지만 실제로는 선거운동인지 여부는 경계가 상당히 애매하여 판단이 쉽지 않은 경우가 적지 않다. 일단 선거운동에 해당되어야 공직선거법(공선법)의 규정이 적용되는 것이고, 해당 행위의 공선법 위반 여부가 따져지게 된다. 먼저 무엇이 선거운동인지부터 살펴보자.

선거운동의 정의

선거운동의 개념에 대해 공선법에서는 당선되거나 되게 하거나 되지 못하게 하기 위한 행위를 선거운동으로 보되, ① 선거에 관한 단순한 의견 개진 및 의사 표시 ② 입후보와 선거운동 준비 행위, ③ 정당의 후보자 추천

선거 특정

후보자·정당 특정

당선 또는 낙선 목적

투표를 얻거나 얻게 하거나 얻지 못하게 하기 위해 필요·유리한 행위

에 관한 단순한 지지·반대의 의견 개진 및 의사 표시, ④ 통상적인 정당 활동, ⑤ 명절 등에 의례적인 인사말을 문자메시지로 전송하는 행위는 선거운동으로 보지 아니하며, ⑥ 투표 참여 권유 행위도 선거운동이 아니라고 규정하고 있다.

그러면 선거운동이 되기 위한 어떤 특별한 요건이 있을까? 첫째 특정 선거에 관한 행위일 것, 둘째 특정 정당(창당준비위원회 포함) 또는 후보자(후보자가 되고자 하는 자 포함)를 위해 하는 행위일 것, 셋째 당선 또는 낙선에 직접·간접적으로 필요하거나 유리한 행위로서 특정인이 당선되거나 다른 사람이 낙선되게 하거나 당선되지 못하게 하는 행위일 것 등의 요건을 충족해야 한다. 이를 그림으로 표시하면 그림 1-1과 같다.

판례 중심으로 살펴본 선거운동과 주요 구체적 판단 기준

2016년 8월 26일 대법원 전원합의체는 대전시장의 공선법 위반 사건과 관련해 주목할 만한 판결을 선고했다. 선거운동에 대한 판단은 구체적인 선거와 관련해 유권자들의 시각에서 당선 또는 낙선을 도모하는 목적 의사가 명확하게 드러나야 하고, 선거와의 시간적 간격을 고려하여 판단해야 한다고 판시하여 선거운동의 요건을 엄격히 해석했다.[1]

선거운동과 주요 구체적인 판단 기준이 어떻게 바뀌어졌는지 일반적 공통으로 적용되는 사항, 정치인의 활동 관련 사항, 단체의 활동 관련 사항은 표 1-1과 같다.

▶ 표 1-1 판례 중심으로 살펴본 선거운동과 판단 기준

구분	내용
일반적 공통 적용 사항	• 선거운동은 특정 선거에서 특정 후보자의 당선 또는 낙선을 도모한다는 목적 의사가 객관적으로 인정될 수 있는 행위를 말한다. **이에 해당하는지는 당해 행위를 하는 주체 내부의 의사가 아니라 외부에 표시된 행위를 대상으로 객관적으로 판단해야 한다.** • 선거 관련 국가기관이나 법률 전문가의 관점에서 사후적·회고적인 방법이 아니라 일반인, 특히 선거인의 관점에서 그 행위의 당시 구체적인 상황에 기초하여 판단해야 하므로 문제된 행위를 경험한 선거인의 관점에서 그 행위 당시의 상황에서 그러한 목적 의사가 있음을 알 수 있는지를 살펴보아야 한다. **이러한 목적 의사를 가지고 있는 행위인지는 단순히 그 행위의 명목뿐만 아니라 그 행위가 행해지는 시기·장소·방법 등을 종합적으로 판단해야 할 것이다.** • 선거운동은 그 대상인 선거가 특정되는 것이 중요한 개념 표지이므로 문제된 행위가 특정 선거를 위한 것임이 인정되어야만 선거운동에 해당한다고 볼 수 있는데, 행위 당시의 상황에서 특정 선거의 실시에 대한 예측이나 확정 여부, 당해 행위의 시기와 특정 선거일 간의 시간적 간격, 그 행위의 내용과 당시의 상황, 행위자와 후보자의 관계 등 여러 객관적 사정을 종합하여 선거인의 관점에서 문제된 행위가 특정 선거를 대상으로 했는지를 합리적으로 판단해야 한다.
정치인의 활동 관련 사항	• 정치인은 선거에서 당선되는 것을 목표로 삼는 사람이므로 정치인의 사회 활동이나 정치 활동은 직접 또는 간접적으로 선거와 연결될 수밖에 없다. 그리고 다양한 형태의 정치 활동들은 대부분 선거와 밀접하게 관련돼 있음을 부인하기 어렵다. **정치인은 누구나 기회가 오면 장래의 적절한 선거에 출마하여 당선될 것을 목표로 삼고 있는 사람이고, 선거운동은 특정한 선거에서 당락을 목표로 하는 행위이므로 문제된 행위가 특정 선거를 위한 것이라고 인정하려면 단순히 어떤 사람이 향후 언젠가 어떤 선거에 나설 것이라는 예측을 할 수 있는 정도로는 부족하고, 특정 선거를 전제로 그 선거에서 당락을 도모하는 행위임을 선거인이 명백히 인식할 수 있는 객관적인 사정이 있어야 한다.** 이것 역시 그 행위를 한 시기가 선거일에 가까우면 가까울수록 명시적인 표현 없이도 다른 객관적 사정을 통해 특정 선거를 목표로 하는 선거운동임을 쉽게 인정할 수 있을 것이다.

	• 정치인이 일상적인 사회 활동과 통상적인 정치 활동의 일환으로 선거인과 접촉하여 공선법에 따라 제한·금지되지 않는 시기에 일상적인 사회 활동과 통상적인 정치 활동의 일환으로 선거인과 접촉하여 자신의 인격에 대한 공감과 정치적 식견에 대한 찬성과 동의를 구하고 의견을 청취·수용하여 지지를 받을 수 있는 정책을 구상·수립하는 등 인지도와 긍정적 이미지를 제고하여 정치적 기반을 다지는 행위에도 판단 기준이 그대로 적용되어야 한다.
단체의 활동 관련 사항	• 선거 관련 단체 등의 경우에는 단체의 설립 목적과 경위, 인적 구성, 그 활동의 시기, 방법, 내용과 규모 등을 추가적으로 고려하여 그 활동이 특정 선거에서 특정인의 당선 또는 낙선을 도모하는 목적 의사에 따라 행해진 것이라는 점이 당해 선거인의 관점에서 객관적으로 인정되는지를 살펴보아야 한다. • 문제된 행위가 단체 등을 통한 활동의 모습으로 나타나는 경우에는 그 단체 등의 설립 목적과 경위, 인적 구성, 방법, 내용과 규모 등을 추가적으로 고려하여 그 활동이 특정 선거에서 특정인의 당선 또는 낙선을 도모하는 목적 의사에 따라 행해진 것이라는 점이 당해 선거인의 관점에서 객관적으로 인정되는지를 살펴보아야 한다. • **단체 등의 목적 범위 내에서 통상적으로 행해지는 한도에서는 특별한 사정이 없는 한 그러한 활동이 특정인의 당선 또는 낙선을 목적으로 한 선거운동이라고 보아서는 안 되고, 그 단체의 목적이나 활동 내용이 정치 이외의 다른 전형적인 사회 활동을 하는 단체가 갖는 특성에 들어맞지 않는다는 이유만으로 그 단체의 활동을 선거운동에 해당한다고 단정해서도 안 된다.**

'선거운동을 위하여' 등 선거범죄의 주관적 요건의 상호 관계를 그림으로 표시하면 그림 1-2와 같다.

- '선거에 영향을 미치는 행위'는 선거운동보다 넓은 개념으로 선거운동에까지 이르지 아니하였다고 하더라도 선거에 간접적으로 영향을 미쳐 선거의 공정을 해함으로써 선거에 영향을 미칠 우려가 있는 행위도 포함되는 것이고, 따라서 비록 표면적으로는 선거와 무관한 것처럼 보이는 행위라 할지라도 그 행위가 이루어진 시기·동기·방법 등 제반 사정을 종합하여 선거에 영향을 미칠 우려가 있는 행위로 평가된다면 위 조항에서 정한 선거에 영향을 미치는

행위로 보아야 한다(대법원 2006. 6. 27. 선고 2005도303).

'선거에 관하여'란 선거를 위한 선거운동이 되지 아니하더라도 선거를 동기로 하거나 빌미로 하는 등 당해 선거와 관련이 있으면 족하고(대법원 2018. 2. 28. 선고 2017도13103), 당해 선거를 위한 선거운동이 되지 않더라도 당해 선거를 동기로 하거나 빌미로 하는 등 당해 선거와 관련이 있으면 족하다(대법원 1996. 6. 14. 선고 96도405).

• 판례를 살펴보면 '선거인의 관점', '유권자의 시각'이라는 표현이 종종 나온다. 선거인이란 기본적으로 선거권이 있는 자를 의미하므로 크게 보아 선거인을 당해 선거에서의 유권자라고 보아도 무방하다. 즉 대법원은 특정 선거에서 선거에 영향력이 있는 자는 투표권이 있는 유권자이므로 해당 유권자의 시각에서 선거운동인지 여부를 판단해야 한다는 것이 대법원 판결의 취지로 이해하면 된다.

선거운동으로 보지 않는 행위

앞서 설명한 바와 같이 공선법에서 선거운동이라 함은 '당선되거나 되게 하거나 되지 못하게 하기 위한 행위를 말한다'고 하면서 여러 가지의 예외를 두고 있다. 따라서 선거운동에 대한 정의만으로는 그 범위나 허용 여부를 파악하기 어려우므로 이에 대한 구체적인 사례를 제시하면 표 1-2와 같다.

▶ **표 1-2 선거운동으로 보지 않는 행위**

구분	내용
선거에 관한 단순한 의견 개진 및 의사 표시	• **구체적으로 어떠한 행위가 선거운동이냐, 단순한 의견의 개진이냐, 또는 의사의 표시냐 하는 것은 형식적으로 결정되는 것이 아니라** 그 행위의 시기·장소·방법·대상 등의 태양에 따라 **종합적으로 실태를 관찰하여** 그 행위가 특정 후보자의 당선을 얻거나 얻게 하거나 얻지 못하게 하기 위한 목적의식에 의한 행위인가, 또는 특정 후보자의 득표를 위해 직접·간접적으로 필요하고 유리한 행위에 해당되는가 하는 **실질적 판단**에 의할 수밖에 없다.
입후보와 선거운동을 위한 준비 행위	• '선거운동을 위한 준비 행위'라 함은 비록 선거를 위한 행위이기는 하나 특정 후보자의 당선을 목적으로 투표를 얻기 위한 행위가 아니라 단순히 **장래의 선거운동을 위한 내부적·절차적 준비 행위**를 가리키는 것으로, 선거 사무장 등 선거 사무 관계자, 연설원 등을 선임하기 위한 교섭 행위 및 선거 사무소·연설 장소 등의 물색 행위, 선거운동용 자동차·확성 장치 등의 임차 행위, 선거 공보 등 선전물의 사전 제작 행위, 연설문 작성 행위, 예비 선거운동원들에 대한 공선법 해설 강좌 실시 행위 등을 말하는 것이다. • 예비후보자 또는 후보자가 되려는 사람이 정책 공약의 준비를 위해 관계 기관·단체·시설 등을 방문하여 관계자들과 의견을 나누거나 간담회를 갖는 행위는 선거운동을 위한 준비 행위로 보아도 무방할 것이나, 입후보 예정 선거구 안에서 선거구민을 모이게 하여 지역 현안에 대한 자신의 정견이나 정책을 홍보·선전하는 좌담회를 개최하는 것은 사전선거운동이 될 수 있을 것이다.

	→ 선거운동인지 여부를 판단하는 기준은 간담회나 좌담회 등 모임의 명칭에 의해 결정되는 것이 아니라, 적극적이고 능동적인 후보자의 홍보 행위인지, 아니면 상호적이거나 수동적인 의견 교류나 수렴 행위인지 여부를 구체적으로 살펴보아야 함을 유의해야 한다.
정당의 후보자 추천에 관한 단순한 지지·반대의 의견 개진 및 의사 표시	• 단체가 정당의 공천 반대자 명단 또는 낙선 대상자 명단을 기자회견의 방법으로 단순히 공표하는 행위는 선거운동에 해당되지 않는다.
통상적인 정당 활동	• 정당의 어떤 행사나 집회가 통상적인 정당 활동인지 여부는 그 활동의 실질적 내용이나 참가자가 당원들만에 의한 것인지 여부, 행사의 시기, 규모 등을 살펴 이를 총체적으로 판단해야 한다. • **선거 기간 전에 통상적인 정당 활동으로 정책 공약 개발 토론회·공청회 등의 개최가 가능하나, 선거가 임박한 시기에 특별한 정치적 현안 없이 지역을 순회하면서 선거구민을 대상으로 계속적·반복적으로 집회를 개최할 수 없다.**
설날·추석 각종 명절 등에 하는 의례적인 인사말을 문자메시지로 전송하는 행위	• **설날·추석 등 명절** 및 부처님오신날·성탄절, 정월대보름 등 세시풍속, 연말연시, 농번기, 성년의 날, **각종 기념일 등에 의례적인 인사말을** 선거구민에게 컴퓨터 및 컴퓨터 이용 기술을 활용한 **자동 동보통신 방법으로 문자메시지를 전송할 수 있다**[이 경우 의례적인 인사말을 문자메시지로 전송할 수 있는 '명절 등'의 범위에 정월대보름 등 세시풍속, 연말연시, 농번기, 성년의 날, 각종 기념일 등은 포함되나, 선거구민 개인의 애경사(생일·결혼·장례 등), 동창회·동호회 등 개인들의 사적 모임이나 행사 등은 포함되지 아니한다]. • 문자메시지 내용에 선거운동에 이르는 내용이 포함되는 경우에는 자동 동보통신의 방법이 아닌 방법으로 해야 하지만, 예비후보자와 후보자는 관할 선거관리위원회에 신고한 1개의 전화번호만을 사용하여 자동 동보통신의 방법으로 8회(후보자의 경우 예비후보자로서 전송한 횟수를 포함함) 이내에서 전송할 수 있다. → 자동 동보통신의 경우 단순히 8회라는 횟수 제한만 있는 것이 아니므로 자동 동보통신의 개념 및 제한에 대해서는 공선법 제59조 제2호 및 본서 제2부 제2장 4절의 '온라인 선거운동의 방법과 제한' 부분을 반드시 참조하기 바란다.

투표 참여 권유 행위		• 누구든지 투표 참여를 권유하는 행위를 할 수 있다. 다만, 다음의 ①, ②, ③, ④의 방법으로 해서는 안 된다. ① 호별로 방문하여 하는 경우 ② 사전투표소 또는 투표소로부터 100미터 안에서 하는 경우 ③ 특정 정당 또는 후보자(후보자가 되고자 하는 자 포함. 이하 같음)를 지지 또는 추천하거나 반대하는 내용을 포함하여 하는 경우 ④ 현수막 등 시설물, 인쇄물, 확성 장치·녹음기·녹화기(비디오 및 오디오 기기 포함), 어깨띠, 표찰, 그 밖의 표시물을 사용하여 하는 경우(정당의 명칭이나 후보자의 성명·사진 또는 그 명칭·성명을 유추할 수 있는 내용을 나타내어 하는 경우에 한정함)
해석상 선거운동으로 보지 않는 행위	직무상 또는 업무상의 행위	• **직무상 행위는 법령·조례 또는 행정 관행·관례에 의해 그 지위의 성질상 필요로 하는 정당한 행위 또는 활동을 말한다. 또한 업무상의 행위는 개인의 사회생활의 지위에 있어서 계속적·반복적인 의사로서 종사하는 업무에 의한 행위를 말한다. 이러한 직무상 행위와 업무상의 행위는 사회 상규에 의해 일반적으로 이루어지는 행위이기 때문에 선거운동에 해당되지 아니한다.** • 따라서 국회의원·지방의원 및 지방자치단체장으로서 그 직위에 따른 직무를 수행하는 행위, 각종 추진 사업의 현장 방문·확인 행위, 위문·지역 안정·민의 수렴 등 목적의 특정 지역 방문 행위, 각종 단체·산업 현장·사회복지시설 등 방문 행위와 같은 대민 접촉 활동과 업무 추진 협조를 위한 유관 기관·단체장 회의 참석 및 주재 행위, 사회적 활동이나 사회적 지위에 수반되는 직무상의 행위는 일반적으로 선거운동에 해당되지 않는다. • 또한 회사가 기업 제품 홍보를 위해 달력·수첩 등 홍보물을 그 명의로 종업원이나 제한된 범위 안의 거래처·영업 활동에 필요한 유관 기관·단체·시설에 배부하는 행위, 회사가 수익 사업으로서의 영업 활동 또는 기업 활동에 부가하여 영업 범위 안에서 무료 강좌를 실시하는 경우 등은 업무상의 행위로 선거운동에 해당되지 아니한다. → 그러나 형식상·외형상 직무 행위 또는 업무 행위로 이루어진 행위라 하더라도 그 행위가 선거운동의 목적에 부합되거나 사회 상규상 업무의 범위를 벗어나 선거운동에 이르거나 선거에 영향을 미치게 하는 때에는 각종 제한·금지 규정에 위반될 수 있다.
		• **사회 활동을 함에 있어서 의례적·사교적 행위는 통상의 시기에 통상적인 방법에 의해 통상의 내용으로써 행하는 한 선거운동에 해당되지 아니한다. 따라서 친목회·향우회·종친회·동창회 등 각종 사교 및 친목 단체의 구성원으로서 당해 단체의 정관·규약 또는 운영 관례상의 의무에 기하여 종전의 범위 안에서 회비를 납부하는 행위, 종교인이 평소 다니**

의례적· 사교적 행위	는 통상의 예에 따라 현금 또는 물품을 제공하는 행위 등은 의례적·사교적 행위로 선거운동에 해당되지 아니한다. • 의례적·사교적 행위로 보이는 행위라 할지라도 그 행위의 태양에 따라 선거운동이 되는 경우가 있다. 불우 이웃 돕기나 구호적·위문적 성격의 금품 지급이라 할지라도 후보자 또는 후보자가 되고자 하는 자의 직명 또는 성명을 표시하여 일반 선거구민에게 지급하는 행위, 부활절이나 부처님오신날 등 종교적 기념일에 시주·헌금 등의 명목으로 종교인으로서 직접 관계가 없는 선거구 내의 교회·성당·사찰 등에 후보자 또는 후보자가 되고자 하는 자의 직명 또는 성명을 표시하여 광범위하게 헌금·시주하는 행위 등은 선거에 영향을 미친다고 할 것이므로 각종 제한·금지 규정에 위반될 수 있다. • 대법원은 일상적·의례적·사교적인 행위인지 여부는 그 행위자와 상대방의 사회적 지위, 그들 사이의 관계, 행위의 동기, 방법, 내용과 태양 등 제반 사정을 종합하여 사회 통념에 비추어 판단해야 한다고 판시하였다.

선거운동이 아닌 행위를 그림으로 표시하면 그림 1-3과 같다.

▶ 그림 1-3 선거운동이 아닌 행위

선거에 관한 단순한 의견의 개진·의사 표시

입후보·선거운동 준비 행위

후보자 추천에 관한 단순한 지지·반대 의견 개진, 의사 표시

통상적인 정당 활동

설날 등에 하는 의례적 인사말 문자메시지 전송 행위

지지·추천·반대 없이 투표 참여 권유 행위

선거운동을 할 수 있는 사람과 없는 사람

공선법 또는 다른 법률에 의해 선거운동이 제한 또는 금지된 사람을 제외한 모든 사람은 원칙적으로 선거운동을 할 수 있다. 공선법에서는 ① 대한민국 국민이 아닌 자, ② 미성년자, ③ 선거권이 없는 자, ④ 국가공무원과 지방공무원, ⑤ 예비군 중대장급 이상의 간부, ⑥ 통·리·반의 장 및 주민자치위원회 위원, ⑦ 바르게살기운동협의회·새마을운동협의회·한국자유총연맹의 상근 임직원 및 이들 단체 등의 대표자, ⑧ 각급 선거관리위원회(선관위) 위원, 농협·수협·산림조합·엽연초생산조합의 상근 임직원과 이들 조합의 중앙회장, 지방공사와 지방공단의 상근 임직원, 정당의 당원이 될 수 없는 사립학교 교원 등은 그 직을 가지고 선거운동을 할 수 없다고 규정하고 있다. 이에 대한 구체적인 사례는 표 1-3과 같다.

▶ **표 1-3 선거운동을 할 수 있는 사람과 없는 사람**

선거운동을 할 수 있는 사람	• 18세 이상의 성인으로서 대한민국 국민이라면 본인의 신분상 선거운동을 할 수 없도록 공선법에 규정된 사람이 아닌 경우에는 원칙상 모두 선거운동을 할 수 있다. • 또한, 예외적으로 대한민국 국민이 아닌 자가 예비후보자 또는 후보자의 배우자인 경우에는 선거운동을 할 수 있다. • 추가적으로, 공선법 제60조(선거운동을 할 수 없는 자) 제1항 제4호부터 제8호까지의 규정에 해당하는 사람은 **예비후보자·후보자의 배우자이거나 후보자의 직계존비속인 경우에는 선거운동이 가능하다.**
	• 대한민국 국민이 아닌 자 • 미성년자 - 18세 미만의 자를 말하며, 미성년자 여부의 판단 기준 시점은 행위 당시를 기준으로 한다. 따라서 미성년자는 만 18세가 되는 날로부터 선거운동이 가능하다. • 공선법 제18조(선거권이 없는 자) 제1항의 규정에 의해 선거권이 없는 자

	- 이 경우 선거권 유무를 판단하는 기준 시점은 해당 선거일 현재를 기준으로 한다. 1년 이상의 징역 또는 금고의 형 선고를 받고 그 집행이 종료되지 않았거나 그 집행을 받지 않기로 확정되지 않은 사람은 선거권이 없다. 그러나 집행유예 기간 중에 있는 사람은 선거권이 있으며, 선거운동도 가능하다.

• **국가공무원법 제2조(공무원의 구분)에 규정된 국가공무원과 지방공무원법 제2조(공무원의 구분)에 규정된 지방공무원**

- 다만, 정당법 제22조(발기인 및 당원의 자격) 제1항 제1호 단서의 규정에 의해 정당의 당원이 될 수 있는 공무원(국회의원과 지방의회의원 외의 정무직 공무원을 제외함)은 그러하지 않다.

• **공선법 제53조(공무원 등의 입후보) 제1항 제2호 내지 제8호에 해당하는 자(제4호 내지 제6호의 경우에는 그 상근 직원을 포함함)**

- 각급 선거관리위원회 위원, 교육위원회 교육위원

- 다른 법령의 규정에 의해 공무원의 신분을 가진 자

- 공공기관의 운영에 관한 법률 제4조 제1항 제3호에 해당하는 기관 중 정부가 100분의 50 이상의 지분을 가지고 있는 기관(한국은행 포함)의 상근 임원 및 직원

→ 헌법재판소가 2018년 2월 22일 한국철도공사 상근 직원의 선거운동 금지에 대해 위헌 결정(2015헌바124)을 했다. 따라서 이 규정과 관련된 상근 직원의 경우에는 앞으로 공선법 개정 시 선거운동을 할 수 있도록 개정될 여지가 있는바, 이를 참고하기 바람.

- 농업협동조합법·수산업협동조합법·산림조합법·엽연초생산협동조합법에 의해 설립된 조합의 상근 임원 및 직원과 이들 조합의 중앙회장

- 지방공기업법 제2조(적용 범위)에 규정된 지방공사와 지방공단의 상근 임원 및 직원

- 정당법 제22조 제1항 제2호의 규정에 의해 정당의 당원이 될 수 없는 사립학교 교원

• 예비군 중대장급 이상의 간부

• **통·리·반의 장 및 읍·면·동 주민자치센터에 설치된 주민자치위원회 위원[2]**

• **특별법에 의해 설립된 국민운동단체로서 국가 또는 지방자치단체의 출연 또는 보조를 받는 단체(바르게살기운동협의회·새마을운동협의회·한국자유총연맹)의 상근 임직원 및 이들 단체 등의 대표자**

- 이 경우 시·도 조직 및 구·시·군 조직의 대표자도 포함한다.

• 선상 투표 신고를 한 선원이 승선하고 있는 선박의 선장

• 이때 2개 이상의 신분을 가진 사람으로서 본인이 보유한 신분 중 하나만이라도 선거운동을 할 수 없는 직에 있는 사람은 당해 직을 가지고 있는

선거운동을 할 수 없는 사람

한 선거운동을 할 수 없다.

- 예를 들면 국회의원이나 지방의원은 선거운동을 할 수 있지만, 동시에 선거운동을 할 수 없는 정무직 공무원인 각 정부 부처의 장관직을 겸직하고 있거나 통·리·반장의 직을 겸직하고 있다면 국회의원이나 지방의원이라 하더라도 장관직이나 통·리·반장의 직을 겸직하고 있는 한 선거운동을 할 수 없다는 점에 유의해야 한다.

02 | 사전선거운동위반죄를 조심하라

사전선거운동의 정의

급하고 절박한 마음에 후보자들이 종종 범하는 잘못이 '사전선거운동'인데, 그 대가는 적지 않으므로 주의를 요한다. 자칫하면 일찍 일어난 새가 먼저 그물에 걸린다는 우스갯소리의 대상이 될 수 있다.

사전선거운동이라 함은 선거운동 기간 전에 '공선법에 규정된 방법'을 제외하고 선전 시설물·용구 또는 각종 인쇄물, 방송·신문·뉴스통신·잡지, 그 밖의 간행물, 정견 발표회·좌담회·토론회·향우회·동창회·반상회, 그 밖의 집회, 정보통신, 선거운동기구나 사조직의 설치, 호별 방문, 그 밖의 방법으로 선거운동을 한 경우를 말한다.

그렇다면 공선법에 규정된 방법이란 무엇일까? 이는 공선법에 규정된 적법한 방법의 선거운동을 의미하고, 이를 제외한 방법의 선거운동은 처벌한다고 보아야 할 것이다. 결국 사전선거운동이라 함은 ① 선거운동 기간 전에 행해진 적법하지 않은 선거운동 행위는 물론 ② 선거운동 기간 중에는 적법하지만 선거운동 기간 전에 행하면 위법한 선거운동 행위를 포함하는 것으로 보아야 할 것이다.

사전선거운동죄란 무엇인가

공선법은 대통령 선거를 제외한 국회의원 선거를 비롯한 모든 공직선거의 선거운동은 원칙상 선거 기간 개시일부터 선거일 전일까지 13일 동안만 선거운동을 할 수 있도록 규정하고 있는바, 이 기간을 '선거운동 기간'이라고 말한다. 선거 기간 개시일은 국회의원 선거의 경우 후보자 등록 마감일 후 6일이 되는 날을 말한다. 후보자 등록은 대통령 선거를 제외한 국회의원 선거와 지방자치단체장 선거 및 지방의원 선거는 선거일 전 20일부터 2일간 실시한다. 이 경우 선거운동 기간 이전에 선거운동을 하여 공선법에 위반되는 행위를 한 경우가 이른바 '사전선거운동죄'에 해당한다.

공선법상 사전선거운동죄, 즉 선거운동 기간 전에 선거운동을 한 자를 처벌하고 있는데, 이에 해당하는 경우에는 공선법 제254조(선거운동기간위반죄) 제2항의 규정에 의해 2년 이하의 징역 또는 400만 원 이하의 벌금에 처한다. 이 경우 공선법에 규정된 '선거운동기간위반죄'라고 표현하기보다는 통상적으로 '사전선거운동죄'로 많이 표현하고 있다.

그러면 최근에 실시한 제20대 국회의원 선거에서도 사전선거운동으로 벌금 100만 원 이상 선고받아 당선 무효된 사례가 있었을까?

실제 구체적인 판례의 사례를 살펴보면 법원은 사전선거운동에 대해 매우 엄중히 처벌하고 있다는 점을 알 수 있으며, 당선 무효형을 받는 경우도 적지 않다.

사전선거운동에 해당되지 않아 할 수 있는 사례 vs. 해당되어 할 수 없는 사례

사전선거운동죄에서 주로 문제되는 것은 선전 시설물·용구 또는 각종 인쇄물, 방송·신문·뉴스통신·잡지, 그 밖의 간행물, 정견 발표회·좌담회·토론회·향우회·동창회·반상회, 그 밖의 집회, 정보통신, 선거운동기구나 사조직의 설치, 호별 방문, 그 밖의 방법으로 선거운동 기간 전에 선거운동을 했는지 여부이다. 구체적인 사례를 보면서 허용되는 범위와 제한 범위를 쉽게 알아보자.

사전선거운동에 해당되지 않아 할 수 있는 사례

- 후보자가 되려는 사람이 사적인 모임에서 연장자의 선거에 관한 격려사에 화답하여 '그동안 도와주셔서 감사합니다. 이번에 또 출마하게 되었습니다. 여기에서 선거에 관한 이야기를 하면 공선법 위반이 되니까 선거에 관한 이야기는 하지 않겠습니다'라는 취지의 인사말을 한 행위
- 시의원 입후보 예정자가 기존 지역단체 식사 자리에서 후배들과 대화 도중 '자신이 출마할 예정이고 위 단체에서 두 명이 후보자로 나올 텐데 눈치 보지 말고 소신껏 하라'고 발언한 행위
- 법무사 개업 이래 매년 1,000여 명에게 연하장을 보내왔고, 출마 예정지에 주민등록을 이전하지 않고 법무사 개업 장소에서 계속 거주해왔던 법무사가 설날 보내는 연하장에 피고인의 법원 근무 경력을 기재하여 지역

주민 1,000여 명에게 배부한 행위

- 지방자치단체장이 법령에 의해 직무상 행위로 허용되어 작성·배부하는 전입 안내문에 전입 환영 글귀를 게재하고, 지방자치단체장의 직명, 성명, 사진을 덧붙인 행위

   대법원은 지방자치단체장이 자신을 주민에게 알릴 의도를 갖고 있었다기보다는 그 지역에 새로 전입한 주민들에게 생활에 필요한 정보를 제공하여 애향심과 정체성을 심어주는 계기를 마련하기 위해 발간사 형식으로 자신의 직명 등과 인사말을 게재했다고 봄이 상당하고, 이러한 행위는 통상의 지방자치단체장의 직무 행위에 포함된다고 판단했다.

- 선거 1년 전에 '제가 정치인이 되면 세상이 바뀐다'는 문구와 피고인의 성명, 과거 국회의원 출마 사실 등을 기재한 명함 300매를 주차된 차량에 끼워둔 행위

   대법원은 피고인이 선거인에게 명함을 직접 교부한 것이 아니라 차량에 끼워둔 것이므로 당선 또는 낙선 목적 의사는 '명함의 내용'에 의해 판단해야 한다고 했고, '명함의 내용'에 피고인의 인지도와 우호적 이미지를 높이려는 내용이 나열돼 있으나, 제20대 총선에서 당선을 도모하는 목적 의사를 선거인이 인식할 수 있을 정도로 객관적으로 표시되었다고 볼 만한 것들이 포함돼 있지 않다는 이유로 무죄 취지로 원심을 파기 환송했다.

   이 경우 위와 같은 행위를 선거일 전 180일부터 선거일까지 하는 때에는 공선법 제93조(탈법 방법에 의한 문서·도화의 배부·게시 등 금지) 위반으로 처벌될 수 있으므로 유의해야 한다.

- 미리 예정돼 있던 모임에 후보자가 참석하겠다는 것을 적극적으로 반대

하지 않고 후보자가 참석하자 후보자를 간단히 소개한 경우

> 대법원은 피고인이 후보자의 선거운동을 위해 이 사건 모임을 개최
> 했다거나 이 사건 모임이 후보자의 선거운동을 위해 이용되었다고
> 볼 수 없다고 보았다.

- 선거 7개월 전에 '○○○ 의원 정치자금법 위반 해명, 논문 표절, 노래 한 곡 100억 갑질' 등을 차량에 부착하고 확성기로 '정치자금법을 위반한 의원에 대해 엄정한 수사를 촉구한다'고 연설한 행위
- 후보자가 되려는 사람이 선거구 안에서 개최되는 각종 행사에서 의례적인 축사를 하는 행위
- 초청받은 행사에 참석하여 의례적인 인사말을 하거나 행사 주제와 관련된 사항에 대해 자신의 견해를 밝히는 행위
- 후보자가 되려는 사람이 각종 행사에 참석하여 참석자들과 의례적인 악수나 인사를 하는 행위
- 기관·단체·시설이나 민생 현장에서 민원 사항을 청취하고, 민원과 관련한 소속 정당의 정책이나 자신의 견해·정책적 대안을 단순히 밝히는 행위
- 시장·산업 현장·사회복지시설 등을 방문하여 통상적인 체험 활동을 하고 민의를 수렴하는 행위
- 단체가 설립 목적에 해당하는 강연 주제를 선정하고 초청을 받은 입후보예정자가 해당 주제에 대한 강연을 하는 행위
- 정책 공약의 준비를 위해 관계 기관·단체·시설 등을 방문하여 관계자들과 의견을 나누거나 간담회를 갖는 행위
- 지역의 환경문제 등의 현안에 대해 관계 전문가 등 이해관계자들을 대상으로 선거와 무관하게 정책 세미나를 개최하는 행위
- 법회·강론·설교 등 종교 집회에서 통상의 방법으로 소속 신도들의 동정

을 알리거나, 주보·회보 등 종교단체 소식지의 동정란에 통상의 방법으로 단순히 소속 신도의 입후보 사실을 알리는 행위

• 명절 등에 의례적인 인사말을 문자메시지로 전송(자동 동보통신 방법으로 전송하는 것도 포함함)하는 행위

　이 경우 선거운동에 이르는 내용이 포함되는 문자메시지를 발송하는 경우 자동 동보통신이 아닌 방법으로 전송해야 하고, 예비후보자와 후보자는 총 8회 이내에서 자동 동보통신 방법으로 문자메시지를 전송할 수 있다.

　의례적인 인사말을 문자메시지로 전송할 수 있는 '명절 등'의 범위에 정월대보름 등 세시풍속, 연말연시, 농번기, 성년의 날, 각종 기념일 등은 포함되나, 선거구민 개인의 애경사(생일, 결혼, 장례 등), 동창회·동호회 등 개인들의 사적 모임이나 행사 등은 포함되지 않는다.

• 자신 또는 타인이 개설한 인터넷 홈페이지(카페·블로그·미니 홈페이지 등도 포함) 또는 그 게시판·대화방 등에 연말연시 인사말이나 동영상 등의 정보를 게시하는 행위

　이 경우 선거운동을 할 수 있는 사람은 선거운동의 내용도 게시할 수 있다.

• 통상적으로 사용하는 업무용 명함에 자신의 학력(비정규 학력 제외)이나 경력(수상 내역 포함)을 게재하거나 열차 시간표, 무형문화재 소개, 지역 관공서 전화번호 등을 부수적으로 게재하여 통상적인 수교 방법으로 교부하는 행위

• 후원회가 후원금 기부에 대한 감사의 인사장에 후원회 지정권자인 국회의원의 사진을 게재하여 선거구민인 후원인에게 발송하는 행위

• 국회의원의 배우자가 선거 기간이 아닌 때에 경로당을 방문하여 경로당

이용자 및 관계자들과 노인 복지에 관해 서로 의견 등을 나누는 간담회를 갖는 행위

다만, 그 과정에서 해당 국회의원을 지지·선전하는 행위가 부가되는 등 후보자가 되고자 하는 국회의원의 당선을 도모하는 행위임을 선거인이 명백히 인식할 만한 객관적 사정이 있는 경우에는 위반된다.

- 후보자가 되려는 사람이 선거 기간 전에 일반 선거구민을 대상으로 자신의 음반 출시 기념 행사를 개최하는 행위
- 후보자가 되려는 사람이 통상적인 출마 기자회견을 하면서 선거 공약을 발표하는 행위

다만, 다수의 선거구민에게 기자회견 사실을 알려 참석하게 한 후 선거구민에게 후보자가 되려는 사람을 홍보·선전하는 등 선거운동에 이르는 행위는 금지된다.

사전선거운동에 해당되어 할 수 없는 사례

- 입후보 예정자가 선거구민 5명이 참석한 가운데 과거 경력을 홍보하고 출마할 경우 지지를 부탁하면서 시정 현안 관련 질문에 대해 당선될 경우 어떻게 대응할 것인지 답변한 행위
- 후보자가 되고자 하는 자가 선거구민을 대상으로 조직한 사조직인 '△△산악회' 행사에 참석하여 아침 운동 등을 나온 선거구민을 상대로 인지도 제고 및 지지 호소 발언을 한 행위
- 입후보 예정자가 연구소를 설치한 후 그 구성원들과 선거운동 방법 등에

대해 상의하고, 선거구민을 직접 접촉하거나 전화 등으로 지지를 호소한 행위

- 국회의원 선거에 출마하고자 하는 자가 자신의 변호사 사무소와는 별개인 연구소 사무실로 찾아온 선거구민들에게 무료 법률 상담을 해준 행위
- 당원 집회 형식을 취한 '총선 필승 결의 대회'에서 비당원을 참가시켜 당 소속 후보자들의 지지를 호소한 행위
- 북한이탈주민들을 후보자의 선거 사무실에 데려가 지지 연설을 듣게 한 행위
- '후보 단일화 절차'에서 당선을 위해 투표권이 없는 사람에게 전화로 지지 호소를 한 경우 및 선거 2개월 전 정부 여당을 비판하는 취지의 1인 시위·출근 선전전·거리 선전전을 한 행위
- 선거 10개월 전에 총선 출마자의 경력과 포부 등이 게재된 잡지를 유권자들에게 배부한 행위
- 집회에서의 입후보 예정자 소개 및 적극적 지지와 지원을 당부하는 행위
- 동창회원들에 대해 동창회원이 당선되게 하자는 취지의 서신을 발송하는 행위
- 특정 후보자에 대한 인지도를 높이고 그의 장점을 부각시켜 그에 대한 지지를 유도하기 위한 목적의 여론조사를 하는 행위
- 단체의 강연회에 초청받아 지지 호소·선거 공약 발표 등 선거운동에 이르는 발언을 하는 행위
- 법회·강론·설교 등 종교 집회를 주관·개최하거나 진행하는 사람이 선거구민인 소속 신도들에게 특정 후보자의 동정을 단순히 소개하는 것을 넘어 지지·선전 등 선거운동에 이르는 발언을 하는 행위
- 선거일 전 180일부터 선거일까지 종교단체 소식지의 특정 난에 소속 신

도의 입후보 예정 사실을 취재·게재하여 이를 선거구민인 신도들에게 배부하는 행위

> 허용되는 행위로 앞서 나열된 '법회·강론·설교 등 종교 집회에서 통상의 방법으로 소속 신도들의 동정을 알리거나, 주보·회보 등 종교 단체 소식지의 동정란에 통상의 방법으로 단순히 소속 신도의 입후보 사실을 알리는 행위'와는 다른 점을 유의해야 한다. 이 경우는 소식지의 특정 난에 별도의 취재 행위를 통해 입후보 예정 사실을 기재한 것이므로 통상적인 방법이라고 볼 수 없다는 것이다.

- 체육대회의 명칭이나 우승기에 후보자가 되고자 하는 자의 성명을 표기하는 행위

상시 허용되는 선거운동을 잘 활용하라

선거법은 선거운동 기간을 너무 짧게 인정하고, 선거운동 방법에 대해서도 제한이 너무 많아 선거운동을 하기 힘들다고 불평하는 후보자들이 적지 않다. 하지만 언제든지 할 수 있는 선거운동 방법이 있다. 여기서 설명하는 이 방법을 잘 활용하면 큰 도움이 될 것이다.

공선법에서 선거운동은 원칙상 후보자 등록을 하고 나서 선거운동 기간 중에만 할 수 있지만, 예외적으로 ① 문자메시지를 이용하여 선거운동 정보를 전송하는 방식의 선거운동, ② 인터넷 홈페이지(카페, 블로그, 미니 홈페이지 등 포함) 또는 그 게시판·대화방 등에 글이나 동영상 등 정보를 게시하는 선거운동, ③ 전자우편을 이용한 문자·음성·화상·동영상 기타 정

보를 전송하는 선거운동은 평상시 할 수 있는 행위로 허용한다.

이에 대한 구체적이고 세부적인 선거운동 방법과 각종 사례에 관한 자세한 내용은 제2부 제2장 '선거운동의 트렌드, 온라인 선거운동' 부분에서 자세히 설명하니 이를 참조하기 바란다.

03 상시 제한 또는 금지되는 행위를 유의하자

무엇이 상시 제한 또는 금지되는 행위인가

공선법에서는 선거의 부당한 과열 경쟁으로 인한 사회경제적 손실을 막고, 후보자 간의 기회균등을 보장함과 동시에 탈법적인 선거운동으로 선거의 공정과 평온이 침해되는 것을 방지하기 위해 각 시기별로 제한 또는 금지 규정을 두고 있다. 여기서 설명할 제한·금지 행위를 위반할 경우 그 결과는 치명적일 수 있으므로 각별히 유의해야 한다.

제한·금지 행위를 시기별로 크게 구분해보면 5개의 대분류로 나누어 볼 수 있다. 이를 살펴보면 ① 상시 제한·금지 행위, ② 선거일 전 180일 부터 선거일까지 제한·금지 행위, ③ 선거일 전 90일부터 선거일까지 제한·금지 행위, ④ 선거일 전 60일부터 선거일까지 제한·금지 행위, ⑤ 선거 기간 중 제한·금지 행위로 나누어볼 수 있다.

이 중 상시 제한·금지 행위에는 ① 기부 행위 제한·금지, ② 허위 사실 공표·비방 행위 금지, ③ 단체 활동 관련 금지, ④ 공적 지위 관련 금지, ⑤ 언론 활동 관련 금지, ⑥ 기타 상시 제한·금지 등이 있는바, 이에 대한 세부적·구체적인 내용은 표 1-4와 같다.

표에서 정리한 상시 금지되는 행위 중 기부 행위 제한, 매수 및 이해 유도죄에 대해서는 제2부 제1장 '선거운동의 아킬레스건, 금전 문제' 부분에서 자세히 설명하고, 허위 사실 공표 및 비방 행위에 대해서는 제2부 제

▶ **표 1-4 상시 제한 또는 금지 행위**

기부 행위 제한·금지	허위 사실 공표·비방 행위 금지	단체 활동 관련 금지
① 후보자 및 배우자의 기부 행위 제한(법 §113) ② 정당 및 후보자의 가족 등의 기부 행위 제한(법 §114) ③ 제3자의 기부 행위 제한(법 §115) ④ 기부의 지시·권유·알선·요구 및 수령 금지(법 §116·§117) ⑤ 매수 및 이해 유도 행위 금지(법 §230) ⑥ 재산상의 이익 목적의 매수 및 이해 유도 행위 금지(법 §231) ⑦ 후보자에 대한 매수 및 이해 유도 행위 금지(법 §232) ⑧ 당선인에 대한 매수 및 이해 유도 행위 금지(법 §233) ⑨ 당선 무효 유도 행위 금지(법 §234)	① 허위 사실 공표 금지(법 §250) ② 후보자 등에 대한 비방 금지(법 §251) ③ 특정 지역·사람 및 성별 비하·모욕 행위 금지(법 §110)	① 선거운동을 위한 사조직 설립·설치 금지(법 §87②) ② 후보자를 위한 유사 기관의 설치 금지(법 §89①) ③ 선거운동이 금지된 기관·단체(그 대표자와 임직원 또는 구성원 포함)가 그 명의 또는 그 대표의 명의로 선거운동 금지(법 §87①)

공적 지위 관련 금지	언론 활동 관련 금지	기타 상시 제한·금지
① 공무원 등 정치적 중립을 지켜야 하는 자의 선거에 대한 부당한 영향력의 행사 기타 선거 결과에 영향을 미치는 행위 금지(법 §9) ② 공무원 등 정치적 중립을 지켜야 하는 자의 직무와 관련한 또는 지위를 이용한 선거에 부당한 영향력 행사 등 선거에 영향을 미치는 행위 금지(법 §85①) ③ 공무원 등의 선거 관여·지위 또는 직업적 관계 등을 이용한 선거운동 금지(법 §85②~④) ④ 공무원 등의 선거에 영향을 미치는 행위 금지(법 §86① i · ii · iii)	① 신문·잡지 등의 통상 방법 외의 배부 등 금지(법 §95) ② 허위 논평·보도 등 금지(법 §96)	① 선거에 관한 여론조사 신고 및 여론조사 결과 홈페이지 등록 등(법 §108) ② 선거운동을 위한 호별 방문 금지(법 §106①) ③ 선거운동을 위한 확성 장치 및 자동차의 사용 제한(법 §91①) ④ 선거운동을 위해 서명·날인 받는 행위 금지(법 §107) ⑤ 사전선거운동 금지(법 §254②)

3장 '가짜 뉴스와의 전쟁, 허위 사실 공표' 부분에서 자세히 설명하니 이를 참조하기 바란다.

여기서는 그 나머지 행위들에 대해 설명하기로 한다.

단체 활동 관련

사조직 설립·설치

후보자들이 산악회 등과 같은 단체를 적극 활용하거나 연구소, 포럼 등과 같이 사조직을 만들어 우회적인 선거운동을 하는 경우가 종종 있다. 앞서 설명한 대법원 전원합의체 판결(대법원 2016. 8. 26. 선고 2015도11812)을 통해 허용 범위가 넓어지기는 했지만 여전히 공선법상 엄격히 금지되는 행위이므로 주의해야 한다.

(1) 주체
누구든지 금지되며, 아무런 제한이 없다.

(2) 금지 기간
언제든지 상시 금지되며, 공선법상 상시 적용된다.

(3) 금지 행위 및 벌칙
선거에 있어서 후보자(후보자가 되고자 하는 자 포함)의 선거운동을 위해 연구소·동우회·향우회·산악회·조기축구회, 정당의 외각 단체 등 그 명칭이나 표방하는 목적 여하를 불문하고 사조직 기타 단체를 설립하거나 설치할 수 없다.

누구든지 후보자의 선거운동을 위해 사조직 설립·설치 금지 규정을 위반하면 3년 이하의 징역 또는 600만 원 이하의 벌금에 처한다.

(4) 판례 등 사례를 통해 살펴본 금지 내용
선거운동을 위한 사조직의 설립 및 설치 금지 규정의 취지는 후보자나 정당의 사조직에 의한 탈법적 선거운동을 금지함으로써 후보자 간 선거운동기구의 형평성을 유지하고, 각종 형태의 선거운동기구의 난립으로 인한 과열 경쟁 및 낭비를 방지하기 위함이다.

그러면 여기서 '사조직'이란 무엇일까? 사조직이라 함은 후보자를 위해 선거운동을 목적으로 설립·설치된 단체를 말한다. 따라서 사조직은 선거에 있어서 후보자나 후보자가 되고자 하는 자를 위해 그 명칭이나 표방하는 목적 여하를 불문하고 법정 선거운동기구 이외에 설립하거나 설치하는 일체의 사조직을 의미한다. 그러므로 설사 회칙이 없고 조직과 임원 및 재정 등에 관해 구체적으로 정한 바가 없더라도 위 조항에서 말하는 사조직에 해당한다.

또한 사조직은 반드시 후보자의 선거운동을 하는 사조직을 의미하는 것은 아니며, 후보자의 선거 기획이나 선거 자금 모금 또는 선거 공약 등을 지원하기 위한 조직도 경우에 따라서는 이에 해당될 수 있다. 다만, 입후보 준비를 위한 선거 사무소 설치 행위나 정당의 후보자 선출 준비를 위한 대책기구 등을 그 목적 범위 내에서 설치하는 것은 무방하다.

그렇다면 모든 사조직이 공선법에 위반되는 것일까? 그렇지는 않다.

판례는 '미래 포럼'이라는 이름의 사조직을 설립하여 지지 후보자를 위한 정책 세미나 등을 여러 차례 개최한 사건에서, 설립 시기가 선거일로부터 약 1년 6개월 전이고, 외부적으로 명백히 특정 후보에 대한 지지를 호소한 바 없어 '선거운동을 위한 사조직 설립으로 볼 수 없다'고 판시한 사례가 있다.

한편 후보자의 사조직 이용 행위에 대해 판례는 "공선법 제87조 제2항에서는 사조직의 설립 또는 설치 행위만을 금지하고 있을 뿐 이미 설립된 사조직을 이용하는 행위에 대해서는 금지하고 있지 않으므로 특정 선거 후보자의 지시나 공모 없이 회원들이 자발적으로 모여 사조직을 만들었다면, 그 조직의 설립 후에 특정 후보자가 여러 차례 모임에 참석하였다는 사실만으로는 그 후보자가 사조직을 설립 또는 설치하였다거나 그에 공모하였다고 인정할 수 없다"고 판시하고 있다. 다만, 이 경우에도 선거운동을 위한 사조직 설립에는 해당하지 않더라도 모임에 참석하여 행한 발언 등에 따라서 별도로 사전선거운동죄나 다른 법 위반으로 처벌될 수 있으므로 유의해야 한다.

(5) 사조직 설립·설치 금지에 해당되지 않아 할 수 있는 사례 vs. 해당되어 할 수 없는 사례

사조직 설립·설치 금지에서 문제가 되는 것은 후보자의 선거운동을 위해 사조직을 설립하거나 설치하는 것이다. 구체적인 사례를 보면서 허용되는 범위와 허용되지 않는 범위를 쉽게 알아보자.

사조직 설립·설치 금지에 해당되지 않아 할 수 있는 사례

* 선거와 관련 없는 순수한 연구 목적의 연구소 등 개설 행위
* 입후보 및 선거운동 준비를 위한 사무실 개설 행위

  그러나 사무실을 개설하더라도 예비후보자로 등록한 후 공선법에서 허용하는 간판 등을 설치하는 외에는 선거 준비를 위한 사무소에 간판 등을 설치할 수 없다.
* 각종 단체 등이 선거와 관련 없이 당초의 설립 목적에 따른 활동이나 행사를 개최하는 행위

  당초 설립 목적에 따른 활동이라 하더라도 각종 선전물에 후보(예정) 자의 명의를 표시하여 홍보하는 등 일반 선거구민을 상대로 한 선거운동 행위는 할 수 없다.

- 선거운동 기간 중 후보자의 집에서 자원봉사자가 전화 홍보를 하는 행위

  다만, 선거 사무소로 신고되지 않은 후보자의 집에 선거운동을 위한 전화를 증설하고 증설된 전화를 이용하여 선거운동을 하는 경우에는 위반된다.

- 선거운동 기간 중 단체의 회원(선거운동을 할 수 있는 사람)이 자신이 지지하는 후보자를 위해 그 사무소에 설치된 전화·컴퓨터 등을 이용하여 선거운동을 하는 행위

  다만, 단체의 사무소에 별도의 전화·컴퓨터 등을 증설하여 선거운동을 하는 경우에는 위반된다.

- 정당 소속 후보자와 무소속 후보자가 후보 단일화를 위해 제한된 범위의 제3자가 참여하는 후보 단일화 추진위원회를 구성하고 그 목적 범위 안에서 활동하는 행위

  다만, 그 목적 범위를 벗어나 후보자를 위한 선거운동에 이르는 경우에는 위반된다.

- 정당 소속 및 무소속 후보자가 단일화를 하기로 합의한 후 순수하게 후보 단일화를 위해 필요한 규모의 별도 기구를 구성하고 그 기구에 단일화의 진행에 관한 사항을 의뢰하는 행위

- 후보자가 되려는 산악회의 회원이 순수하게 등산 목적의 산악회 회장으로 취임하는 행위

  다만, 누구든지 선거에 있어서 후보자가 되려는 사람을 위해 산악회를 설립하거나 설립하게 하는 경우에는 위반된다.

- 정당의 사무소에 설치하는 선거대책기구를 선거운동 기간 전에 설치·운영하는 행위

사조직 설립·설치 금지에 해당되어 할 수 없는 사례

- 후보자를 지지하는 사람이 자신이 경영하는 기업체 사무실에서 선거운 동을 위해 동원한 대학생들을 대상으로 선거운동을 지휘하고 선거운동 연습 장소 등으로 사용하게 한 행위
- 건물의 같은 층에 있다고 할지라도 관할 선관위에 신고한 공간을 벗어나 별도로 구획된 시설에 추가로 선거 사무소와 유사한 기구를 설치한 행위
- 아르바이트 홍보 요원을 고용하여 선거 사무소가 아닌 장소에 상근시키 면서 선거구민을 대상으로 특정 후보자의 홍보 전화를 하도록 한 행위
- 연구소를 설립한 후 300여 명의 후원 조직을 만들고, 인지도와 지지도 확 대를 위한 선거 관련 회의 개최, 입당 원서 전달, 각종 단체 행사 일정 파악, 후보자가 방문하여 지지를 부탁하는 인사를 하도록 한 행위
- 정당과 시민단체 또는 일반 시민들이 공동 지지 후보자를 선출하고 그 선 출된 후보자의 선거운동을 하기 위해 별도의 기구를 구성하는 행위
- 다른 목적으로 설립된 조직 등을 선거운동 또는 선거에 관한 사무를 처리 하는 조직으로 변질시키거나 그 조직을 선거운동에 이용하는 행위
- 정당 또는 후보자에 대한 지지·선전 등 선거운동을 하도록 약속·권유하 기 위해 위촉장·신분증명서 등을 발급하는 행위
- 단체 등이 그 구성원에게 후보자가 되려는 사람의 정견이나 업적을 교육 시키거나 홍보하는 행위 또는 후보자가 되려는 사람의 지지에 동원하는 행위
- 정당의 선거대책기구에 공무원 등 법령에 따라 정치적 중립을 지켜야 하 는 사람이 참여하거나 기존의 단체·조직을 그 선거대책기구의 산하 기구

로 구성하여 선거운동을 하게 하는 행위

　　다만, 정당의 선거대책기구에 소속 당원 외에 다수의 비당원이 구성
원으로 참여하는 것은 가능하다.

유사 기관 설립·설치

후보자들은 법이 정한 공식적인 선거운동기구 이외에 비공식적인 별동대
를 만들어 보다 적극적이고 효율적으로 선거운동을 하고 싶은 유혹을 받
기도 한다. 이러한 별동대의 활동이 설사 적법한 선거운동 방식이라 하더
라도 별동대의 운용 자체가 금지되는 행위라는 것에 유의해야 한다. 후보
자를 위한 유사 기관의 설립·설치 금지 규정이 바로 그것이다.

(1) 주체

누구든지 금지되며, 아무런 제한이 없다.

(2) 금지 기간

언제든지 상시 금지되며, 공선법상 상시 적용된다.

(3) 금지 행위 및 벌칙

누구든지 공선법 제61조(선거운동기구의 설치) 제1항·제2항에 따른 선
거 사무소, 선거 연락소 및 선거대책기구 외에는 후보자 또는 후보자가
되려는 사람을 위해 선거추진위원회·후원회·연구소·상담소 또는 휴게
소 기타 명칭의 여하를 불문하고 이와 유사한 기관·단체·조직 또는 시설
을 새로이 설립 또는 설치하거나 기존의 기관·단체·조직 또는 시설을 이

용할 수 없다. 다만, 후보자 또는 예비후보자의 선거 사무소에 설치되는 1개의 선거대책기구 및 정치자금법에 의한 후원회는 그렇지 않다.

유사 기관의 설립·설치 금지 규정은 후보자 간 선거운동기구의 형평성을 유지하고, 각종 형태의 선거운동기구가 난립함으로 말미암은 과열 경쟁 및 낭비를 방지하기 위한 규정으로서, 어떠한 기관·단체·시설이 본조에서 금하는 유사 기관에 해당하는지는 선거운동 목적의 유무에 의해 결정되므로 특정 후보자의 선거운동을 목적으로 설치된 것이 아니라면 본조의 금지에 위반되는 것은 아니다.

누구든지 후보자를 위한 유사 기관 설립·설치 금지 규정을 위반하면 3년 이하의 징역 또는 600만 원 이하의 벌금에 처한다.

(4) 판례 등 사례를 통해 살펴본 금지 내용

'유사 기관'이라 함은 선거운동을 목적으로 설립되고 선거 사무소 또는 선거 연락소처럼 이용되는 정도에 이른 기관·단체·조직 또는 시설을 말하며, 그 선거운동이 공선법상 허용되지 않는 선거운동이어야만 하는 것은 아니다.

기관·단체·조직 또는 시설이란 그 명칭 여하에 불구하고 일반적으로 공동 목적을 가진 다수의 계속적인 조직을 뜻하는 것으로 해석되며 법인격의 유무는 불문한다.

그러면 모든 유사 기관 설치가 금지되는 것일까? 그렇지 않다.

본 규정은 특정 후보자의 선거운동을 목적으로 유사 기관의 설치를 규제하는 것이므로 후보자가 되고자 하는 자가 선거운동의 목적이 아닌 순수한 선거 준비 행위의 차원에서 선거인에게 영향을 미치지 않는 내부적 행위로서 기관·단체·조직 또는 시설을 설립하거나 설치했다면 유사 기관의 설치 금지 위반에 해당하지 않는다.

요컨대 어떠한 기관·단체·시설이 본조에서 금하는 유사 기관에 해당하는지는 선거운동 목적으로 설치된 것으로서 적법한 선거 사무소나 선거 연락소와 유사한 활동이나 기능을 하는 것에 해당하는지에 의해 결정된다. 구체적으로 어떠한 행위가 선거운동에 해당하는지 여부를 판단함에 있어서는 단순히 그 행위의 목적뿐만 아니라 그 행위의 태양, 즉 그 행위가 행해지는 시기·장소·방법 등을 종합적으로 관찰하여 그것이 특정 후보자의 당선 또는 낙선을 도모하는 목적 의지를 수반하는 행위인지 여부를 기준으로 판단해야 한다.

따라서 어떤 단체 등이 유사 기관에 해당하는지는 선거운동 목적의 유무에 의해 결정되므로 후보자가 되고자 하는 자가 내부적으로 선거 준비 행위의 차원을 넘어 선거인에게 영향을 미칠 목적으로 단체 등을 설립했다면 이는 유사 기관에 해당한다.

한편 어떠한 기관·단체·조직 또는 시설이 선거운동을 목적으로 설립되었고, 그것이 선거 사무소 또는 선거 연락소처럼 이용되는 정도에 이르렀다면 해당 기관 등이 공선법상 허용되는 SNS 선거운동을 했다고 하더라도 공선법 제89조 제1항에서 정한 유사 기관이 되는 것이고, 반드시 그 선거운동이 공선법상 허용되지 않는 선거운동이어야만 하는 것은 아니라는 것이 판례의 입장이므로 유의해야 한다.

다만, 어떠한 기관·단체·조직 또는 시설이 특정 후보자의 선거운동을 목적으로 설치된 것이 아니고 그 후보자가 당내 경선에서 후보자로 선출되게 하기 위한 목적으로 설치된 것이라면 그러한 유사 기관의 설치 등 행위는 본조 위반에 해당하지 않는다고 대법원이 판시하였다. 이러한 법리는 당원들이 아닌 일반 시민들을 상대로 여론조사를 하여 정당 후보자를 선출하는 당내 경선의 경우에도 마찬가지로 적용되어야 할 것이므로 당내 경선을 위해 선거 사무소에 유사 기관을 설치하고 선거구민들을 상대로 전화 홍보 등을 한 경우에도 경선운동을 위한 것일 뿐 선거운동을 위한 경우가 아니라면 본 규정으로 처벌할 수 없다고 보고 있다.

따라서 당내 경선을 거쳐야 하는 후보들은 이러한 경선을 위한 선거 사무소를 적절히 활용할 필요가 있다. 다만, 경선 활동의 범위 안에서 활용하되 선거운동에 이르지 않도록 유의해야 한다.

(5) 유사 기관 설립·설치 금지에 해당되지 않아 할 수 있는 사례 vs. 해당되어 할 수 없는 사례

유사 기관 설립·설치 금지에서 문제가 되는 것은 공선법에 정한 선거 사무소 등 법정 기구 외에 후보자를 위해 선거 사무소와 유사한 기관·단체·조직 또는 시설을 새로이 설립하거나 설치하는 것이다. 구체적인 사례를 보면서 허용되는 범위와 제한 범위를 쉽게 알아보자.

유사 기관 설립·설치 금지에 해당되지 않아 할 수 있는 사례

- 순수하게 공명 선거만을 위해 선거운동 기간 중 부정선거고발센터를 설치하는 행위

  이때 특정 후보자를 위해 부정선거고발센터를 설치한 경우에는 유사 기관을 설치한 것에 해당될 수 있다.
- 외관상 후보자를 위해 기존의 기관·단체·조직 또는 시설을 이용하는 것처럼 보인다 할지라도 실질적으로 기존의 기관·단체·조직 또는 시설을

공선법에서 규정한 선거 사무소 또는 선거 연락소처럼 이용하는 정도에 이르지 아니한 행위

> 의사로서 국회의원 선거에 출마한 후보자의 당선을 위해 대한의사협회 간부들이 자신의 전화를 이용하여 의사들에게 위 후보자의 지지를 부탁하고 유세장에 참석한 정도의 행위가 기존 대한의사협회를 실질적으로 선거 활동, 기타 선거에 관한 사무를 처리하는 선거 사무소나 연락소처럼 이용한 것에 해당한다고 보기는 어렵다고 판시하였다. 다만, 다른 선거운동 방법상의 제한은 별론으로 한다고 했으므로 사전선거운동죄에 해당할 여지가 있음을 유의해야 한다.

- 한국농어촌문제연구소, 현역 국회의원 주도의 산악회, 지구당사 안의 연구소 등이 통상적인 방법으로 업무를 수행하는 행위

유사 기관 설립·설치 금지에 해당되어 할 수 없는 사례

- 개인 사무실에 컴퓨터 8대, 모니터 6대, 전화기 9대 등을 설치하고 직원 7명을 고용하여 SNS 선거운동을 한 행위
- 사무소를 설치하고 직원들을 채용하여 법률 상담 등의 활동을 하는 행위
- 선거운동 기간 전에 의성발전연구소를 설립한 다음 사전선거운동을 하여 이를 사실상 선거 사무실로 사용한 행위
- 특정 후보자를 위한 자원봉사자들의 교육 장소를 별도로 설치하는 행위
- 기존 대학 동문 조직을 이용하여 후보자를 위한 SNS 선거운동을 한 행위
- 기존 '○○포럼' 단체 사무소에서 전화 홍보원들로 하여금 선거구민들에게

무작위로 전화를 통한 여론조사(설문조사)를 하여 후보자의 인지도를 높이고 후보자의 경력 등을 홍보하는 등으로 후보자의 선거운동을 한 행위

- 사무실은 특정인의 선대본부를 표방하고 있었고 선거운동 관련 조직도를 만들었으며 선거운동을 위한 자원봉사자를 모집하거나 후보에 대한 홍보 활동이 이루어지기도 했고, 후보가 종종 사무실에 들르기도 한 행위
- 이전에 예비후보자로 등록하여 사용하던 별도의 사무실을 이용하여 운동원들에게 유권자 명부를 나누어주고 각자 운동원 자신들의 휴대전화를 이용하여 선거운동을 한 행위
- 단체에 참석한 상당수의 사람들이 특정 후보의 선거운동 단체로 인식을 하게 하면서 특정 단체가 신당 창당을 위한 입당 원서를 받으면서 특정 후보에 대한 사전선거운동을 하고, 특정 후보 당선을 위한 회의를 18회에 걸쳐 개최했으며, 후보와의 모임에서 향후 선거 전략 등에 대한 질문을 한 행위
- 선거운동을 목적으로 한 국정연구소·민원상담소 등의 설치 및 변호사인 후보 예정자가 법률사무소와 그 연락소를 출신 구 및 읍·면에 설치하여 주민의 억울함을 처리해주는 행위

선거운동이 금지된 기관·단체의 선거운동

자연인뿐만 아니라 기관·단체도 원칙적으로 선거운동이 허용된다. 다만 선거의 공정성, 정치적 중립성 등을 보장하기 위해 공선법은 공공성이 강한 기관·단체 등의 선거운동을 금지하고 있다. 선거운동이 허용되는 단체라 하더라도 공선법이 인정하는 방식으로 선거운동을 해야 한다는 점에 유의해야 한다.

(1) 주체

공선법 제87조 제1항에 따라 선거운동이 금지된 기관·단체가 아니라면 당해 기관·단체 명의로 선거운동을 할 수 있다. 공선법에서 선거운동이 금지된 단체는 아래와 같다.

① 국가·지방자치단체

② 제53조(공무원 등의 입후보) 제1항 제4호 내지 제6호에 규정된 단체

③ 향우회·종친회·동창회·산악회 등 동호인회, 계모임 등 개인 간의 사적 모임

④ 특별법에 의해 설립된 국민운동단체로서 국가 또는 지방자치단체의 출연 또는 보조를 받는 단체(바르게살기운동협의회·새마을운동협의회·한국자유총연맹을 말함)

⑤ 법령에 의해 정치 활동이나 공직선거에의 관여가 금지된 단체

⑥ 후보자 또는 후보자의 가족(이하 '후보자 등'이라 함)이 임원으로 있거나, 후보자 등의 재산을 출연하여 설립하거나, 후보자 등이 운영 경비를 부담하거나, 관계 법규나 규약에 의해 의사결정에 실질적으로 영향력을 행사하는 기관·단체

⑦ 구성원의 과반수가 선거운동을 할 수 없는 자로 이루어진 기관·단체

동호인회나 계모임 등 개인 간의 사적 모임은 공공성이 같은 단체는 아니지만 선거운동의 과열 경쟁이나 인간관계 손상 등을 방지하기 위해 금지되는 단체에 포함되었다.

(2) 금지 기간

언제든지 상시 금지되며, 공선법상 상시 적용된다.

(3) 금지 행위 및 벌칙

선거운동을 할 수 없는 기관·단체는 당해 기관·단체의 명의 또는 그 대표의 명의로 선거운동을 할 수 없다. 이 경우 선거운동 금지 주체에 기관·단체 외에도 '그 대표자와 임직원 또는 구성원'도 포함하여 선거운동을 할 수 없다는 점에 유의해야 한다.

누구든지 선거운동을 할 수 없는 기관·단체는 당해 기관·단체의 명의 또는 그 대표의 명의로 선거운동 금지 규정을 위반하면 3년 이하의 징역 또는 600만 원 이하의 벌금에 처한다.

(4) 판례 등 사례를 통해 살펴본 금지 내용

공선법상 단체의 선거운동 허용 여부는 '구성원이 선거운동을 할 수 있는 단체'를 전제함은 당연하다. 예를 들어 교원 노조는 교원의 노동조합 설립 및 운영 등에 관한 법률 제3조에서, 공무원 노조는 공무원의 노동조합 설립 및 운영 등에 관한 법률 제4조에서 정치 활동을 금지하고 있으므로 '법령에 의해 정치 활동이나 공직선거에서의 관여가 금지된 단체'에 해당되어 당해 단체 명의로 선거운동을 할 수 없다.

그러면 선거운동이 허용된 단체가 선거운동 기간 전에 선거운동을 하게 되면 어떻게 될까? 사전선거운동에 해당한다. 대법원은 시민단체가 선거운동 기간 전에 행한 낙선운동에 대해 사전선거운동에 해당하며, 또한 선거운동의 방법에 있어서도 공선법의 관련 규정 등에 의해 정당이나 후보자 등에게도 금지되는 방법으로는 할 수 없고, 허용되는 방법의 경우에도 그 기간·횟수·정도·장소 세부적인 방법 등은 그 개별적·구체적인 기준에 준하여 해야 하며, 그 정도를 넘어선 행위는 위법한 선거운동으로 허용되지 않는다고 판시하였다.

(5) 선거운동이 허용되는 단체의 선거운동

선거운동을 할 수 있는 단체는 정당·후보자의 정책이나 공약을 비교 평가하고 그 결과를 공표할 수 있다. 이 경우 선거운동을 하거나 할 것을 표방한 단체는 지지하는 정당·후보자를 함께 공표하여야 한다[법 §108의 3(정책·공약에 관한 비교평가 결과의 공표 제한 등) ③ 단서]. 또한 선거운동을 할 수 없는 단체의 대표자도 선거운동을 할 수 있는 자라면 공선법이나 다른 법률이 제한 또는 금지하지 않는 방법으로 개인 자격의 선거운동을 하는 것은 가능하다.

단체의 선거운동이란 단체, 그 대표자와 임직원 또는 구성원이 그 단체의 명의 또는 그 대표의 명의를 직접 명시하거나 직접 명시하지 않아도 일반 선거인들이 단체의 명의 또는 대표의 명의로 선거운동을 한다고 쉽게 인식할 수 있는 방법으로 선거운동을 하는 것을 말한다.

공선법에 의해 특정 후보의 지지 등이 허용되는 단체라고 하더라도 공선법 제1조에서 나타난 입법 취지 및 후보자 자신도 같은 법에 의해 허용되는 범위 내에서만 선거운동이 허용되는 점에 비추어볼 때 아무런 제한 없이 특정 후보자를 지지·반대하는 선거운동을 할 수 있다고 볼 수는 없다. 그러한 선거운동을 하는 경우에도 같은 법에서 허용하는 방법에 따라야 할 것이고, 같은 법 제87조(단체의 선거운동 금지) 단서 및 제81조(단체의 후보자 등 초청 대담·토론회)의 입법 취지를 감안하면 특정 후보의 지지 등이 허용되는 단체는 총회 등 단체 의사를 결정할 수 있는 절차를 거쳐 그 지지·반대의 의사를 결정한 다음 이를 단체 구성원에게 유인물을 통해 배포할 수 있을 뿐이다.

(6) 기관·단체의 선거운동 금지에 해당되지 않아 할 수 있는 사례 vs. 해당되어 할 수 없는 사례

기관·단체의 선거운동 금지에서 문제가 되는 것은 선거운동을 할 수 없는 기관·단체가 그 기관·단체의 명의 또는 그 대표자의 명의로 선거운동을 하는 것과 선거운동을 할 수 있는 기관·단체라 하더라도 공선법에서 인정하는 방식을 벗어나 선거운동을 하는 것이다. 구체적인 사례를 보면서 허용되는 범위와 제한 범위를 쉽게 알아보자.

기관·단체 활동 금지에 해당되지 않아 할 수 있는 사례

- 선거운동을 할 수 있는 노동조합 연합 단체가 결의기구에서 지지·반대하기로 결정한 정당이나 후보자를 그 명의로 산하 조직 또는 소속 조합원들에게 기관지·내부 문서 등 통상적으로 행해오던 고지·안내 방법에 따라 알리는 행위

  다만, 선거운동을 할 수 없는 공공기관 노동조합 또는 그 조합원으로 하여금 선거운동을 하게 하는 경우에는 위반된다.

- 선거운동을 할 수 있는 단체의 대표자 명의로 선거 벽보·선거 공보에 지지·추천사를 게재하거나, 방송 연설과 공개 장소 연설·대담에서 지원 연설을 하거나, 전화·전자우편·각종 인터넷 홈페이지의 자유게시판 등을 이용한 지지 권유를 하거나, 선거운동 기간 중에 다수인이 왕래하는 공개된 장소에서의 지지 호소 등의 방법으로 선거운동을 하는 행위

- 선거운동을 할 수 있는 단체 또는 그 단체들의 공동 기구가 내부 회원만을 대상으로 내부 규약에서 정한 통상적인 의사결정 방법과 절차에 따라

지지할 후보자를 결정하는 행위

- 선거운동을 할 수 있는 단체가 연합하여 추대위원회를 구성하고 그 위원회가 내부 회원만을 대상으로 내부 규약 등에서 정한 통상적인 의사결정 방법과 절차에 따라 공선법에서 제한·금지하지 않는 방법으로 추대할 후보자를 결정하는 행위

- 선거운동을 할 수 있는 단체가 특정 후보자를 지지 또는 반대하기로 결정하고 그 결정 내용을 회원용 소식지·내부 문서 등 통상적으로 행해오던 고지·안내 방법에 따라 소속 회원들에게 단순히 알리거나 언론기관에 대한 보도자료의 제공 또는 기자회견을 통해 이를 공표하는 행위

  다만, 그 결정 내용을 별도의 인쇄물·시설물·광고 등을 통해 일반 선거구민에게 알리는 것은 위반된다.

- 특정 후보자가 되려는 사람을 지지하는 인사들이 자발적으로 기자회견·보도자료 등을 통해 지지하는 후보자를 공표하는 행위

  이 경우 선거 중립 의무가 있는 자가 기자회견 등을 통해 특정 후보자에 대한 지지 선언을 하는 것은 위반된다.

- 노동조합이 조합원을 상대로 후보자의 이력과 정책 공약 홍보, 지지·선전 등 일체의 행위 없이 단순히 투표를 통해 지지할 후보자를 정하는 행위

- 노동조합 사무실을 통상의 임차료를 받고 선거 기간 중에 후보자의 선거 사무소·선거 연락소로 사용하게 하는 행위

기관·단체 활동 금지에 해당되어 할 수 없는 사례

- 과반수가 선거운동을 할 수 없는 사립학교 교원으로 이루어진 서울자유교원조합 단체 명의로 선거운동을 한 행위
- 선거운동을 할 수 있는 노동조합이 선거에 영향을 미칠 수 있는 현수막을 사업장 내 또는 외벽에 게시한 행위
- 노동조합이 구성원인 조합원 개개인에 대해 노동조합의 결의 내용에 따르도록 권고하거나 설득하는 정도를 넘어서 이를 강제한 행위
- 단체가 공직선거에 입후보하려는 특정 정치인의 정치적 기반을 다지기 위한 각종 행사 등 정치 활동을 하면서 단체의 활동과 운영에 필요한 비용으로 사용하기 위해 불특정 다수의 사람들로부터 회비를 받는 행위
- 노동조합 사무실에 기존부터 설치돼 있는 전화 외에 선거운동을 위해 별도로 전화를 증설하여 전화 선거운동을 하는 행위
- 선거운동을 할 수 있는 단체 또는 그 단체들의 공동 기구가 내부 규약에서 정한 통상적인 단체 내부의 의사결정 범위를 넘어 일반 선거구민을 선거인단 또는 국민배심원단으로 모집하여 이들을 대상으로 투표를 통해 지지 후보를 결정하거나, 단체 간 공동 기구를 새로이 결성하여 지지하기로 결정한 후보자를 위해 선거운동을 한 행위
- 단체가 낙천·낙선 후보자 명단을 게재한 홍보물이나 별도의 유인물 등을 제작하여 거리 집회, 우편 발송 등의 방법으로 배포하고 유권자를 상대로 지지 서명운동을 하며, 낙천·낙선 운동의 문구가 적힌 스티커를 배포 또는 부착하는 행위
- 특정 정당이나 후보자의 정책에 대해 찬성 또는 반대하는 내용의 현수막

이나 표시물·광고물 등을 거리나 단체가 사용하는 건물의 외벽·차량에 게시하거나 단체 회원 등의 옷에 새겨 이를 착용하는 행위

- 단체가 구성원을 대상으로 특정 정당이나 후보자를 지지 또는 반대하는 내용이나 지지 또는 반대를 유도하는 내용을 부가하여 서명을 받는 행위
- 기관 또는 단체가 특정 정당 또는 후보자를 지지·추천 또는 반대하는 내용이 포함돼 있거나 정당의 명칭 또는 후보자의 성명을 나타내는 신문광고 또는 방송광고 등을 하는 행위

언론 활동 관련

신문·잡지 등의 통상 방법 외의 배부 등 금지

후보자들은 누구나 자신의 인지도를 높이고 싶어 한다. 인지도를 높이는 데에는 언론만 한 것이 없다. 자신을 유리하게 다룬 기사가 작성되게 하고, 이러한 기사를 널리 유권자들에게 알리고 싶어 한다. 하지만 공선법이 금지하는 방식으로 접근하면 낭패를 당할 수 있다.

(1) 주체

누구든지 금지되며, 신문사 관계자나 후보자 등에 한하지 않고 아무런 제한이 없다.

(2) 금지 기간

언제든지 상시 금지되며, 공선법상 상시 적용된다.

(3) 금지 행위 및 벌칙

선거법의 규정에 의한 경우를 제외하고 선거에 관한 기사를 게재한 신문·통신·잡지 또는 기관·단체·시설의 기관지 기타 간행물을 통상 방법 외의 방법으로 배부·살포·게시·첩부하거나 그 기사를 복사하여 배부·살포·게시·첩부하는 행위를 할 수 없다.

누구든지 선거에 관한 기사를 게재한 신문·잡지 등을 통상 방법 외의 방법으로 배부 등을 하면 3년 이하의 징역 또는 600만 원 이하의 벌금에 처한다.

(4) 판례 등 사례를 통해 살펴본 금지 내용

'선거에 관한 기사'라 함은 선거와 관련된 모든 기사를 말하는 것이 아니라 후보자(후보자가 되고자 하는 자 포함)의 당락에 영향을 주거나 특정 정당에 유리·불리한 선거 관계 기사를 의미하며, 이와 무관한 단순한 선거 관련 뉴스나 객관적인 사실 보도는 이에 해당되지 않는다. 이와 관련해 후보자가 군수로 재직하는 동안 지급되었던 보조금과 관련해 경찰 조사가 진행되고 있다는 등의 기사는 후보자에게 불리한 기사라는 판결이 있다.

'신문·통신·잡지 또는 기관·단체·시설의 기관지 기타 간행물'에 대해 판례는 공선법 제93조(탈법 방법에 의한 문서·도화의 배부·게시 등 금지)에 대한 특칙으로서 제95조(신문·잡지 등의 통상 방법 외의 배부 등 금지)를 규정한 취지와 선거운동에 관해 엄격한 제한주의를 취하고 있는 공선법의 전체적 구조를 고려하면 본조의 '신문 등'은 제93조의 규율 대상인 단순한 문서·도화의 수준을 넘어서서 상당한 기간 반복적으로 제호題號, 발행인, 발행일 등을 표기하면서 일정한 격식을 갖추어 발행되는 것에 한정되는 것으로 보아야 할 것이며, 특히 신문·통신·방송과 같은 언론기관의 경우 공선법 등 관련 법에 의해 그 보도 내용의 공정성에 관한 규제를 받고 있음에 반해 그와 같은 심의 절차조차 마련돼 있지 않은 일반 기관·단체·시설에서 종래 계속적으로 발행해오던 정규 기관지도 아닌 호외성 간행물 또는 임시 간행물을 발행하여 배부하는 경우까지 제95조의 해석에 의해 허용된다고 볼 수는 없다고 판시하였다.

그러면 이 경우 통상 방법 외의 방법이란 무엇일까?

'통상 방법 외의 방법'이라 함은 간행물 등의 본래의 발행 목적 수행을 위해 평소 실시되던 본래의 정상적인 배부 방법과 범위를 일탈하여 간행물 등을 선거 홍보물화하려는 이례적인 배부 방법을 의미한다.

'배부'와 관련해 제95조 제2항에서 "통상 방법에 의한 배부라 함은 종전의 방법과 범위 안에서 발행·배부하는 것을 말한다"라고 규정하고 있으므로 신문·통신·잡지 등을 인쇄·발행한 후 독자를 상대로 배포하기 전 단계도 배부에 포함된다고 해석할 수 있을 것이라는 견해가 있으나, 법 규정의 취지 및 '복사하여 배부하는 행위'와 병렬적으로 규정해놓은 점 등에 비추어볼 때 '배부'라 함은 특정 또는 불특정의 독자들이 이를 읽어볼 수 있는 상태에 두는 것을 말한다.

'신문·통신·잡지·정당의 기관지 등에 게재된 선거에 관한 기사를 복사하여 배부·살포·게시·첨부하는 것'은 통상 방법 외의 방법으로 배부·살포·게시·첨부하는 행위의 한 예에 해당한다. 1개 신문의 해당 기사를 복사하여 배부·살포·게시·첨부하거나 여러 해당 기사를 발췌·복사·편집하여 배부·살포·게시·첨부하는 경우 등 그 방법에는 제한이 없다. 판례 중에는 언론 기사 중 경쟁 후보자에게 불리한 내용을 음영 처리한 후 양면으로 컬러 복사한 유인물 1,391매를 9곳의 종교 시설에 배부한 사례, A후보 측근이 공선법 위반으로 압수수색을 당했다는 기사를 복사하여 불특정 다수의 선거구민들에게 내용을 설명하면서 건네준 경우 '복사하여 배부한 행위'로 인정한 사례가 있다.

(5) 선거에 관한 기사 등 배부 금지 등에 해당되지 않아 할 수 있는 사례 vs. 해당되어 할 수 없는 사례

신문·잡지 등의 통상 방법 외의 배부 등 금지에서 문제가 되는 것은 선거에 관한 기사를 게재한 신문·통신·잡지 또는 기관·단체·시설의 기관지, 기타 간행물을 통상 방법 외의 방법으로 배부·살포·게시·첨부하거나 그 기사를 복사하여 배부·살포·게시·첨부하는 행위를 하는 것이다. 구체적인 사례를 보면서 허용되는 범위와 제한 범위를 쉽게 알아보자.

선거에 관한 기사 등 배부 금지 등에 해당되지 않아 할 수 있는 사례

- 잡지 등 정기간행물에 후보자가 되려는 사람의 인터뷰 기사를 게재하여 통상적인 방법으로 판매·배부하는 행위

  다만, 후보자가 되려는 사람에 대한 허위 사실 또는 지지 호소 등이
  포함돼 있는 경우는 위반된다.

- 월평균 1회, 약 1만 부 정도 발행되는 신문이 2만 내지 5만 부를 발행했다는 사정만으로 종래 실시되는 방법과 범위에서 일탈하여 통상 방법 외의 방법으로 발행되었다고 기소했으나, 과거 여러 번에 걸쳐 3만 부, 4만 부 발행된 경우에 해당하는 행위

  다만, 위 사례에서는 통상 방법에 따른 발행이더라도 선거에 영향을
  미치기 위해 특정 교육감 후보자를 지지·추천하는 내용이 포함돼

있는 내용을 달리하는 호외성 간행물 또는 임시호인 인쇄물을 배부한 행위에 대해서는 유죄가 선고되었다.

- 간행물에 후보자가 되려는 자에 대한 허위 사실 또는 선거 관련 지지 호소가 포함되지 않은 인터뷰 기사를 게재하여 통상적인 방법으로 판매·배부하는 행위

선거에 관한 기사 등 배부 금지 등에 해당되어 할 수 없는 사례

- 걷기대회에서 지방자치단체장을 홍보하는 기사가 게재된 유료 잡지 1,500부를 기념품 명목으로 시민들에게 무료 배부한 행위
- 후보자에 대한 홍보·지지를 표하는 글을 게재한 기관지 수십 부를 주택·상가 등의 우편함에 투입하고, 주차 차량의 전면 유리창에 끼워 넣는 등의 방법으로 배부한 행위
- 후보자에게 불리한 기사가 게재돼 있는 주간지 2면과 3면을 2만 부가량 복사하여 신문에 끼워 넣어 2만여 가구에 배부한 행위
- 특정 후보자에게 불리한 신문 기사를 복사하여 임의로 ○○구청 민원봉사과 명의의 봉투에 넣어 선거구민에게 발송한 행위
- 평소 3,000부가량 인쇄하던 지역신문에 특정 후보자에게 유리한 기사를 게재한 후 위 후보자의 요청에 따라 5,000부를 추가 인쇄하여 위 후보자의 선거 관계자를 통해 배부한 행위
- 평소 5,000부가량 인쇄하여 산하 노조에 배부해온 민주노총 소식지를 1만 부 인쇄하여 5,500부를 보궐선거가 실시될 지역의 일간신문에 끼워

배부한 행위

- 특정 후보자에게 불리한 내용의 기사가 절반가량 게재된 신문의 발행 부수를 종전(1만 5,000부)보다 100% 증가하여 발행하고 아파트나 관공서 일원에 무가지로 집중 배포한 행위
- 특정 정당의 당원이 소속 정당 공천 국회의원 후보자들을 소개하는 내용의 기사가 게재된 당보 100여 매를 동네 아파트 100세대에 1부씩 던져 넣은 행위
- 군수 후보자에게 유리한 기사를 평소 발행 부수인 2,000부보다 많은 8,000부를 발행하여 6,000부를 택배로 보낸 후 그중 100부를 일간신문에 삽입하여 배부한 행위
- 우편 외의 방법으로는 배부되지 않았던 지역에 자신의 수행원으로 하여금 신문을 직접 가져다 두게 하거나 평소 기자가 배부하던 신문을 자신의 수행원으로 하여금 직접 가져다 두게 하는 행위
- 선거일 즈음에 후보의 치적을 알리는 내용으로 후보에게 긍정적인 인상을 줄 수 있는 기사로 채워진 신문을 ○○○ 의원의 의정보고회 행사장 내 접수대 등에 놓아둔 행위

기타

여론조사 공표·보도 등

최근 선거운동에서 종종 문제가 되는 것이 여론조사와 관련한 것이다. 여론조사를 빙자한 선거운동을 하거나, 공선법에서 정한 공신력 있는 여론조사가 아닌 여론조사의 결과가 자신에게 유리하다며 공표하는 행위, 여

론조사를 하더라도 공선법에서 정한 공정한 준수 사항을 지키지 않고 편향된 방식으로 여론조사를 하는 행위 등이 그것이다.

먼저 공선법에서 정한 여론조사 실시, 결과 공표, 보도 및 자료 보관의 절차는 그림 1-4와 같다.

▶ 그림 1-4 여론조사 실시 · 결과의 공표 · 보도 및 자료 보관 절차도

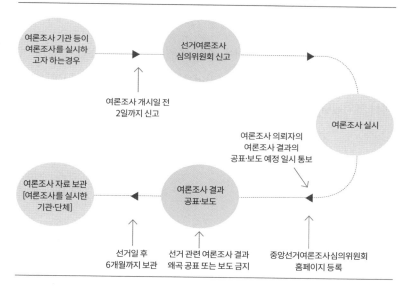

(1) 입법 목적 및 적용 범위

특정 선거에 있어서 후보자 등이 여론조사를 통해 선거권자의 지지 의사를 가늠하고 선거운동 방안을 수립하는 것은 가능하다. 민주국가에서 여론이란 국민이 그들에게 공통되고 중요한 문제에 관해 표명하는 의견의 집합체를 말한다고 할 것이다.

또한 여론조사는 선거와 관련해 예비선거의 기능을 수행하고, 무엇보

다도 국민으로 하여금 선거에 대해 높은 관심을 갖도록 하는 구실을 하고 있다. 그러나 여론조사 결과의 공표는 선거인들로 하여금 예단을 가지게 함으로써 선거인의 자유로운 의사결정을 방해하게 되어 선거의 공정을 해칠 위험도 수반하는바, 이에 대해 구체적으로 살펴보자.

본조의 적용 범위는 '선거에 관한 여론조사'에 관해 적용되고 모의투표나 인기투표에 의한 경우를 포함한다. 이 경우 '선거에 관하여'란 선거와 관련되는 일체의 사항을 말하며, 선거운동의 목적 여부와는 상관이 없다.

다만, 표 1-5의 경우는 선거에 관한 여론조사로 보지 않음에 따라 여론조사 실시를 할 경우에 미리 선거여론조사심의위원회에 신고할 대상에서 제외된다.

▶ 표 1-5 선거에 관한 여론조사로 보지 않는 여론조사

선거에 관한 여론조사로 보지 않는 여론조사 (신고 대상이 아님)	① 정당이 그 대표자 등 당직자를 선출하기 위해 실시하는 여론조사
	② 후보자(후보자가 되려는 사람을 포함)의 성명이나 정당(창당준비위원회 포함)의 명칭을 나타내지 않고 정책·공약 개발을 위해 실시하는 여론조사
	③ 국회의원 및 지방의회의원이 의정 활동과 관련해 실시하는 여론조사 → 다만, 해당 선거의 예비후보자 등록 신청 개시일부터 선거일까지 실시하는 여론조사는 제외한다.
	④ 정치, 선거 등 분야에서 순수한 학술·연구 목적으로 실시하는 여론조사
	⑤ 단체 등이 의사결정을 위해 그 구성원만을 대상으로 실시하는 여론조사

(2) 여론조사 시 신고 의무 등

1) 주체
'누구든지'이며, 아무런 제한이 없다.

2) 신고 의무 기간
언제든지 상시 적용된다.

3) 신고처
누구든지 선거에 관한 여론조사를 실시하려면 여론조사의 목적, 표본의 크기, 조사 지역·일시·방법, 전체 설문 내용 등 중앙선관위 규칙으로 정한 사항을 여론조사 개시일 전 2일까지 선거여론조사심의위원회에 신고해야 한다.

4) 신고 제외 대상
신문, 방송, 통신사(이들이 운영하는 인터넷 언론사 포함)이거나 제3자로부터 여론조사를 의뢰받은 여론조사 기관·단체, 정당 및 정당의 정책연구소 등에서 실시하는 선거에 관한 여론조사의 경우 신고하지 않는다. 어느 정도의 공신력이 인정되는 기관이므로 신고 대상에서 제외한 것이다.

5) 보완 요구 및 이의신청
관할 선거여론조사심의위원회는 위 '(2) 여론조사 시 신고 의무 등'에 따른 신고 내용이 공선법 또는 선거 여론조사 기준을 충족하지 못한다고 판단되는 때에는 여론조사 신고 대상자에게 여론조사 실시 전까지 보완

할 것을 요구할 수 있다.

이 경우 보완 요구에 이의가 있는 때에는 관할 선거여론조사심의위원회에 서면으로 이의신청을 할 수 있다.

(3) 여론조사 시 준수 사항 등

누구든지 선거에 관한 여론조사를 하는 경우에는 표 1-6의 어느 하나에 해당하는 행위를 해서는 안 된다.

▶ 표 1-6 여론조사 시 준수 사항 등

구분	내용
여론조사 시 준수 사항	① 누구든지 선거에 관한 여론조사를 하는 경우에는 피조사자에게 질문을 하기 전에 여론조사 기관·단체의 명칭과 전화번호를 밝혀야 하고, 해당 조사 대상의 전 계층을 대표할 수 있도록 피조사자를 선정해야 한다. ② 특정 정당 또는 후보자에게 편향되도록 하는 어휘나 문장을 사용하여 질문하는 행위 금지 → 외관상 공선법에서 정한 여론조사이지만 편향된 질문 방식을 사용하여 공선법상 준수 사항을 지키지 않았다는 논란이 빈번할 것으로 예상됨. ③ 피조사자에게 응답을 강요하거나 조사자의 의도에 따라 응답을 유도하는 방법으로 질문하거나, 피조사자의 의사를 왜곡하는 행위 금지 ④ 오락 기타 사행성을 조장할 수 있는 방법으로 조사하거나, 전화요금 할인 혜택을 초과하여 제공하는 행위 금지 ⑤ 피조사자의 성명이나 성명을 유추할 수 있는 내용을 공개하는 행위 금지
여론조사 왜곡 행위 금지	당내 경선을 위한 여론조사의 결과에 영향을 미치게 하기 위해 다수의 선거구민을 대상으로 성별·연령 등을 거짓으로 응답하도록 지시·권유·유도하는 행위
	선거에 관한 여론조사의 결과에 영향을 미치게 하기 위해 둘 이상의 전화번호를 착신 전환 등의 조치를 하여 같은 사람이 두 차례 이상 응답하거나 이를 지시·권유·유도하는 행위
여론조사 금지 시간	누구든지 야간(오후 10시부터 다음 날 오전 7시까지를 말함)에는 전화를 이용하여 선거에 관한 여론조사를 실시할 수 없음.

(4) 여론조사의 결과 공표·보도 금지 및 자료 보관 의무

누구든지 선거에 관한 여론조사의 결과를 공표·보도하는 때에는 선거 여론조사 기준으로 정하는 사항을 함께 공표 또는 보도해야 하며, 해당 여론조사를 실시한 선거 여론조사 기관이 선거 여론조사 기준으로 정한 사항을 중앙선거여론조사심의위원회 홈페이지에 등록해야 한다. 또한 선거에 관한 여론조사를 실시한 기관·단체는 조사 설계서, 피조사자 선정, 표본 추출, 질문지 작성, 결과 분석 등 조사의 신뢰성과 객관성 입증에 필요한 자료와 수집된 설문지 및 결과 분석 자료 등 해당 여론조사와 관련 있는 자료 일체를 해당 선거의 선거일 후 6개월까지 보관해야 한다.

(5) 여론조사 실시 및 결과 공표·보도 관련 금지 사항

누구든지 선거에 관한 여론조사 실시 및 결과 공표·보도 등과 관련해 표 1-7의 어느 하나에 해당하는 행위를 해서는 안 된다.

▶ **표 1-7 여론조사 실시 및 결과 공표·보도 관련 금지 사항 등**

구분	내용
중앙선거여론조사심의위원회 홈페이지에 미등록된 여론조사 결과 공표·보도 금지	중앙선거여론조사심의위원회 홈페이지에 등록되지 않은 선거에 관한 여론조사 결과를 공표 또는 보도하는 행위를 해서는 안 됨.
선거 여론조사 기준 준수 의무	선거 여론조사 기준을 따르지 않고 공표 또는 보도를 목적으로 선거에 관한 여론조사를 하거나 그 결과를 공표 또는 보도하는 행위를 해서는 안 됨.

(6) 자료 제출 의무 규정

다음 표 1-8의 어느 하나에 해당하는 때에는 해당 여론조사를 실시한 기관·단체에 보관 중인 여론조사와 관련된 자료의 제출을 요구할 수 있으며, 그 요구를 받은 기관·단체는 지체 없이 이에 따라야 한다.

▶ 표 1-8 여론조사 자료 제출 의무 규정

구분	내용
관할 선거구 선관위	공표 또는 보도된 여론조사와 관련해 공선법을 위반했다고 인정할 만한 상당한 이유가 있다고 판단되는 때
선거여론조사심의위원회	공표 또는 보도된 여론조사 결과의 객관성·신뢰성에 대해 정당 또는 후보자로부터 서면으로 이의신청을 받거나 심의를 위해 필요하다고 판단되는 때

(7) 정당·후보자 등이 실시한 여론조사의 결과 공표·보도 금지, 여론조사의 결과 왜곡 공표·보도 금지

표 1-9의 어느 하나에 해당하는 때에는 선거에 관한 여론조사의 결과를 해당 선거일의 투표 마감 시각까지 공표 또는 보도할 수 없다.

이 경우 여론조사 결과를 왜곡 보도하거나, 허위의 사실을 보도하거나, 사실을 왜곡하여 보도 또는 논평을 하는 행위 등도 당연히 제한된다.

또한 적법한 여론조사라 하더라도 선거일 전 6일부터 선거일의 투표 마감 시각까지 선거에 관해 정당에 대한 지지도나 당선인을 예상하게 하

▶ 표 1-9 여론조사의 결과 공표·보도 금지

여론조사의 결과 공표·보도 금지	• 정당 또는 후보자가 실시한 해당 선거에 관한 여론조사
	• 선거에 관한 여론조사가 공선법 또는 선거 여론조사 기준을 위반하여 고발되거나, 공선법에 따른 여론조사에 관한 범죄로 기소된 선거 여론조사 기관이 실시한 선거에 관한 여론조사 → 해당 선거 여론조사 기관에 대해 불기소처분이 있거나 무죄의 판결이 확정된 때 제외
	• 선거 여론조사 기관이 아닌 여론조사 기관·단체가 실시한 선거에 관한 여론조사

는 여론조사의 경위와 그 결과를 공표하거나 인용하여 보도할 수 없다.

(8) 여론조사 응답자에 대한 혜택 제공, 여론조사 비용의 선거비용 산입

선거에 관한 여론조사에 성실하게 응답한 사람에게는 표 1-10과 같이 1,000원 범위 안에서 전화요금 할인 혜택을 제공할 수 있으며, 후보자가 예비후보자 등록 신청 개시일부터 선거일까지의 기간 동안 4회를 초과하여 실시하는 선거에 관한 여론조사 비용은 표 1-10과 같이 선거비용으로 본다.

▶ 표 1-10 여론조사 응답자에 대한 혜택 제공, 여론조사 비용의 선거비용 산입

구분	내용
여론조사 응답자에 대한 혜택 제공	• 선거에 관한 여론조사에 성실하게 응답한 사람에게는 전화요금 할인 혜택을 제공할 수 있음. 선거에 관한 여론조사를 실시하는 자가 해당 여론조사에 관한 질문에 모두 응답한 사람에게 1회 응답 시 1,000원의 범위에서 전화요금 할인 혜택을 제공할 수 있음. • 이 경우 피조사자에게 질문을 하기 전에 전화요금 할인 혜택을 제공받을 수 있다는 사실을 알려야 함. • 전화요금 할인에 소용되는 비용은 해당 여론조사를 실시하는 자가 부담함.
여론조사 비용의 선거비용 산입	• 후보자(후보자가 되고자 하는 자 포함)가 예비후보자 등록 신청 개시일부터 선거일까지의 기간 동안 4회를 초과하여 실시하는 선거에 관한 여론조사 비용은 선거비용으로 봄.

여론조사를 많이 하는 경우 선거 결과를 보다 정확하게 예측하고 효과적인 선거운동을 할 수 있으나 4회를 초과하여 실시하는 여론조사 비용은 선거비용으로 간주되므로 공선법상 선거비용 초과 지출죄에 해당하지 않도록 유의해야 한다.

(9) 벌칙

여론조사 준수 사항 등의 규정을 위반하는 행위, 여론조사 관련 자료를 관할 선관위나 선거여론조사심의위원회에 허위로 제출하는 행위, 성별·연령 등 거짓 응답하도록 지시·권유·유도하는 행위 및 같은 사람이 두 차례 이상 중복 응답하거나 이를 지시·권유·유도하는 행위, 정당 또는 후보자가 실시한 여론조사 등을 공표·보도하는 행위는 3년 이하의 징역 또는 600만 원 이하의 벌금에 처하게 된다.

또한 공선법 제108조 제1항을 위반하여 여론조사의 경위와 그 결과를 공표 또는 인용하여 보도한 자, 같은 조 제2항을 위반하여 여론조사를 한 자, 여론조사와 관련 있는 자료 일체를 해당 선거의 선거일 후 6개월까지 보관하지 않은 자, 같은 조 제9항을 위반하여 정당한 사유 없이 여론조사와 관련된 자료를 제출하지 않은 자 또는 같은 조 제10항을 위반하여 야간에 여론조사를 한 자는 2년 이하의 징역 또는 400만 원 이하의 벌금에 처한다.

(10) 선거에 관한 여론조사 공표·보도 금지 등에 해당되지 않아 할 수 있는 사례 vs. 해당되어 할 수 없는 사례

선거에 관한 여론조사 공표·보도 금지 등에서 문제가 되는 것은 여론조사 실시 사전 신고, 여론조사 시 준수 사항, 선거에 관한 여론조사의 결과 공표 시 준수 사항, 여론조사 실시 및 결과 공표·보도 관련 금지 사항, 선거 여론조사 왜곡 행위 금지, 정당 후보자가 실시한 여론조사 결과 공표·보도 금지 규정에 위반되는 행위 등을 하는 것이다. 구체적인 사례를 보면서 허용되는 범위와 제한 범위를 쉽게 알아보자.

선거에 관한 여론조사 공표·보도 금지 등에 해당되지 않아 할 수 있는 사례

- 공선법 제108조를 준수하여 여론조사의 목적, 표본의 크기, 설문 내용, 실시 횟수 등이 선거에 영향을 미치게 하기 위한 행위나 선거운동을 위한 행위에 이르지 않는 범위에서 스마트폰을 이용하여 실시하는 여론조사에 후보자(후보자가 되고자 하는 자 포함)에 대한 정보로 통상의 프로필 사진을 게시하는 행위
- 여론조사 기관이 공선법 제108조를 준수하면서 ARS 전화 조사와 설문지 면접 조사를 병행하여 공정한 방법으로 통상적인 여론조사를 하는 행위
- ARS 전화 여론조사를 공선법 제108조나 제254조에 위반되지 않는 방법으로 실시하는 행위
- 여론조사 결과 공표 금지 기간 전에 공표된 여론조사 결과를 인용하여 보도하거나 금지 기간 전에 조사한 것임을 명시하여 공표 금지 기간 중에 그 결과를 공표하는 행위
- 여론조사 시 야간(오후 10시부터 다음 날 오전 7시까지)에는 여론조사 알림 메시지를 전송할 수 없을 것이나 알림 메시지를 받은 피조사자가 본인의 의사로 야간에 여론조사에 참여하는 행위

  여론조사 참여 보상으로 여론조사 기관의 명의와 비용으로 통상적인 범위에서 사이버머니를 제공하는 것은 가능하다.

- 정당이 공직선거 후보자 선출에 참고하기 위해 또는 당내 경선의 일환으로 당원 전체를 대상으로 정당 추천 후보자가 되려는 사람의 적합도 및 지지도를 측정하기 위한 여론조사를 직접 또는 여론조사 기관에 의뢰하여 공동 명의로 실시하는 행위

공선법 제57조의2 제2항에 따른 여론조사 외에는 선거일 전 60일부터 선거일까지 정당의 명의로 선거에 관한 여론조사를 할 수 없다.

- 정당의 후보자 추천을 위해 필요한 범위에서 특정 정당 소속 후보자만을 대상으로 여론조사를 실시하는 행위
- 공선법 제57조의2 제2항에 규정된 '정당의 당헌·당규 또는 후보자 간 서면 합의에 따라 당내 경선을 대체하는 여론조사'를 정당 명의로 실시하는 행위

선거에 관한 여론조사 공표·보도 금지 등에 해당되어 할 수 없는 사례

- 후보자 경선을 불과 1·2주일 남긴 시점에서 단기간에 반복적으로 후보자가 되려는 사람인 A를 위한 인지도 조사를 실시하고, 2·3차 조사의 경우 A의 경력을 특별히 부각시키는 설문 내용으로 실시한 행위
- 예비후보자가 주민 6만여 명에게 여론조사 결과를 포함하는 문자메시지를 보내면서 피조사자의 선정 방법, 응답률, 질문 내용을 함께 공표하지 않은 행위
- 설문 사항에 A의 이름을 다른 후보자가 되려는 사람의 이름보다 많이 나오게 함으로써 A의 인지도를 높이고, 'A는 변호사입니다. 전문 직능인이 국회에 진출하는 것에 대해 어떻게 생각하십니까?'라는 설문 사항을 넣어 A의 장점을 부각시키는 설문조사를 한 행위
- 사이트를 방문하는 불특정 다수인들로 하여금 지지하는 예비후보자에게 투표하게 하고 조사기관, 표본오차율 등을 밝히지 않은 채 각 예비후보

자에 대한 지지율을 실시간 공표하는 행위
- 중앙선거여론조사공정심의위원회 홈페이지에 등록하지 않은 선거에 관해 정당에 대한 지지도나 당선인을 예상하게 하는 여론조사 결과를 신문 기사로 공표한 행위

    2015년 1월 4일부터 '선거에 관한 여론조사'로 개정되었고, 2017년 2월 8일부터 중앙선거여론조사공정심의위원회는 '중앙선거여론조사심의위원회'로 명칭이 변경되었다.

- 자신의 인지도를 높일 목적으로 유력 후보자와 자신만을 대상으로 한 여론조사를 반복적으로 실시하는 행위
- 특정 후보자만의 공약을 대상으로 그 지지도나 선호도 등을 조사하는 행위
- 여론조사를 필요 이상으로 자주 또는 통상의 조사 범위를 벗어나 광범위한 선거구민을 대상으로 실시하거나, 후보자가 되려는 사람의 업적을 홍보하는 등 선거구민에게 자신을 선전하거나 지지를 유도하는 방법 또는 내용으로 실시하는 행위
- 후보자가 되려는 사람이 조사원을 고용하여 호별 방문의 방법으로 선거와 관련한 여론조사를 하는 행위
- 선거에 관한 여론조사의 표본이 될 대상자를 모집하면서 참여자에게 추첨에 의해 경품을 제공한다는 의사를 표시하여 모집하는 행위

호별 방문

SNS를 이용한 선거운동이 빠르게 확산되고 있지만 여전히 전통적인 선거운동 방식의 중요성을 무시할 수 없는 것이 현실이다. 전통적인 선거운

동 방식과 관련해 종종 문제가 되는 것이 호별 방문 금지 규정이니 유의해서 살펴볼 필요가 있다.

(1) 주체
누구든지 금지이며, 아무런 제한이 없다.

(2) 금지 기간
언제든지 상시 금지되며, 선거법상 상시 적용된다.

(3) 금지 행위 및 벌칙
누구든지 선거운동을 위해 상시에도 호별 방문을 할 수 없다. 또한 선거운동 기간 중에는 누구든지 선거운동을 위해 호별 방문뿐만 아니라 입당의 권유를 위해 호별로 방문하거나 공개 장소에서의 연설·대담을 알리기 위해 호별 방문하는 것이 금지된다. 호별 방문의 성립 요건은 '선거운동을 위하여', '입당 권유를 위하여', '연설·대담 통지를 위하여'라는 요건을 요구하므로 이에 해당하지 않는 목적으로 방문하는 것은 본죄에 해당되지 않는다. 따라서 무소속 후보 출마를 위한 선거권자의 추천 의뢰를 위한 방문, 선거 사무원 의뢰를 위한 방문, 선거 사무소 장소 승낙을 얻기 위한 방문 등은 선거운동이 아니기 때문에 가능하다.

다만, 무소속 출마 예정자가 단순한 추천 의뢰를 넘어 선거운동으로 나아가면 본조 위반이 될 뿐 아니라 위법한 사전선거운동이 될 수 있다는 점에 유의해야 한다.

누구든지 선거운동을 위해 호별로 방문하거나, 선거운동 기간 중에 입당의 권유를 위해 호별로 방문하거나, 공개 장소에서의 연설·대담 통지를 위해 호별로 방문하거나 하게 하면 3년 이하의 징역 또는 600만 원 이하의 벌금에 처한다.

(4) 선거 기간 중 허용되는 선거운동 장소

선거운동의 자유를 확대한다는 차원에서 관혼상제의 의식이 거행되는 장소와 점포·다방 등 공개된 장소에서 선거운동을 하는 것을 허용하고 있는데, 세부적인 내용은 표 1-11과 같다.

▶ **표 1-11 선거 기간 중 허용되는 선거운동 장소**

주체	허용 기간	허용 장소	허용 행위
• 선거운동을 할 수 있는 자만 해당됨. → 선거운동을 할 수 없는 사람은 제외됨.	• 선거운동 기간 중에만 허용됨. → 선거운동 기간 전에는 사전선거운동죄로 위반됨.	• 관혼상제의 의식이 거행되는 장소와 도로·시장·점포·다방·대합실 기타 다수인이 왕래하는 공개된 장소에서는 선거운동을 할 수 있음.	• 정당 또는 후보자에 대한 지지를 호소 등 공선법에 위반되지 않는 방법으로 선거운동을 할 수 있음.

이 경우 '다수인이 왕래하는 공개된 장소'라고 인정하기 위해서는 일반인의 출입 가능성만을 가지고 단정할 것은 아니며, 사무실이 민원인을 위해 설치되거나 그 안에 민원 사무 처리를 위한 전용 공간이 설치돼 있는 경우 등과 같이 내부 공간의 용도와 구조 및 접근성 등에 비추어 일반적·통상적으로 민원인을 위해 개방된 장소나 공간이라고 구체적으로 인정될 수 있어야 할 것이다.

상가가 점포와 다른 용도의 부분, 즉 주거나 사무실과 함께 구성돼 있다면 선거운동을 할 수 있는 부분은 어떻게 될까? 이 경우 선거운동을 할 수 있는 부분은 개방된 점포 부분에 한해 할 수 있다.

호별 방문에서 '호'라 함은 단순히 주택에 한정되지 않고 회사, 공장, 가게 등도 포함된다. 또한 건축법상 하나의 건물을 의미하는 것이 아니고, 하나의 건물이라도 거주 공간의 특성에 따라 여러 개의 호로 나뉠 수 있다. 예컨대 후보자가 구청 등 관공서를 방문하는 경우라도 민원실과 구청 직원 등이 근무하는 공간은 별도의 호로 구분된다. 민원실은 다수 일반인이 출입이 가능한 개방된 공간이므로 방문이 허용되나, 구청 직원 등이 근무하는 공간 등 출입이 제한적인 공간은 개방된 공간이 아니므로 방문이 금지된 '호'에 해당함을 유의해야 한다.

(5) 판례 등 사례를 통해 살펴본 금지 내용

호별 방문죄가 성립하는 방문 장소의 전형적인 예는 '거택', 즉 사람이 살고 있는 주택이라고 할 것이나, '호'는 반드시 주택에 한정되는 것이 아니라 회사·공장·사무소·점포 등도 포함되고, 이에 대해서도 그 장소의 구조, 사용 관계와 공개성 및 접근성 여부, 그에 대한 점유자의 구체적인 지배·관리 형태, 호별 방문으로 인한 폐해의 발생 우려 등을 종합적으로 고려하여 사회 통념에 따라 해당 여부를 판단한다.

관공서·공공기관의 민원실에서 명함을 배부하거나 지지 호소를 하는 행위는 가능하나 일반인의 출입이 통제된 관공서나 공공기관 사무실, 일반 사무실이나 학교 교무실에 방문하여 명함을 배부하거나 지지 호소를 하는 행위는 본조에 해당할 수 있다. 또한 '학교 교장실, 교무실, 행정실 등'은 별도의 독립적인 '호'에 해당하고, 학습권 보장을 위해 일반인의 통상적인 출입이 제한되므로 '다수인이 왕래하는 공개된 장소'라고 볼 수 없다.

피방문자가 일시적으로 거주하는 경우라도 불특정 다수인의 자유로운 출입이 제한된 비공개적인 장소도 '호'에 포함되며, 병원 입원실도 본조의 '호'에 해당하므로 선거운동을 위해 입원실을 방문하는 행위는 '호별 방문'에 해당할 수 있다.

'호별 방문'이라 함은 연속적으로 두 집 이상을 방문함으로써 성립한다. 따라서 한 집만 방문하는 경우에는 호별 방문에 해당하지 않는다.

판례는 타인과 면담하기 위해 그 거택 등에 들어간 경우는 물론 타인을 면담하기 위해 방문했으나 피방문자가 부재중이어서 들어가지 못한 경우에도 본죄가 성립한다고 판시하고 있다. 다만, 두 집 이상을 연속적으로 방문할 의사는 입증되어야 할 것이다. 즉 여러 집을 방문하고자 했으나 부재중이어서 면담하지 못한 경우에도 본죄가 성립된다.

또한 집의 방문이 '연속적'인 것으로 인정되기 위해서는 각 방문 행위 사이에 어느 정도의 시간적 근접성은 있어야 하지만 반드시 각 호를 중단 없이 방문해야 하거나 동일한 일시 및 기회에 각 집을 방문해야 하는 것은 아니고, 해당 선거의 시점과 법정 선거운동 기간, 호별 방문의 경위와 장소, 시간, 거주자와의 관계 등 제반 사정을 종합하여 단일한 선거운동의 목적으로 둘 이상의 선거인의 호를 계속해서 방문한 것으로 볼 수 있으면 그 성립이 인정되는 것이므로 연속적으로 방문한 것으로 볼 수 있다고 판시하였다.

'방문'이라 함은 타인을 면접하기 위해 그 집 등에 가는 것을 말하지만, 반드시 거주지 안으로 들어가는 것에 한하지 않는다. 사회 통념상 피방문자 측이라고 인정되는 장소, 즉 문전, 뜰의 처마 밑, 집 부근의 외양간, 가마터, 집과 상접하는 밭 등을 방문하는 경우는 물론 선거인 집 부근의 도로상으로 선거인을 불러내서 투표를 의뢰하는 경우도 이에 포함된다.

(6) 호별 방문 금지에 해당되지 않아 할 수 있는 사례 vs. 해당되어 할 수 없는 사례

선거운동을 위한 호별 방문 금지에서 문제가 되는 것은 선거운동을 위해 호별로 방문하는 행위를 하거나, 선거운동 기간 중에 입당의 권유를 위해 호별로 방문하거나 공개 장소에서의 연설·대담 통지를 위해 호별로 방문하는 것이다. 구체적인 사례를 보면서 허용되는 범위와 제한 범위를 쉽게 알아보자.

호별 방문 금지에 해당되지 않아 할 수 있는 사례

- 다수인이 왕래하는 공개된 장소인 전철역 지하상가에서 선거운동을 할 수 있는 자가 선거운동 기간 중에 정당 또는 후보자에 대한 지지를 호소하는 행위
- 당원협의회의 대표자나 소속 당직자, 입당을 추천한 소속 당원이 선거 기간이 아닌 때에 신규 당원의 거주지를 방문하여 당원증과 의례적인 내용의 입당 축하 편지를 당원에게 전달하는 행위
- 집으로부터 100미터 정도 떨어진 고추 밭을 방문한 행위
- 만난 장소가 피방문자가 집의 주차장 및 야적장으로 사용하는 장소로서 도로와 별다른 경계 표시가 없는 장소로 별다른 장애 없이 출입이 가능한 경우

  만난 장소가 피방문자 집의 마당이라고 할지라도 집 마당이 도로와 인접해 있고, 마당과 도로를 구분하는 담장이나 울타리가 없어 마당으로 비교적 자유로운 출입이 가능할 뿐만 아니라 도로에서 마당을

보는 데 있어 별다른 장애가 없는 경우 호별 방문의 대상이 되는 '호' 라고 볼 수 없다고 판시하였다.

호별 방문 금지에 해당되어 할 수 없는 사례

- 아파트 다수의 세대를 연속적으로 돌아다니면서 인터폰상으로 또는 인터폰을 통해 밖으로 나오게 한 후 특정 후보자에 대한 지지를 부탁한 행위
- 후보자의 배우자가 선거구 내 아파트 다수의 세대를 아파트 관리인과 함께 방문하여 아파트 관리인이 후보자의 배우자를 소개하고 후보자의 배우자는 "잘 부탁드립니다"라고 인사하며 지지를 호소한 행위
- 후보자의 아들과 자원봉사자가 선거구 내 병원의 병실을 방문하여 입원 환자에게 후보자의 명함을 배부하고 지지를 호소한 행위
- 예비후보자가 군청·경찰서 등 다수의 사무실을 방문하여 각 사무실에 근무하는 공무원에게 명함 교부 및 지지 호소를 한 행위
- 예비후보자가 학교 및 관공서 사무실, ○○지방법원 □□지원장 부속실과 ○○지방검찰청 □□지청장 부속실 등 다수의 사무실을 방문하여 명함을 돌리고 지지를 호소한 행위
- 피고인이 제주도로 이동 중인 선박에서 선거운동복을 착용하고 행사에 참석한 약 300여 명의 산악회 회원 및 비회원이 분산된 14개 객실을 순차적으로 돌면서 지지를 호소한 행위
- 피고인이 방문 상대방의 초청에 의해 호별 방문한 행위
- 대학생들이 엠티MT를 진행 중인 리조트 내 10곳의 숙소를 방문한 행위

- 해당 관공서의 다른 사무실을 방문하기 위해 기관장의 양해를 구하고 인사를 하기 위한 목적으로 기관장 부속실을 방문한 행위

  기관장 부속실을 방문했다고 하더라도 그 자체로 후보자로서 이름을 알리는 한편 선거운동의 편의를 제공받기 위한 것이므로 '선거운동을 위하여' 한 방문 행위에 해당한다고 판시하였다.

확성 장치 및 자동차의 사용 제한

선거운동 기간 중에는 거리 곳곳에서 거리 유세 차량들을 볼 수 있고, 후보자와 선거운동원들이 확성기를 이용하여 인사를 하는 광경을 보게 된다. 선거 관련 내용의 홍보물을 부착한 차량들이 도로를 누비기도 한다. 이과 관련된 공선법상의 규정을 미리 숙지해둘 필요가 있다.

(1) 주체

'누구든지'이며, 아무런 제한이 없다.

(2) 금지 기간

언제든지 상시 제한되며, 공선법상 상시 적용된다.

(3) 확성 장치 및 자동차 등의 사용 및 제한 내용

누구든지 평상시 또는 선거운동 기간 중이라도 공선법의 규정에 의하지 않고는 확성 장치를 이용하여 선거운동을 할 수 없으며, 자동차를 사용하여 선거운동을 할 수 없는바, 이에 대해 기본적 내용은 표 1- 12와 같다.

▶ 표 1-12 확성 장치 및 자동차 등의 사용 및 제한 내용

확성 장치	자동차 등
• 확성 장치를 이용하여 선거운동을 할 수 없음. → 다만, 선거운동 기간 중 공개 장소에서의 연설·대담 장소(일명 '거리 유세'를 말함) 또는 대담·토론회장에서 연설·대담·토론용으로 확성 장치를 사용하는 경우에는 무방함.	• 자동차를 사용하여 선거운동을 할 수 없음. → 다만, 선거운동 기간 중 공개 장소에서의 연설·대담 장소에서 자동차에 승차하여(일명 '거리 유세 차량'을 말함) 선거운동을 하는 경우에는 무방함. → 공선법 제91조 제4항의 규정에 의해 선거 벽보 등을 부착하여 운행하는 자동차와 선박에 선관위에서 교부한 표지를 부착하여 예외적·제한적으로 사용하는 것은 무방함.

제2장

마음 급한 후보자를 위한
핵심 조언

지금까지 베푼 모든 호의에 보답을 요구하라.

지금은 당신이 도움을 준 적이 있는 모든 사람에게, 그들이 당신에게 갚아야 할 신세가 있다는 사실을 점잖게 (혹은 그렇게 점잖지 않아도 된다) 상기시킬 때다. 당신에게 도움을 받은 적이 없는 사람에게는 지금 당신을 지지해준다면 당신이 그들에게 신세를 지는 것이니 곧 당신의 보답을 받게 될 것이라는 사실을 확실히 알려주라. 당신이 공직에 오른다면, 그들에게 도움이 필요할 때 그들을 더 잘 도울 수 있다는 것도 알려주어라.

-퀸투스 툴리우스 키케로, 《선거에서 이기는 법》중에서

01 출마를 준비 중인 후보자가 꼭 활용해야 할 선거제도

예비후보자의 선거운동과
당내 경선 시 선거운동의 차이점

다가오는 선거에서 후보자가 되고자 하는 사람은 마음이 바쁠 수밖에 없다. 게다가 그가 정치 신인이라면 더욱 조급한 마음이 들게 된다. 최대한 많은 시간을 확보하여 다양한 방식의 선거운동을 하고자 한다면 예비후보자 등록이나 당내 경선 후보자 등록 제도를 효과적으로 활용하는 것이 중요하다.

공선법에서는 본격적인 선거운동 기간 전에 예외적으로 할 수 있는 선거운동 방법으로 '예비후보자가 할 수 있는 선거운동 방법'과 '당내 경선 시 할 수 있는 선거운동 방법'이 있다.

이를 좀 더 세부적으로 살펴보면 예비후보자가 할 수 있는 선거운동 방법에는 국회의원 선거의 경우 ① 선거 사무소 설치 및 활용, ② 선거 사무 관계자 선임 및 활용, ③ 예비후보자 명함 작성 및 배부, ④ 예비후보자 홍보물 작성 및 발송, ⑤ 어깨띠·표지물 작성 및 활용, ⑥ 전화 등을 이용한 선거운동이 있다.

한편 당내 경선 시 할 수 있는 선거운동 방법에는 ① 당내 경선 사무소 설치 및 활용, ② 경선 후보자 명함 작성 및 배부, ③ 경선 홍보물 작성 및 발송, ④ 합동 연설회 또는 합동 토론회 참여 등을 이용한 선거운동 방법이 있다. 이에 대한 구체적인 사례를 표 1-13을 보면서 쉽게 알아보자.

▶ 표 1-13 예비후보자의 선거운동과 당내 경선 시 선거운동의 차이점

예비후보자가 할 수 있는 선거운동 방법	당내 경선 시 할 수 있는 선거운동 방법	차이점 및 유의 사항
① 선거 사무소 설치 및 활용 ② 선거 사무 관계자 선임 및 활용 ③ 예비후보자 명함 작성 및 배부 ④ 예비후보자 홍보물 작성 및 발송 ⑤ 어깨띠·표지물 작성 및 활용 ⑥ 전화 등을 이용한 선거운동 → 예비후보자가 할 수 있는 선거운동 방법은 국회의원 선거의 경우 원칙상 선거일 전 120일[3]부터 선거운동 기간 개시일 전일[4]까지만 할 수 있음.	① 당내 경선 사무소 설치 및 활용 ② 경선 후보자 명함 작성 및 배부 ③ 경선 홍보물 작성 및 발송 ④ 합동 연설회 또는 합동 토론회 참여	① 예비후보자로서 하는 선거운동은 선거구민을 대상으로 예비후보자 등록 후부터 선거운동 기간 개시일 전까지 선거운동을 할 수 있지만, 당내 경선운동은 원칙상 당내 경선 기간 중에만 선거운동을 할 수 있음. ② 예비후보자가 당내 경선에 참여하는 경우에는 예비후보자의 선거운동 방법과 당내 경선의 선거운동 방법을 병행하여 할 수 있으나, 당내 경선 후보자가 예비후보자 등록을 하지 아니한 경우에는 예비후보자가 할 수 있는 선거운동은 할 수 없음.

후보자, 예비후보자, 경선 후보자, 후보자가 되고자 하는 자의 차이점

공선법에서는 흔히 ① 후보자, ② 예비후보자, ③ 경선 후보자, ④ 후보자가 되고자 하는 자라는 용어를 많이 사용하고 있으며, 이 용어는 사용되는 시기별로 엄격히 구분되고 있다. 이에 대해 구체적인 사례는 다음의 표 1-14와 같다.

▶ **표 1-14 후보자, 예비후보자, 경선 후보자, 후보자가 되고자 하는 자의 차이점**

구분	내용
후보자	• '후보자'라 함은 특정 선거에 관해 관할 선거구 선관위에 후보자 등록을 마친 자를 말함. • 후보자로서의 신분 취득은 '후보자 등록 신청서가 접수된 때'부터 시작됨.
예비 후보자	• '예비후보자'라 함은 후보자가 되고자 하는 자로서 관할 선거구 선관위에 예비후보자로 등록한 자를 말함. • 예비후보자 제도는 국회의원 선거의 경우 선거일 전 120일부터 관할 선거구 선관위에 예비후보자 등록을 하면 일정 범위 내에서 예비후보자의 선거운동을 할 수 있도록 하는 제도임.
경선 후보자	• '경선 후보자'라 함은 각 정당에서 실시하는 당내 경선에서 경선 후보자로 등재된 자를 말함. • 이 경우 '당내 경선'이라 함은 정당이 당내 경선의 후보자로 등재된 자를 대상으로 공직선거 후보자를 추천하기 위해 당원 또는 당원이 아닌 자에게 투표권을 부여하여 실시하는 선거와 정당의 당헌·당규 또는 경선 후보자 간의 서면 합의에 따라 실시하는 당내 경선을 대체하는 여론조사를 말함. • 정당이 당내 경선을 실시하는 경우 경선 후보자로서 당해 정당의 후보자로 선출되지 아니한 자는 후보자로 선출된 자가 사퇴·사망·피선거권 상실 또는 당적의 이탈·변경 등으로 그 자격을 상실한 때를 제외하고는 당해 선거의 같은 선거구에서는 후보자로 등록할 수 없음.

| 후보자가
되고자
하는 자 | • '후보자가 되고자 하는 자'라 함은 후보자 등록을 하지 않았으나 후보자가 될 의사를 가진 자를 말하며, 그 의사를 반드시 외부에 공표할 필요는 없고 그 의사를 예상할 수 있는 정도면 족하다고 봄. 사전선거운동 등 공선법 위반죄의 처벌 대상이 됨.
• 후보자가 되고자 하는 자에 관해 대법원은 '당해 선거에 출마할 예정인 자로서 정당에 공천 신청을 하거나 일반 선거권자로부터 후보자 추천을 받기 위한 활동을 벌이는 등 입후보 의사를 확정적으로 외부에 표출한 사람뿐만 아니라 그 신분·접촉 대상·언행 등에 비추어 당해 선거에 입후보할 의사를 가진 것을 객관적으로 인식할 수 있을 정도에 이른 자'를 의미한다고 하고 있다고 판시했음. |

예비후보자가 할 수 있는 선거운동 방법

등록을 한 예비후보자에게 허용되는 여섯 가지의 선거운동 방법에 대한 내용을 정확히 숙지하여 최대한 활용하는 것이 필요하다. 공선법에서 허용하는 선거운동 방법을 위반한 경우에는 사전선거운동위반죄, 부정선거운동죄 또는 각종 제한규정위반죄로 처벌받을 수 있으므로 유의해야 한다. 아래에서 구체적으로 설명하겠다.

선거 사무소 설치

예비후보자는 선거운동을 하고 선거에 관한 사무를 처리하기 위해 예비후보자 등록 이후부터 후보자 등록 전까지 입후보하고자 하는 선거구 안에 선거 사무소 1개소를 설치할 수 있고, 선거 사무소에는 간판·현판·현수막을 설치·게시할 수 있다. 예비후보자가 신분을 상실한 때에는 선거 사무소를 폐쇄해야 하며, 예비후보자는 선거 연락소를 둘 수 없다.

선거 사무소는 고정된 장소나 시설에 두어야 하며, 식품접객 영업소 및 공중위생 영업소 안에는 둘 수 없다. 선거 사무소를 설치하거나 변경한 때에는 지체 없이 관할 선관위에 설치·변경 신고를 해야 한다.

선거 사무소에 게시하는 간판·현판·현수막의 설치 수량이나 규격에 대해 제한이 없다. 따라서 예비후보자가 선거 사무소의 건물 구조·사무소 주변 여건 등에 따라 적절하게 판단하여 게시하는 것이 바람직하다. 현수막 등의 게재 사항은 예비후보자의 성명, 사진, 소속 정당명, 전화번호, 정견, 소속 정당의 정강·정책 기타 선거운동을 위해 필요한 사항을 게재할 수 있다. 이 경우 기호 결정 전이라도 자신의 기호를 알 수 있는 때에는 기호를 게재할 수 있다.

현수막 등의 설치 및 게시 장소는 선거 사무소 건물의 입구나 옥상, 외벽면(창문 포함) 및 그 담장에 설치 및 게시할 수 있다. 이 경우 선거 사무소의 입구·외벽면·담장에 인쇄물이나 예비후보자의 사진 등 홍보물을 부착할 수 없으나, 선거 사무소 내부에는 부착할 수 있다. 간판 등에 네온사인·형광, 기타 전광에 의한 표시의 방법으로 설치 또는 게시할 수 있으나, 애드벌룬을 이용한 방법으로 설치·게시할 수는 없다.

그러면 선거 사무소 개소식과 관련해 예비후보자로서 선거 사무소 개소식을 이미 개최한 경우에 이후 후보자로서 따로 그 선거 사무소 개소식을 재차 개최할 수 있을까? 이 경우 따로 개소식을 개최할 수 없다.

따라서 선거 사무소 개소식 개최와 관련해 개최 시기를 사전에 미리 검토해두는 것이 본인의 홍보 효과를 극대화하기 위해 필요하다고 본다. 한편 선거 사무소를 다른 장소로 이전함에 따른 개소식도 추가로 개최할 수 없다. 다만, 예비후보자를 사퇴한 후 다른 선거의 예비후보자로 등록한 경우에는 선거 사무소 개소식을 다시 개최할 수 있다.

개소식 개최 장소는 당해 선거 사무소 안에서 개최해야 하고, 선거 사무소가 설치된 같은 건물의 다른 장소나 옥상·주차장 등에서 개최하면 공선법에 위반된다. 개소식 참석 대상은 정당의 간부·당원·선거 사무 관계자 외에 가족·친지 및 평소 친교가 있는 제한된 의례적인 범위 안의 인사를 초청하는 것은 무방하다. 또한 제한된 의례적인 범위 안의 초청 대상자에게 의례적인 내용의 문자메시지, 전자우편, 전화, 초청장 발송 등의 방법으로 고지할 수 있다.

선거 사무소 개소식의 참석 대상자에게 통상적인 범위에서 3,000원 이하의 다과류의 음식물을 제공할 수 있다. 이 경우 제한된 의례적인 범위의 인사 범위를 벗어나 지역별·대상별로 일시를 달리하는 등의 방법으로 다수의 선거구민을 초청하여 음식물을 제공하는 것은 기부 행위에 해당되므로 유의해야 한다.

한편 국회의원 선거의 경우 예비후보자와 함께 다니는 자를 합하여 10인 이내에서 통상적인 범위 안의 식사류의 음식물을 제공하는 것은 가능하다. 이 경우 예비후보자의 가족은 10인 이내의 수에 산입하지 아니한다[공선법관리규칙 §50(기부 행위로 보지 아니하는 행위 등) ②].

선거 사무 관계자 선임

국회의원 선거의 경우 선거운동을 할 수 있는 자 중에서 선거 사무장을 포함해 3인 이내의 선거 사무원을 둘 수 있다. 예비후보자가 선거 사무장을 두지 않은 경우에는 예비후보자가 선거 사무장을 겸한 것으로 본다. 같은 선거에 있어서는 2 이상의 예비후보자가 동일인을 함께 선거 사무장·선거 사무원으로 선임할 수 없다.

그러면 선거 사무원을 무제한으로 교체 또는 선임할 수 있을까? 그렇지 않다. 교체 또는 선임할 수 있는 선거 사무원 수는 최초의 선임을 포함해 법정 선거 사무원 수의 2배를 넘을 수 없다. 이 경우 법정 선임 가능한 선거 사무원 수가 선거 사무장을 포함해 3인일 경우 선거 사무장을 제외한 2인의 2배수이다.

한편 누구든지 공선법에 규정되지 않은 방법으로 인쇄물·시설물, 그 밖의 광고물을 이용하여 선거운동을 하는 자를 모집할 수 없다. 예비후보자의 배우자·직계존비속·선거 사무장·선거 사무원·회계 책임자 등은 관할 선관위에서 교부 받은 표지를 늘 잘 보이도록 달고 선거운동을 해야 한다. 이 경우 예비후보자의 선거 사무장·선거 사무원·활동 보조인 및 회계 책임자가 표지를 패용하지 아니하고 선거운동을 한 경우에는 100만 원 이하의 과태료가 부과되고, 해당 과태료는 예비후보자가 낸 기탁금에서 공제되기 때문에 선거 경비 절약 차원에서 미리 선거 사무원 등에게 알려줄 필요가 있다.

명함

예비후보자는 성명·사진·전화번호·학력·경력 기타 홍보에 필요한 사항을 게재한 명함을 선거구민에게 직접 주거나 지지를 호소할 수 있다. 이 경우 명함을 주는 행위와 별도로 지지를 호소하는 행위도 할 수 있다.

이 경우 명함에 자신의 사진·성명·전화번호·학력(정규 학력을 말함)·경력, 그 밖의 홍보에 필요한 사항을 게재할 수 있기 때문에 열차 시간표, 관공서 전화번호, 문화재 소개, 미아 찾기 캠페인 등의 내용을 게재할 수 있다. 명함에 '예비후보자'라는 문구를 반드시 표시하지 않더라도 무방하나, 예비후보자가 '후보 또는 후보자'라고 게재하는 것은 허위 사실 공표 행위에 해당될 수 있으므로 게재할 수 없다.

명함에 학력을 게재하는 경우에는 초·중등교육법 및 고등교육법에서 인정하는 정규 학력[정규 학력을 게재하는 경우에는 졸업 또는 수료 당시의 학교명(중퇴한 경우에는 수학 기간을 함께 기재해야 함)을 기재]과 정규 학력에 준하는 외국의 교육과정(정규 학력에 준하는 외국의 교육과정을 이수한 학력을 게재하는 때에는 그 교육과정과 수학 기간 및 학위를 취득한 때의 취득 학위명을 기재해야 함)을 이수한 학력 외에는 게재할 수 없다.

그러면 예비후보자가 작성하는 명함의 수량과 종류에 대해 제한하는 규정이 있을까? 이에 대한 제한 규정은 없다.

예비후보자·예비후보자의 배우자(배우자가 없는 경우에는 예비후보자가 지정한 1명)와 직계존비속은 예비후보자의 명함을 직접 주거나 예비후보자에 대한 지지를 호소할 수 있다. 이와 별도로 예비후보자와 함께 다니는 선거 사무장·선거 사무원·활동 보조인 및 예비후보자와 함께 다니는 사람 중에서 지정한 1명도 예비후보자의 명함을 직접 주거나 예비후보자에 대한 지지를 호소할 수 있다. 이 경우 예비후보자는 그의 명함을 줄 수 있는 배우자와 직계존비속·예비후보자와 함께 다니는 선거 사무장·선거 사무원·활동 보조인을 관할 선관위에 신고해야 하고 배우자·직계존비속·선거 사무장 등은 해당 선관위가 교부하는 표지를 늘 잘 보이게 패용하고 선거운동을 해야 한다.

한편 선박·정기 여객 자동차·열차·전동차·항공기의 안과 그 터미널·역·공항의 개찰구 안, 병원·종교 시설·극장의 안에서는 명함을 주거나 지지를 호소할 수 없으므로 그 공간 밖에서만 선거운동이 가능하다는 점에 유의해야 한다. 한편 선거운동 기간 중에 후보자가 명함을 배부하는 경우에는 호별 방문에 이르지 않는 한 배부 장소에 대한 제한은 없다.

예비후보자 홍보물

예비후보자는 예비후보자 홍보물 1종을 선거구 안에 있는 세대수의 100분의 10에 해당하는 수 이내에서 크기는 길이 27센티미터, 너비 19센티미터 이내로, 면수는 8면(대통령 선거는 16면) 이내로 작성할 수 있다. 이 경우 예비후보자 홍보물 발송 수량을 예비후보자 등록 신청 개시일 전 10일까지 선관위가 공고한다.

게재 내용은 자신의 사진·성명·전화번호·학력·경력, 그 밖의 홍보에 필요한 사항을 게재할 수 있다.

발송 방법은 예비후보자 홍보물 2부 또는 전자적 파일을 붙여 발송일 전 2일까지 관할 선관위에 발송 대상·매수 등을 신고한 후 선거 기간 개시일 전 3일까지 요금 별납에 의한 우편으로 발송할 수 있다. 이 경우 예비후보자 홍보물을 선거 사무소에 쌓아두고 방문자에게 배부하거나 거리 등에서 선거구민에게 배부할 수는 없다.

어깨띠 및 표지물

예비후보자는 선거운동을 위해 어깨띠 또는 예비후보자임을 나타내는 표지물을 착용하는 행위를 할 수 있다. 그러나 예비후보자의 배우자나 가족 또는 선거 사무원들은 어깨띠나 표지물을 착용할 수 없다. 어깨띠 및 표지물을 이용한 선거운동은 예비후보자 본인이 직접 착용하는 경우에만 허용된다.

'표지물 착용'의 의미에 대해 사전적 의미나 같은 조항에서 어깨띠 착용을 함께 열거하고 있는 점 등을 고려해보면 표지물을 신체에 부착하거나 고정시키는 행위를 의미한다.

전화 등

예비후보자는 전화를 이용하여 송·수화자 간 직접 통화하는 방식으로 지지를 호소하는 행위를 할 수 있다. 그러나 예비후보자의 배우자나 가족 또는 선거 사무원들이 전화를 이용하여 선거운동을 할 수는 없다. 전화를 이용한 선거운동은 예비후보자 본인이 직접 하는 경우에만 허용된다.

한편 문자메시지 전송에 의한 선거운동의 경우 예비후보자는 컴퓨터 및 컴퓨터를 이용한 기술을 활용한 자동 동보통신의 방법으로 전송할 수 있다. 다만, 그 횟수는 8회를 넘을 수 없으며, 매회 전송하는 때마다 중앙선관위규칙에 따라 신고한 1개의 전화번호만을 사용해야 한다. 이 경우 자동 동보통신의 방법이란 동시 수신 대상자가 20명을 초과하거나 그 대상자가 20명 이하인 경우에도 프로그램을 이용하여 수신자를 자동으로 선택하여 전송하는 방식을 말한다.

문자메시지 전송을 자동 동보통신의 방법으로 전송하는 경우에는 후보자의 경우 예비후보자로서 전송한 횟수를 포함하므로 예비후보자로서 자동 동보통신의 방법으로 5회를 발송했다면 후보자로서는 몇 회를 발송할 수 있을까? 이 경우 3회까지만 발송할 수 있다.

따라서 후보자는 이를 감안하여 문자메시지 전송에 있어 자동 동보통신을 활용한 선거운동을 예비후보자나 후보자의 선거운동 중 어느 시기에 집중할 것인지를 사전에 충분히 검토해둘 필요가 있다.

또한 예비후보자는 전자우편 전송 대행업체에 위탁하여 전자우편을 전송할 수 있다. 이 경우 후보자와 예비후보자만 전송 대행업체에 위탁하여 전자우편을 전송할 수 있으므로 유의해야 한다.

예비후보자 선거운동 시 할 수 있는 사례 vs. 할 수 없는 사례

예비후보자의 선거운동에서 문제가 되는 것은 예비후보자가 공선법에 정한 방법으로 선거운동을 했는지, 아니면 이에 벗어나 공선법에 위반되는 방법으로 선거운동을 했는지가 문제된다. 구체적인 사례를 보면서 허용되는 범위와 제한 범위를 쉽게 알아보자.

예비후보자 선거운동 시 할 수 있는 사례

- 예비후보자가 선거 사무소를 천막·컨테이너 박스 등을 이동되지 않도록 고정시킨 상태로 설치하거나, 선거 사무소 설치와 관련해 같은 정당 소속 예비후보자 간에 선거 사무소를 공동으로 설치하는 행위
- 예비후보자가 해당 정당의 당헌·당규에 따라 정당 추천 후보자로 확정된 경우 선거 사무소 현수막에 '○○○당 후보자 △△△'라고 게재하는 행위
- 예비후보자 선거 사무소의 현수막에 허위 사실이나 후보자 비방에 이르지 않는 범위에서 의정보고서 내용의 일부를 발췌하여 게재하는 행위
- 다른 법률에 위반되는지 여부는 별론으로 하고 선거 사무소의 간판을 LED 전광판으로 설치하는 행위
- 선거 사무소 현수막에 자신에게 기표한 '투표용지 모형' 및 '자원봉사자 모집 공고 내용'을 게재하는 행위
- 선거 사무소 개소식과 관련해 제한된 범위의 초청 대상자에게 의례적인 내용의 문자메시지·전자우편·전화·초청장 등을 이용하여 개소식을 알리는 내용을 발송하거나 전송하는 행위 또는 선거 사무소 개소식에 국회의원·정당의 대표자 등이 참석하여 의례적인 인사말을 하는 행위
- 예비후보자의 선거 사무소 현수막·명함 등에 미성년자를 직업적 또는 단순한 모델로 촬영한 사진이나 예비후보자가 과거 미성년자와 함께 찍은 활동사진을 게재하는 행위

- 예비후보자가 지하철 개찰구 밖의 지하상가에서 명함을 배부하는 행위
- 예비후보자가 명함에 합성사진이 아닌 일반인(교황·할머니·어린이·청년 등) 과 함께 찍은 사진을 게재하는 행위
- 선거운동 자원봉사자 모집 문구를 예비후보자나 정당의 인터넷 홈페이지 팝업창에 게시하는 행위

    선거운동 자원봉사자를 모집하면서 가입 신청서 등을 배부 또는 징구하는 경우에는 위반된다.

- 예비후보자가 정기여객 자동차가 아닌 관광버스 안 또는 관공서·공공기관의 민원실에서 명함을 배부하거나 지지를 호소하는 행위
- 예비후보자가 어깨띠를 착용한 후 입장료 없이 누구나 자유로이 출입할 수 있는 카페 등을 방문하여 명함을 직접 주거나 지지를 호소하는 행위

    이 경우 확성 장치를 이용한 지지 호소 등 공선법상 각종 제한 또는 금지 규정을 위반하지 않아야 하며, 그 업소의 소유 또는 관리자의 의사에 반하는 방법으로 선거운동을 하는 것까지 보장하는 것은 아니다.

- 예비후보자 홍보물 발송용 봉투 뒷면에 지역마다 다른 내용을 홍보하는 문안을 게재하거나 예비후보자 홍보물을 공선법에서 정해진 규격과 면수 이내에서 사각형이 아닌 원형 등 형태로 제작하는 행위 또는 예비후보자 홍보물 발송용 봉투 뒷면에 자신의 홍보에 필요한 사항으로 정당 대표자와 예비후보자가 함께한 사진을 게재하는 행위
- 예비후보자 홍보물에 예비후보자의 배우자·직계존비속 또는 선거 사무장·선거 사무원이 지지 또는 추천하는 글을 게재하는 행위

    이 경우 그 밖의 제3자의 추천사를 게재하는 행위는 위반된다.

- 예비후보자 홍보물을 선거구 내 지역 방송·신문사, 시민단체, 미용실·공

인증개사 사무실, 기타 상가 등에 발송하는 행위

- 예비후보자가 상의(점퍼나 유니폼)에 표지물 규격 범위에서 표지물 대신 글귀를 새겨서 입고 선거운동을 하거나, 예비후보자가 여러 개의 어깨띠(또는 어깨띠와 표지물을 함께 사용)를 착용하고 선거운동을 하는 행위

- 예비후보자가 아무런 내용이 표기되지 않은 특이한 복장(요리사·의사·산타 복장 등)을 하고 명함을 배부하거나 지지를 호소하는 행위

  이 경우 예비후보자와 수행원이 모두 동일한 복장을 하고 선거운동을 하는 경우에는 위반된다는 점에 유의해야 한다.

- LED 등의 발광 장치를 이용하여 어깨띠나 표지물에 게재된 문자나 기호 등이 야간에도 잘 보이게 제작 또는 사용하는 행위

- 예비후보자가 어깨띠나 표지물을 착용한 채 자전거를 타고 이동하는 행위

  이 경우 자전거에는 홍보 시설물을 부착할 수 없다.

- 예비후보자가 자신의 홍보 및 안내 멘트('예비후보자 기호 ○번 ○○○입니다. 많은 성원과 지지 부탁드립니다' 등)를 자신의 휴대전화 통화 연결음으로 사용하는 행위

- 예비후보자가 선거인에게 전화를 걸어 자신 또는 누구인지 알 수 없는 제3자의 녹음된 음성을 이용하여 단순히 선거인의 통화 의사를 물은 후 직접 통화를 하거나, 예비후보자가 선거인과 직접 통화하면서 상대방의 동의를 얻어 자신의 음성으로 녹음된 홍보 내용을 들려주는 행위

예비후보자 선거운동 시 할 수 없는 사례

- 특정 예비후보자를 위한 자원봉사자들의 교육 장소를 선거 사무소와 별도로 설치한 행위
- 예비후보자 선거 사무소 개소식에서 초청을 받은 내빈(국회의원·일반 시민·지인 등)이 예비후보자를 지지·선전하는 등 선거운동에 이르는 내용의 축사를 하는 행위

   예비후보자와 관할 선관위에 신고된 예비후보자의 배우자·직계존비속 등은 선거 사무소 개소식에서 공선법 제60조의3의 규정에 의해 예비후보자의 명함을 주거나 지지를 호소하는 방법으로 선거운동을 할 수 있으나, 이 경우에도 확성 장치 사용 등 공선법에서 금지되는 방법으로는 선거운동을 할 수 없다.

- 선거 사무소 개소식을 개최하면서 의례적인 초청 문구를 넘어 시장 재직 시의 치적 사항·지지 호소 등의 내용이 포함된 초청장을 발송한 행위
- 선거운동을 할 수 없는 자임에도 선거 기간 전에 선거 사무소 개소식에 참석하여 후보자를 지지하는 발언을 한 행위와 선거 기간 중 수차례 후보자를 지지하는 연설을 한 행위
- ○○정당 소속 예비후보자가 ○○정당을 탈당하지 않았음에도 '무소속'이라고 기재된 명함을 선거구민의 우편함에 투입한 행위
- 예비후보자가 지하철역 구내에서 명함을 배부하는 행위
- 명함을 호별 투입 또는 자동차에 삽입, 아파트 세대별 우편함에 넣어두거나 아파트 출입문 틈새 사이로 투입한 행위
- 예비후보자가 ○○사찰의 부속 건물인 해탈문(해탈문은 사찰의 정문에 해당

되며, 정면 계단을 올라가서 기둥 주변의 난간 안의 공간으로 들어서는 순간 종교 시설의 내부에 진입하는 것에 해당됨)에서 **명함을 배부한 행위**

- **선거 사무장과 선거 사무원이 예비후보자와 동행하지 않고 인근 상가를 돌아다니며 후보자의 명함을 배부하는 행위**

- **예비후보자로 등록하지 않았음에도 '예비후보'라고 적힌 선거운동용 명함을 배부하면서 지지를 호소한 행위**

- **예비후보자가 자신의 홍보에 필요한 내용이 게재된 표지물(피켓)을 손에 들고서 지지를 호소한 행위**

  다만, 목걸이 형태로 목에 걸거나 몸에 착용하여 선거운동에 활용하는 행위는 무방하다.

- **예비후보자가 표지물(피켓)을 노상의 보행자 보호 설치대에 세워두고 그 옆에서 지지를 호소한 행위**

- **선거 사무소에 설치하는 현수막 등에 합성사진을 게재하는 행위**

  이 경우 예비후보자와 실제 함께 활동했더라도 원본 사진이 아닌 합성사진인 경우에는 허위 사실을 게재한 행위에 해당될 수 있으므로 게재할 수 없다.

- **예비후보자 선거 사무소 외벽에 게시하는 현수막에 실재하지 않는 예비후보자의 직함을 게재하는 행위**

- **선거 사무소가 설치된 건물의 다른 장소나 옥상·주차장 등에서 개소식을 개최하는 행위**

  이 경우 선거 사무소 개소식은 선거 사무소 안에서만 개최해야 한다.

- **선거 사무소를 설치하지 않고 선거 사무장을 선임하여 선거 사무장으로서 활동을 하게 하는 행위**

  다만, 선거 사무소 설치는 예비후보자의 의무가 아니므로 선거 사무소를 설치하지 않아도 무방하다.

- 예비후보자가 여러 종류의 명함을 제작하여 거리에서 여러 종류의 명함을 동시에 1명의 선거구민에게 배부하는 등 서로 다른 종류의 명함을 동시에 배부하는 행위
- 예비후보자가·관공서 등의 민원실이 아닌 일반 사무실이나 학교 교무실에서 명함을 배부하거나 지지를 호소하는 행위
- 예비후보자가 후보자 등록을 마쳤더라도 선거운동 기간 전에 지하철역 개찰구 안 등 명함 배부 금지 장소에서 명함을 주거나 지지를 호소하는 행위
- 예비후보자 홍보물을 선거구 내의 읍·면·동별로 내용을 달리 제작하여 우편 발송하는 행위
- 예비후보자 홍보물을 아파트 우편함에 직접 투입하거나 거리에서 배부 또는 선거 사무소에 비치하여 방문객에게 배부하는 행위
- 예비후보자가 어깨띠에 휴대용 확성 장치나 스피커가 내장된 개인용 마이크폰을 부착하여 사용하는 행위
- 예비후보자 외에 제3자가 어깨띠나 표지물을 착용하는 행위
- 예비후보자 외에 그의 배우자(배우자가 없는 경우 예비후보자가 지정한 1명)나 직계존비속·선거 사무장·선거 사무원·활동 보조인 등이 전화를 이용하여 예비후보자의 선거운동을 하는 행위

당내 경선 시 할 수 있는 선거운동 방법

정당은 공직선거에서 후보자를 추천하기 위해 각종 공직선거의 경우 예비후보자 등록 시기를 전후로 하여 당내 경선을 실시할 수 있다. 현재 주

요 정당들은 가급적 전략 공천을 자제하고 당내 경선을 통한 후보 추천을 원칙으로 삼고 있는 추세이다. 선거구의 특성에 따라 당내 경선이 본선보다 더 치열한 곳도 적지 않은 상황이다. 그러면 본선 못지않게 치열한 당내 경선에 효과적으로 대응하기 위해서는 어떻게 해야 할까?

정당이 당원과 당원이 아닌 자에게 투표권을 부여하여 실시하는 당내 경선에서는 어떻게 선거운동을 할 수 있는지 살펴보자. 공선법에서는 아래에서 설명할 네 가지 선거운동 방법을 당내 경선 후보자에게 허용하고 있으므로 이를 숙지하여 최대한 활용해야 한다.

사무소 설치

경선 후보자는 선거운동을 하고 선거에 관한 사무를 처리하기 위해 당내 경선 기간 중에 경선 후보자 등록 후부터 당내 경선 종료 시까지 선거구 안에 당내 경선 사무소를 설치할 수 있고, 경선 사무소에 경선 후보자를 홍보하는 내용을 게재한 간판·현판·현수막을 설치·게시할 수 있다.

경선 후보자는 당내 경선 사무소 1개소를 설치할 수 있는데 고정된 장소·시설에 두어야 하며, 식품접객 영업소·공중위생 영업소 안에는 둘 수 없다. 이때 당내 경선 사무소는 정당의 당사에 둘 수 있다. 당내 경선 사무소에는 간판·현판·현수막을 수량 및 규격에 제한 없이 설치 또는 게시할 수 있다. 간판·현판·현수막은 애드벌룬을 이용한 방법으로 설치할 수 없으나, 네온사인·형광 기타 전광에 의한 표시의 방법으로 설치할 수 있다.

그러면 당내 경선 사무소를 방문하는 자나 당내 경선 사무소의 개소식에 참석한 자에게 의례적으로 음식물을 제공할 수 있을까? 경선 후보자의 당내 경선 사무소를 방문하는 자나 당내 경선 사무소의 개소식에 참석한 자에게 통상적인 범위에서 3,000원 이하의 다과류의 음식물(주류를 제외함)을 제공할 수 있다.

또한 국회의원 선거의 경우 경선 후보자와 함께 다니는 자와 당내 경선 사무소에서 경선사무에 종사하는 자를 합하여 10인 이내에서 통상적인 범위 안의 식사류의 음식물을 제공하는 것이 가능하다. 이 경우 경선 후보자의 가족은 10인 이내의 수에 산입하지 않는다.

명함

경선 후보자는 성명·사진·전화번호·학력·경력, 기타 홍보에 필요한 사항을 게재한 명함을 선거구민에게 직접 주거나 지지를 호소할 수 있다. 이 경우 명함을 주는 행위와 별도로 지지를 호소하는 행위도 할 수 있다.

게재 내용은 자신의 사진·성명·전화번호·학력·경력, 그 밖의 홍보에 필요한 사항을 게재할 수 있다. 따라서 명함에 열차 시간표, 관공서 전화번호, 문화재 소개, 미아 찾기 캠페인 등의 내용을 게재할 수 있다.

명함의 작성 및 배부에 대해서는 앞서 예비후보자에 대해 설명한 바와 동일하므로 자세한 설명은 생략한다.

홍보물

경선 후보자는 경선 홍보물 1종을 경선 선거인 수에 100분의 3에 상당하는 수를 더한 수 이내에서 크기는 길이 27센티미터, 너비 19센티미터 이내로, 면수는 4면(대통령 선거, 시·도지사 선거는 8면) 이내로 작성할 수 있다. 게재 사항은 작성 근거, 인쇄소의 명칭·주소·전화번호를 표시해야 하고, 앞면에는 '경선 후보자 홍보물'이라고 표시해야 하며, 내용은 자신의 사진·성명·전화번호·학력·경력, 그 밖의 홍보에 필요한 사항을 게재할 수 있다. 이때 정당이 발송용 봉투를 사용하여 요금 별납의 방법으로 우편으로 발송해야 한다.

합동 연설회 또는 합동 토론회

정당이 경선 후보자를 대상으로 경선운동 기간 중에 합동 연설회 또는 합동 토론회를 옥내에서 개최할 수 있다. 개최 방법 등은 당해 정당이 정한 바에 따라 개최되며, 합동 연설회 또는 합동 토론회를 개최하는 경우에는 정당이 개최일 전일까지 관할 선거구 선관위에 사전 신고해야 한다.

경선 후보자는 합동 연설회 또는 합동 토론회가 개최되는 시설의 입구나 담장 또는 그 구내(옥외를 말함)에 홍보에 필요한 내용을 게재한 10제곱미터 이내의 현판과 현수막을 합동 연설회 또는 합동 토론회 개최일 전일부터 개최일까지 각 2매 이내에서 설치·게시할 수 있다. 하지만 현판 등을 애드벌룬과 기구류를 이용하는 방법으로 설치 또는 게시할 수는 없다.

경선 후보자가 경선운동 시 할 수 있는 사례 vs. 할 수 없는 사례

경선 후보자가 공선법에 정한 방법으로 선거운동을 했는지, 아니면 이에 벗어나 공선법에 위반되는 방법으로 선거운동을 했는지가 문제된다. 구체적인 사례를 보면서 허용되는 범위와 제한 범위를 알아보자.

경선운동 시 할 수 있는 사례

- 당내 경선 신청자가 순수하게 당내 경선 준비 활동을 위한 사무소를 개설하면서 예비후보자인 경선 후보자가 당내 경선 사무소와 예비후보자 선

거 사무소를 각각 다른 장소에 설치하거나 같은 장소에 공동으로 설치하는 행위

- 당내 경선 사무소의 현수막에 허위 사실이나 후보자 비방에 이르지 않는 범위에서 의정보고서의 일부 내용을 게재하는 행위
- 건물의 3층에 당내 경선 사무소를 설치한 경우 현수막을 건물 전체 외벽에 게시하는 행위

    이 경우 현수막을 게시할 수 있는 장소인 경우에도 그 소유·관리자의 의사에 반해 사유재산권 또는 관리권을 침해하는 방법으로 게시하는 것까지 보장하는 것은 아니다.

- 당내 경선 사무소 현수막에 자신에게 기표한 '당내 경선 투표용지 모형'을 게재하는 행위
- 경선 후보자가 당내 경선 사무소에서 경선운동과 관련 없이 청소·다과 접대·차량 운행·경선 후보자 경호 등 단순 노무에 종사하는 자에게 역무 제공에 대한 대가를 지급하는 행위
- 예비후보자가 명함에 당내 경선 선거인단 모집 방법을 게재하여 배부하는 행위
- 경선 후보자가 정기여객 자동차가 아닌 관광버스 안 또는 관공서·공공기관의 민원실에서 명함을 배부하거나 지지를 호소하는 행위
- 당내 경선 홍보물에 해당 정당의 당원으로서 경선운동을 할 수 있는 제3자(공무원 기타 정치적 중립을 지켜야 하는 자 제외)가 경선 후보자를 지지·추천하는 내용을 게재하는 행위
- 선거운동을 할 수 있는 사람이 자신의 트위터 계정을 이용하여 경선운동을 하거나 자신의 팔로워에게 경선운동 내용을 리트윗하는 행위
- 예비후보자가 전화를 이용하여 직접 통화하는 방식이나 문자메시지를 전

송하는 방법으로 자신에 대한 지지 호소 또는 당내 경선 참여 안내 및 독려하는 행위

- 선거운동을 할 수 있는 사람이 문자메시지를 전송하는 방법으로 예비후보자에 대한 지지를 호소하거나 당내 경선 참여 안내 및 독려하는 행위
- 선거운동을 할 수 있는 자가 당내 경선 후보자에 대한 지지 여부를 언론사에 보도자료로 제공하거나 기자회견을 통해 표명하는 행위
- 선거운동을 할 수 있는 자가 문자메시지, 인터넷 홈페이지 또는 전자우편 등 SNS를 이용하여 당내 경선 후보자에 대한 지지 여부를 표명하는 행위
- 선거운동을 할 수 있는 자가 당내 경선 후보자에 대한 지지 퍼포먼스를 사진 또는 동영상으로 촬영하여 인터넷 홈페이지에 게시하거나 카카오톡 등 전자우편으로 전송하는 행위

경선운동 시 할 수 없는 사례

- 당내 경선 방법이 정해지지 않은 상태에서 전화 홍보를 하는 행위
- 선거권이 없는 사람이 당원과 당원이 아닌 자에게 투표권을 부여하는 당내 경선에서 문자메시지를 발송하는 방법으로 경선 선거운동을 하는 행위
- ○○시 교육감 예비후보가 △△당 경선에서 ○○시장으로 선출된 ○○○ 등 15명이 있는 가운데 '○○○ 시장님 당선을 측면에서 돕겠다'며 선거 7개월 전부터 공천 발표 전까지 같은 정당 소속 경쟁 후보자에 대한 비난 기사를 신문에 실어 일반 선거구민에게 배부한 행위
- 경선 후보자가 당내 경선 사무소를 1개소 설치하는 외에 지역별로 경선

사무소 또는 경선 연락소를 설치하는 행위

- 경선운동 기간 전에 경선 사무소에 간판 등 시설물을 설치·게시하거나 사무소 개소식을 개최하는 행위

- 경선운동의 기획·전략 수립·공약 개발 등 경선운동과 관계된 업무에 종사하는 자에게 대가를 제공하는 행위

    앞서 살펴본 바와 같이 경선운동과 관련 없는 청소 등 단순 노무 제공에 대한 정당한 대가 지급과 구별됨에 유의해야 한다.

- 경선 후보자가 당내 경선 사무소 1개소 외에 국회의원 지역 사무소, 개인 사무소 등에서 경선 관련 사무를 계속해서 처리하는 등 그 사무소와 구성원의 활동 내용이 경선 사무소의 설치·운영의 정도에 이르는 행위

- 경선 후보자 현수막 등에 합성사진을 게재하는 행위

    이때 예비후보자와 실제 함께 활동하였더라도 원본 사진이 아닌 합성사진인 경우에는 허위 사실을 게재한 행위에 해당될 수 있으므로 게재할 수 없다.

- 관공서·공공기관 등의 일반 사무실이나 학교 교무실에서 명함을 배부하거나 지지를 호소하는 행위

- 경선 후보자인 예비후보자가 당내 경선의 선거일 투표 개시 시각부터 투표 마감 시각까지 투표소 주변에서 경선 선거인을 대상으로 명함을 주거나 지지를 호소하는 행위

- 예비후보자로 등록하지 않은 경선 후보자가 어깨띠와 표지물을 착용하는 행위

- 경선운동을 위해 인터넷 홈페이지에 광고를 하는 행위

    이 경우 후보자가 선거운동 기간 중에 인터넷 언론사의 인터넷 홈페이지에 선거운동을 위해 광고하는 것은 무방하다[공선법 제82조의

- 당원과 당원이 아닌 자에게 투표권을 부여하는 당내 경선에서 경선 후보자의 지지자들이 경선운동을 하는 행위
- 예비후보자가 일반 선거구민을 대상으로 자신의 육성으로 녹음된 ARS(자동응답시스템) 전화를 이용하여 당내 경선 참여 안내 및 자신에 대한 지지 호소를 하는 행위
- 예비후보자가 아닌 사람이 전화를 이용하여 당내 경선 참여 안내 및 독려를 하면서 예비후보자에 대한 지지를 호소하는 행위
- 경선 후보자가 허위 사실이나 비방에 해당하는 내용으로 또는 가두 행진, 시설물 설치·게시, 불법 유인물 배포 등의 방법으로 당내 경선 후보자에 대한 지지 여부를 표명하는 행위

여론조사 방식의 당내 경선

국회에 의석을 가진 정당은 ① 당내 경선의 경선 선거인이 되려는 사람을 모집하거나 ② 당내 경선을 위한 여론조사를 실시하는 경우, ③ 그 밖의 정당 활동을 위해 여론 수렴이 필요한 경우에 해당하는 때에는 관할 선관위를 경유하여 이동통신 사업자에게 이용자의 이동전화 번호가 노출되지 않도록 생성한 번호(이하 '휴대전화 가상번호'라 함)를 제공해줄 것을 서면으로 요청할 수 있다. 요청 기한은 당내 경선의 경우에는 당내 경선 선거일 전 23일까지, 여론 수렴을 위한 경우에는 여론 수렴 기간 개시일 전 10일까지 신청해야 한다.

누구든지 당내 경선을 위한 여론조사의 결과에 영향을 미치게 하기 위

해 다수의 선거구민을 대상으로 성별·연령 등을 거짓으로 응답하도록 지시·권유·유도하는 행위를 하거나, 당내 경선을 위한 여론조사의 결과에 영향을 미치게 하기 위해 둘 이상의 전화번호를 착신 전환 등의 조치를 하여 같은 사람이 두 차례 이상 응답하거나 이를 지시·권유·유도하는 행위를 할 수 없다.

각 당의 당내 경선 규정 등이 구체적으로 확정되어야 정확히 알 수 있겠으나, 대체로는 권리 당원을 대상으로 하는 여론조사와 당원이 아닌 일반 국민을 대상으로 휴대전화 가상번호를 활용한 여론조사를 병행할 것으로 예상된다. 권리 당원을 대상으로 하는 여론조사의 경우 권리 당원이 위장 전입이나 허위 신고 등을 통한 유령 당원인지를 둘러싼 공정성 논란이 예상되고 일반 국민을 대상으로 휴대전화 가상번호를 활용한 여론조사의 경우 착신 전환, 허위 응답 등으로 결과를 왜곡시키는 행위 등으로 인한 공정성 논란이 있을 것으로 보인다. 각 정당이 당내 경선을 공정하게 관리하지 않으면 공정성을 둘러싼 후유증이 커질 수 있으므로 각별한 주의가 필요하다.

후보자 등이 선거운동 기간 중에 할 수 있는 선거운동 방법

공선법에서는 선거운동 기간 중에 후보자가 할 수 있는 본격적인 선거운동 방법으로 다양하게 선거운동을 할 수 있다. 이를 크게 대분류하여 나누어보면 ① 인쇄물 이용 선거운동, ② 시설물 이용 선거운동, ③ 대담 및 토론회 이용 선거운동, ④ 언론매체 이용 선거운동, ⑤ 선거운동기구 및 선거 사무 관계자 활용 선거운동, ⑥ 전화 및 인터넷 광고 이용 선거운동 방법 등이 있다. 이에 대해 자세히 살펴보면 표 1-15와 같다.

후보자 등이 선거운동 기간 중에 할 수 있는 선거운동 방법에 대한 사항은 제1부 '선거법 총론'과 제2부 '선거법 각론'에서 설명한 내용을 참고하여 각종 제한·금지 규정에 위반되지 않는 범위 안에서 표 1-15와 같은 다양한 법정 선거운동을 해당 각각의 공직선거법과 공직선거관리규칙 등의 규정에 맞추어 적절히 실행하는 것이 필요하다.

▶ 표 1-15 후보자 등이 선거운동 기간 중에 할 수 있는 선거운동 방법

인쇄물 이용 선거운동	시설물 이용 선거운동	대담 및 토론회 이용 선거운동
① 후보자의 명함 작성 및 배부 ② 선거 벽보 작성 및 활용 ③ 선거 공보 작성 및 활용	① 거리 게시용 현수막 작성 및 게시 ② 어깨띠 등 소품 이용 ③ 자동차 및 확성 장치 이용 ④ 선거 사무소 게시용 현수막 작성 및 게시	① 공개 장소에서의 연설 및 대담 ② 선거방송토론위원회 주관 대담 및 토론회 ③ 언론기관의 후보자 초청 대담 및 토론회 ④ 단체의 후보자 초청 대담 및 토론회

언론매체 이용 선거운동	선거운동기구 및 선거 사무 관계자 활용 선거운동	전화 및 인터넷 광고 이용 선거운동
① 후보자의 방송연설 ② 방송시설 주관 후보자 연설의 방송 ③ 후보자의 경력 방송 ④ 방송시설 주관 후보자의 경력 방송	① 선거운동기구 설치 및 활용 ② 선거 사무 관계자 선임 및 활용	① 전화를 이용한 선거운동 ② 인터넷 광고를 활용한 선거운동

02 | 현역 국회의원에 비해
불리한 정치 신인의 도전

현역 국회의원과 정치 신인이 공통으로 할 수 있는 선거운동

현역 국회의원과 현역 국회의원이 아닌 정치 신인이 공통으로 할 수 있는
선거운동 방법에는 ① 문자메시지를 이용하여 하는 선거운동, ② 인터넷
홈페이지를 이용하여 하는 선거운동, ③ 전자우편을 이용하여 하는 선거
운동 등이 있다. 이는 앞서 설명한 바와 같이 상시 허용되는 선거운동이다.

현역 국회의원에게만 허용되는 선거운동

다수의 후보자와 학자들은 우리나라 선거 관계 법령이 정치 신인에게 너
무 불리하고 현역 국회의원에게 유리한, 기울어진 운동장이라는 비판을

한다. 이러한 지적에 부응하는 법령 개정이 신속히 이루어져야 할 것이다. 하지만 입법적 개선이 이루어지기 전이라면 정치 신인과 현역 의원 사이에 어떠한 차이가 존재하는지를 정확히 파악하고 기울어진 운동장 하에서라도 좋은 성과를 얻기 위해 노력해야 한다.

현역 국회의원과 정치 신인의 차이점에 대해 살펴보면 ① 의정 활동 보고서 배부, ② 의정보고회 개최, ③ 의정보고회 개최 광고 및 고지 벽보 첨부, ④ 축사·인사말을 통한 의정 활동 보고, ⑤ 세대주 명단 교부 신청 및 활용, ⑥ 국회의원이 관할 구역 안의 지역 방문 시 함께 다니는 사람에게 식사 제공, ⑦ 후원회를 등록하여 후원금을 모금하는 시기와 금액 등으로 요약할 수 있다.

표 1-16을 통해 구체적인 사례를 보면서 알아보자.

▶ 표 1-16 현역 국회의원과 정치 신인의 차이점

구분	현역 국회의원이 할 수 있는 사항	정치 신인이 할 수 있는 사항	유의 사항
① 의정 활동 보고서 배부	할 수 있음	할 수 없음	①, ②, ③, ④는 선거일 전 90일부터 선거일까지는 할 수 없음 →단, 인터넷 홈페이지, 전자우편 및 문자메시지를 이용한 의정 활동 보고는 상시 가능함
② 의정보고회 개최	할 수 있음	할 수 없음	
③ 의정보고회 개최 광고 및 고지 벽보 첨부	할 수 있음	할 수 없음	
④ 축사·인사말을 통한 의정 활동 보고	할 수 있음	할 수 없음	
⑤ 세대주 명단 교부신청 및 활용	할 수 있음	할 수 없음	의정보고서 배부를 위한 목적으로 신청 및 활용 가능

⑥ 국회의원이 관할 구역 안의 지역 방문 시 함께 다니는 사람에게 식사 제공	국회의원이 관할 구역 안의 지역 방문 시 함께 다니는 사람(10인 이하)에게 통상적인 범위 안의 식사류의 음식물 제공 가능	지역구 국회의원 선거의 예비후보자로 등록하면 관할 구역 안의 지역 방문 시 함께 다니는 사람(10인 이하) 등에게 통상적인 범위 안의 식사류의 음식물 제공 가능	• 국회의원이 예비후보자나 후보자가 된 경우와 정치 신인인 예비후보자가 후보자가 된 경우에도 통상적인 범위 안의 식사류의 음식물 제공 가능
⑦ 후원회를 등록하여 후원금 모금	상시 가능하고, 연간 1억 5,000만 원까지 모금 가능하며, 선거가 있는 해는 3억 원까지 모금 가능	지역구 국회의원 선거의 예비후보자가 되면 후원회를 등록하여 후원금 모금 가능(선거일 전 120일부터 가능하고, 1억 5,000만 원까지 모금 가능)	후원회의 대표자는 당해 후원회지정권자의 지정을 받은 날부터 14일 이내에 관할 선관위에 등록 신청을 해야 함

의정 활동 보고

(1) 허용

1) 주체

국회의원 또는 지방의회의원이다.

2) 시기

대통령선거·국회의원선거·지방의회의원선거 및 지방자치단체의 장 선거의 선거일 전 90일 전까지다. 다만, 국회의원 및 지방의원이 자신의 인터넷 홈페이지, 전자우편 및 문자메시지를 이용한 의정 활동 보고는 기간 제한 없이 상시 가능하다.

3) 보고 방법

보고회 등의 집회나 보고서(인쇄물, 녹음·녹화물 및 전산 자료 복사본을 포함함), 인터넷, 문자메시지, 송·수화자 사이에서 직접 통화 방식의 전화 또는 축사·인사말(게재하는 경우를 포함함)을 통해 의정 활동(선거구 활동·일정 고지, 그 밖의 업적 홍보에 필요한 사항을 포함함)을 선거구민(행정구역 또는 선거구역의 변경으로 새로 편입된 구역의 선거구민을 포함함)에게 보고할 수 있다.

이 경우 의정보고서의 발행 부수·면수·규격, 제작 비용 또는 의정 보고의 방법, 의정보고회 개최 횟수에 관해 제한이 없다.

따라서 출마 예정자인 국회의원 본인은 사전선거운동이 되지 않은 범위 안에서 가장 효율적인 선거운동 방법으로 행하는 것이 의정보고서의 발행, 배부라 할 수 있다. 반면 정치 신인은 이러한 점에서는 선거운동상 불리한 것이 현실이다.

국회의원의 의정 활동 보고는 국회의원이 국민의 대표로서 행한 의회에서의 정치적 활동을 자신을 선출한 선거구민에게 직접 보고하는 행위로서 국회의원이 주권자인 국민의 의사를 대변하여 대의정치가 구현되도록 하는 기능을 가지는 것이다. 따라서 이는 국회의원의 정치적 책무이고 고유한 직무 활동이므로 특별한 사정이 없는 한 자유롭게 허용됨이 상당하다는 헌법재판소의 결정이다.

4) 고지 벽보와 장소 표지 첩부·게시·철거

의정보고회를 개최하는 때에는 고지 벽보와 의정보고회 장소 표지를 첩부·게시할 수 있으며, 고지 벽보와 표지에는 보고회명과 개최 일시·장소 및 보고 사항(후보자가 되고자 하는 자를 선전하는 내용을 제외함)을 게재할 수 있다. 이 경우 의정보고회를 개최한 국회의원 또는 지방의회의원은 고지 벽보와 표지를 의정보고회가 끝난 후 지체 없이 철거해야 한다.

(2) 제한 및 금지

1) 제한 주체
국회의원 또는 지방의회의원이다.

2) 금지 기간
대통령 선거·국회의원 선거·지방의회의원 선거 및 지방자치단체의 장 선거의 선거일 전 90일부터 선거일까지다. 다만, 국회의원이 자신의 인터넷 홈페이지, 전자우편 및 문자메시지를 이용한 의정 활동 보고는 기간 제한 없이 상시 가능하다.

3) 금지 행위 및 벌칙
누구든지 의정 활동 보고 금지 기간에는 직무상 행위 기타 명목 여하를 불문하고 보고회 등 집회, 보고서(인쇄물, 녹음·녹화물 및 전산 자료 복사본을 포함함), 송·수화자 간 직접 통화하는 방식의 전화 또는 축사·인사말(게재하는 경우도 포함함)을 통해 의정 활동(선거구 활동·일정 고지, 그 밖의 업적 홍보에 필요한 사항을 포함함)을 선거구민에게 보고할 수 없다.

그러나 국회의원이 인터넷 홈페이지 또는 그 게시판·대화방 등에 게시하거나 전자우편·문자메시지로 전송하는 방법(자동 동보통신의 방법을 포함함)으로 의정 활동을 보고하는 것은 언제든지 가능하다.

국회의원 및 지방의원이 선거일 전 90일부터 선거일까지 의정 활동을 보고한 자는 2년 이하의 징역 또는 400만 원 이하의 벌금에 처한다.

4) 허용 범위

의정 보고는 선거구민에 대한 의무로서의 직무 활동으로 보아 선거운 동으로 보지 않는다. 그러면 의정 보고의 내용이 정당한 직무 행위의 범위를 넘어서 선거운동까지 나아가게 되면 어떻게 될까? 사전선거운동에 해당되어 처벌될 수 있다.

따라서 통상적인 의정 활동 보고의 방식을 벗어나 선출 선거구가 아닌 지역에서 선거운동 목적의 보고회를 개최하거나, 타인이 의정 보고를 하는 것, 자신은 참석하지 않고 대리인으로 하여금 의정보고회를 개최하게 하는 것 등은 그 행위의 시기·내용·방법·태양 등에 따라 공선법 제254조(선거운동기간위반죄), 제93조(탈법 방법에 의한 문서·도화의 배부·게시 등 금지) 또는 제90조(시설물 설치 등의 금지)에 저촉될 수 있다.

(3) 의정 활동 보고에 위반되지 않아 할 수 있는 사례 vs. 위반되어 할 수 없는 사례

의정 활동 보고와 관련해 문제가 되는 것은 보고 주체, 보고 대상, 보고 기간, 보고 장소, 의정보고서 작성·보고 방법, 보고 내용, 의정 보고 고지 등이다. 이와 관련된 구체적인 사례를 보면서 허용되는 범위와 허용되지 않는 범위를 쉽게 알아보자.

의정 활동 보고에 위반되지 않아 할 수 있는 사례

- 의정보고회를 진행하는 사회자가 내빈을 소개하도록 하는 행위
- 의원 사무소를 방문한 자에게 단순히 의정 활동 영상을 보여주는 행위

의정 활동 영상의 상영 장소와 시간을 선거구민에게 알리는 등 집회
에 의한 의정 활동 보고에 이르는 경우 당해 의원이 참석해야 한다.

- 나레이터Narrator가 단순히 의정 활동 내용을 설명하는 형식의 의정 보고
  녹화 영상물을 제작·배부하는 행위

  다만, 나레이터가 누구인지 알 수 있는 방법으로 의정 활동을 보고
  하거나 지지·추천하는 내용으로 제작하는 행위를 해서는 안 된다.

- 비례대표 의원이 해당 선거구 내 특정 지역을 대상으로 의정 활동을 보고
  하는 행위

- 선거구가 중첩되는 국회의원과 시의원이 서로에 대한 언급 없이 면을 달리
  하는 방법으로 의정보고서를 공동으로 작성하여 선거구가 중첩되는 지역
  에 배부하거나, 선거구가 중첩된 지역에서 서로 지지·선전 없이 공동으로
  의정보고회를 개최하는 행위

  비용의 절감, 의정 보고의 효과 극대화를 위해 시도해볼 만한 방식이
  라 할 수 있다.

- 의원이 의정 보고용 녹화물을 상영하는 중에 부득이한 사유로 일시적으
  로 의정보고회장을 떠나는 행위

- 선거구가 변경된 경우 자신을 선출한 선거구역이 포함된 새로운 선거구의
  선거구민에게 의정 활동을 보고하는 행위

- 카카오톡·모바일 메신저·트위터·페이스북 등 SNS를 이용하여 의정 활
  동 내용을 상시 전송하는 행위

- 다른 목적을 가진 선거구민의 행사·집회·모임 등이 다수인이 왕래하는
  장소가 아닌 장소에서 개최되는 경우 주최자의 허락 하에 의정보고회를
  개최하는 행위

- 읍·면·동 주민자치센터의 회의실, 노인정, 교회 등에서 의정보고회를 개

최하는 행위

- 호별 방문에 이르지 않는 범위 안에서 일반 가정집에서 의정보고회를 개최하는 행위

  다만, 일반 가정집에서 개최하는 경우 의정보고회 장소임을 알리는 표지를 첩부해야 하며, 참석을 원하는 선거구민의 출입을 제한해서는 안 된다.

- 의원이 거리·시장에 행사용 천막 등 임시 시설물을 설치하여 의정보고서를 배부하거나 의정 보고에 관심이 있어 행사용 천막에 들어온 지역 주민에게 의정 보고에 대한 응답을 하는 행위

- 자원봉사자 등이 공개된 장소 또는 의정보고회 장소에서 의정보고서를 배부하는 행위

- 해외 연수를 다녀와서 그 연수와 관련된 내용을 수록하여 제작한 책자 형태의 유인물을 의정보고서로 발송하는 행위

- 이용실·미용실·식당 등에 의정보고서를 비치해두고 선거구민 스스로의 의사에 따라 이를 보거나 가져가도록 하는 행위

- 의정보고회장에서 배부, 우편 배달, 호별 투입, 우편함 투입, 신문 삽입 배포, 가두 배포, 현관문에 부착, 공공기관·마을 회관·종교 시설 등에 비치하는 행위

  '호별 투입'을 하는 경우에는 호별 방문에 이르지 않도록 유의해야 한다.

- 인터넷 팩스 발송 대행 사이트와 같은 용역 대행사에 의뢰하는 등 모사 전송의 방법으로 의정보고서를 전송하는 행위

- 의정 활동 내용이 게재된 의정보고서를 통상의 명함 크기로 작성하여 선거일 전 90일에 선거구민에게 배부하는 행위

- 의정보고서의 서두 또는 말미 등에 의례적인 신년 인사 문구를 게재하는

행위

- 지명 유래·고사성어 등을 의정보고서 지면 중 일부에 부수적으로 게재하는 행위
- 의정보고서에 자신의 의정 활동에 대해 보도된 신문 칼럼을 그대로 게재하는 행위
- 의정보고회장에서 동료 의원·후원회장이 단순히 의례적인 내용의 축사·격려사를 하는 행위

　　의례적인 범위를 벗어나 지지·선전하는 내용이 부가되는 등 선거에서 당선을 도모하는 목적 의사가 표시되었다고 볼 수 있는 경우는 위반된다.

- 의정보고서 배부 봉투에 보고자의 소속 정당명·성명·사진 등을 게재하는 행위

　　소속 정당의 선전 구호나 선거 구호 등을 게재하는 행위는 소속 정당을 선전하기 위한 사전선거운동이 될 수 있어 위반된다.

- 보고자의 사진이 포함된 의정보고회 초청장을 발송하는 행위
- 신문 배달 소년 등 인력을 이용해 의정보고서를 호별 투입하는 경우 역무 제공의 대가로 통상의 수고비를 지급하는 행위
- 의정보고회 장소에 입당 원서와 후원회 가입 신청서를 비치하여 가입하려는 자가 작성하여 제출한 입당 원서 또는 가입 신청서를 해당 시도당 또는 후원회에 전달하는 행위

의정 활동 보고에 위반되어 할 수 없는 사례

- 의정 활동과 관련 없는 특정 정당의 정책 홍보 내용을 게재하여 선거구민에게 배부하는 행위
- 임기가 만료될 무렵 의정보고서에 다음 임기에 다루어질 구체적인 사안에 대한 공약을 게재하여 배부한 행위
- 재임하기 전에 이미 확정된 사업을 자신의 의정 활동 사항으로 허위 보고하는 행위
- 의정보고서에 정규 학력이 아닌 '○○대학교 경영대학원 최고경영자 과정 총동창회 회장'이라고 기재한 행위
- 의정 활동 보고 금지 기간 중 선거운동 자원봉사자들을 대상으로 선거운동을 위한 교육을 하면서 의정보고서를 보여주고 의원으로서의 활동 실적을 설명한 행위
- 의정 보고의 주체인 의원이 참석하지 않고 제3자가 의정 보고 녹화물을 상영하는 행위
- 의원이 자신이 선출된 선거구가 아닌 입후보 예정 지역 선거구민을 대상으로 의정 활동을 보고하는 행위
- 행정구역 또는 선거구역으로의 편입이 확정된 것이 아니라 단순히 예상되는 지역 주민을 대상으로 의정 활동을 보고하는 행위
- 정당이 기관지에 소속 국회의원들의 의정 활동 내용을 게재하여 배부하는 행위
- 선거일 전 90일에 의정보고서를 발송했으나 의정 활동 보고 금지 기간 중 선거구민에게 의정보고서가 도착하도록 발송하는 행위

따라서 의정보고서를 시간적 여유 없이 보내서 결과적으로 법 위반
이 되는 일이 없도록 유의해야 한다.

- 의정 활동 보고 금지 기간에 그 지역 주민에게 의정보고서를 배부하지 못
한 이유를 설명하는 서신을 발송하는 행위
- 아파트 단지 내 놀이터 등 옥외에서 의정 활동을 보고하거나 다수인이 왕
래하는 장소 또는 의정보고회에 참석하지 않은 일반 선거구민이 의정보
고회 개최 상황을 보거나 들을 수 있는 장소에서 의정보고회를 개최하는
행위
- 의정보고서를 벽보나 현수막 형태로 작성·게시하는 행위
- 의정보고서를 도로변·점포·골목길 등에서 살포하거나 호별 방문의 방법
으로 배부하는 행위
- 종합 유선 방송사가 의정보고회 전체 내용을 녹화 방영하는 행위
- 아파트 엘리베이터 내에 설치된 영상 홍보 매체를 이용하여 의정 활동 보
고용 녹화물을 상영하는 행위
- 보고 장소 현수막에 후보자가 되려는 사람을 선전하기 위한 공약성 구호
를 게재하는 행위
- 의정보고회장에 참석한 선거구민에게 음식물을 제공하는 행위
  의정보고회 참석자에게 1,000원 이하의 차·커피 등 음료(주류 제외)
  를 제공하는 행위는 무방하다.
- 의정보고서 내용이 저장된 USB를 제공하는 행위
  USB 등 경제적 가치가 있는 물품을 제공하면 기부 행위에 해당된다.

지역 방문 시 함께 다니는 사람에게 식사 제공

국회의원은 관할 구역 안의 지역 방문 시 함께 다니는 사람에게 통상적인 범위 안에서 식사류의 음식물을 상시 제공할 수 있으며, 이 경우 10인 이내에서 제공이 가능하다. 제공할 수 있는 식사류의 음식물 가격은 1인당 1만 원 이하이다.

그렇다면 여기서 '통상적 범위 안의 식사류의 음식물'이란 무엇일까? '통상적 범위 안의 식사류의 음식물'이라 함은 공직선거관리규칙으로 정하는 금액 범위 안(1인당 1만 원 이하)에서 일상적인 예를 갖추는 데 필요한 정도로 현장에서 소비될 것으로 제공하는 식사류의 음식물을 말하며 기념품, 선물로 제공되는 것은 제외한다.

정치 신인의 경우 지역구 국회의원 선거의 예비후보자로 등록하면 관할 구역 안의 지역 방문 시 함께 다니는 사람에게 통상적인 범위 안에서 식사류의 음식물을 제공할 수 있다. 이 경우 역시 10인 이내에서 제공이 가능하며, 제공할 수 있는 식사류의 음식물 가격 또한 1인당 1만 원 이하이다.

후보자나 예비후보자 및 국회의원과 함께 다니는 자의 범위는 선거 사무 관계자·정당의 간부 및 보좌관 등 수행원을 모두 합한 수이며, 선거운동을 위해 후보자와 함께 다니는 자도 포함된다. 가족은 함께 다니는 자의 수에 산입하지 않는다.

이 경우 가족의 범위는 어떻게 될까? 가족은 후보자의 배우자와 후보자 또는 배우자의 직계존비속과 형제자매나 후보자의 직계존비속 및 형제자매의 배우자를 말한다.

국회의원이 예비후보자나 후보자가 된 경우와 정치 신인의 예비후보자가 후보자가 된 경우에도 통상적인 범위 안의 식사류의 음식물을 제공할 수 있는 금액이나 인원수는 같다.

후원금 모금

국회의원은 선관위에 후원회를 등록하여 후원금 모금이 상시 가능하고, 평상시에는 연간 1억 5,000만 원까지 모금이 가능하다. 이 경우 선거가 있는 해는 3억 원까지 모금도 가능하다.

그러나 정치 신인은 지역구 국회의원 선거의 예비후보자로 선관위에 등록을 해야만 후원회를 둘 수 있고 1억 5,000만 원까지만 후원금을 모금할 수 있다. 예비후보자 등록은 선거일 전 120일부터 가능하다. 이는 정치 신인에게 매우 불리한 내용이다. 하지만 관련 내용을 숙지하여 불리한 상황 속에서 신속하고 효율적으로 후원금을 모금하도록 해야 한다.

이에 대한 자세한 내용은 제2부 제1장 5절 '후원회 설치 및 관련 업무 수행 방법' 부분에서 자세히 설명하니 이를 참조하기 바란다.

03 | 시기별 핵심 체크리스트

특정 시기별로 유의해야 하는 주요 제한·금지 사항

동일한 행위라도 언제 하느냐에 따라 허용되기도 하고, 허용되지 않을 수도 있는 것이 선거법이다. 후보자의 출판기념회 같은 것이 대표적인 예이다. 따라서 시기별 체크리스트를 잘 정리해두고 이에 맞게 선거운동 전략을 구성하는 것이 중요하다.

공선법에서는 선거의 부당한 과열 경쟁으로 인한 사회경제적 손실을 막고, 후보자 간의 기회균등을 보장함과 동시에 탈법적인 선거운동으로 인해 선거의 공정과 평온이 침해되는 것을 방지하기 위해 각 시기별로 제한 또는 금지 규정을 두고 있다.

이는 시기별로 크게 5개의 대분류로 나누어볼 수 있다. 이를 살펴보면 ① 상시 제한·금지 행위, ② 선거일 전 180일부터 선거일까지 제한·금지 행위, ③ 선거일 전 90일부터 선거일까지 제한·금지 행위, ④ 선거일 전

60일부터 선거일까지 제한·금지 행위, ⑤ 선거 기간 중 제한·금지 행위로 구분해볼 수 있는데, 이 중 '상시 제한·금지 행위'에 대해서는 앞의 제1부 제1장 3절 '상시 제한 또는 금지되는 행위를 유의하자' 부분에서 이미 살펴보았다.

여기서 '특정 시기별로 유의해야 하는 주요 제한·금지 사항'에서는 ① 선거일 전 180일부터 선거일까지 제한·금지 행위, ② 선거일 전 90일부터 선거일까지 제한·금지 행위, ③ 선거일 전 60일부터 선거일까지 제한·금지 행위, ④ 선거 기간 중 제한·금지 행위에 관한 내용을 살펴보고자 한다.

이 중에서 특히 '선거일 전 180일부터 선거일까지'에서는 ① 선거에 영향을 미치는 시설물 설치 등 금지(법 §90), ② 선거에 영향을 미치는 인쇄물 배부 등 금지(법 §93 ①) 규정 등이 있다.

또한 '선거일 전 90일부터 선거일까지'에서는 ① 후보자와 관련 있는 저서의 출판기념회 개최 제한(법 §103 ⑤), ② 국회의원·지방의원의 의정활동 보고 제한(법 §111), ③ 정당·후보자의 명의를 나타내는 저술·연예·연극·영화·사진 기타 물품 광고 금지 및 후보자의 광고 출연 금지(법 §93 ②) 규정 등이 있다. 이에 대해 구체적인 사례를 보면서 쉽게 알아보자.

먼저 시기별 체크리스트를 종합 정리해보면 표 1-17과 같다.

▶ 표 1-17 특정 시기별로 유의해야 하는 주요 제한·금지 사항

구분	내용
선거일 전 180일부터 선거일까지	① 선거에 영향을 미치는 시설물 설치 등 금지(법 §90) ② 선거에 영향을 미치는 인쇄물 배부 등 금지(법 §93 ①) ③ 정당·후보자가 설립·운영하는 기관 등의 선전 행위 금지(법 §89 ②)
선거일 전 120일부터 선거일까지	① 창당·합당·개편·후보자선출대회의 개최 장소와 고지의 제한(법 §140)
선거일 전 90일부터 선거일까지	① 후보자와 관련 있는 저서의 출판기념회 개최 제한(법 §103 ⑤) ② 국회의원·지방의원의 의정 활동 보고 제한(법 §111) ③ 정당·후보자의 명의를 나타내는 저술·연예·연극·영화·사진, 기타 물품 광고 금지 및 후보자의 광고 출연 금지(법 §93 ②) ④ 정강·정책의 신문광고 등 제한(법 §137) ⑤ 후보자의 방송 출연 금지(선거방송심의에 관한 특별규정 §21)
선거일 전 60일부터 선거일까지	① 당원 집회·당원 교육 등 금지(법 §141)
선거 기간 중	① 공무원 등의 선거에 영향을 미치는 행위 금지(법 제86조 ① 5, 6, 7) ② 각종 집회 등의 제한 및 반상회 개최 제한(법 §103 ②, ③, ④) ③ 녹음기·녹화기 등의 사용 금지(법 §100) ④ 타 연설회 등의 금지(법 §101) ⑤ 구내 방송 등에 의한 선거운동 금지(법 §99) ⑥ 저술·연예·영화 등을 이용한 선거운동 금지(법 §92) ⑦ 야간 연설 등의 제한(법 §102) ⑧ 정강·정책 홍보물과 정당 기관지의 발행·배부 제한(법 §138·§139) ⑨ 당원 모집 및 입당 원서 배부 제한(법 §144 ①) ⑩ 당사 게시 선전물 등의 제한(법 §145 ①)
선거일 전 6일부터 선거일의 투표 마감 시각까지	① 선거에 관해 정당에 대한 지지도나 당선인을 예상하게 하는 여론조사의 경위와 그 결과의 공표·인용 보도 금지(법 §108 ①)

선거일	① 투표 마감 시각 전까지 법에 규정된 방법을 제외한 선거운동 금지(법 §254①)
	② 투표 마감 시각 종료 이전에 선거인에 대해 투표하고자 하는 정당이나 후보자 또는 투표한 정당이나 후보자의 표시 요구 금지(법 §167②·§241①)
선거일 후 답례 금지	① 금품 또는 향응을 제공 하는 행위
	② 방송·신문 또는 잡지 기타 간행물에 광고하는 행위
	③ 자동차에 의한 행렬을 하거나, 다수인이 무리를 지어 거리를 행진하거나, 거리에서 연달아 소리 지르는 행위
	④ 일반 선거구민을 모이게 하여 당선 축하회 또는 낙선에 대한 위로회를 개최하는 행위
	④ 현수막을 게시하는 행위
	→ 다만, 선거일의 다음 날부터 13일 동안 해당 선거구 안의 읍·면·동마다 1개의 현수막을 게시하는 행위는 무방하다.

선거일 전 180일부터 선거일까지

시설물 설치 등

(1) 주체

'누구든지'이며, 아무런 제한이 없다.

(2) 금지 기간

선거일 전 180일부터 선거일까지다. 이 경우 보궐선거 등에 있어서는 그 선거의 실시 사유가 확정된 때부터 선거일까지다.

(3) 금지 행위·의제(간주) 규정 및 벌칙

1) 금지 행위 및 벌칙

선거에 영향을 미치게 하기 위해 공선법의 규정에 의한 것을 제외하고는 ① 화환·풍선·간판·현수막·애드벌룬·기구류 또는 선전탑, 그 밖의 광고물이나 광고 시설을 설치·진열·게시·배부하는 행위, ② 표찰이나 그 밖의 표시물을 착용 또는 배부하는 행위, ③ 후보자(후보자가 되고자 하는 자를 포함함)를 상징하는 인형·마스코트 등 상징물을 제작·판매하는 행위를 할 수 없다.

본조의 규정에 위반하여 선전물을 설치·진열·게시·배부하거나, 한자 또는 상징물을 제작·판매하거나 하게 한 자는 2년 이하의 징역 또는 400만 원 이하의 벌금에 처한다.

2) 의제(간주) 규정을 조심하자

본조에서 '정당(창당준비위원회를 포함함)의 명칭이나 후보자의 성명·사진 또는 그 명칭·성명을 유추할 수 있는 내용을 명시한 것은 선거에 영향을 미치게 하기 위한 것으로 본다'라는 의제(간주) 규정이 있다.

선거일 전 180일부터 선거일까지 가로변 등에 정당의 명칭이나 후보자의 성명·사진 또는 그 명칭·성명을 유추할 수 있는 내용을 명시한 현수막 등 시설물을 설치 또는 게시하면 선거에 영향을 미치는 시설물 설치 금지 규정에 바로 해당되어 처벌받을 가능성이 크므로 이 점에 유의해야 한다.

(4) 선거에 영향을 미치는 시설물 등의 예외 규정

위 '(2) 금지기간, (3) 금지 행위'에도 불구하고 다음의 '선거 기간이 아닌 때에 행하는 통상적인 정당 활동'이나 '의례적이거나 직무상·업무상의 행위 또는 통상적인 정당 활동'에 해당하는 행위는 선거에 영향을 미치게 하기 위한 행위로 보지 않기 때문에 상시 할 수 있다. 이에 대해 자세히 살펴보면 표 1-18과 같다.

▶ **표 1-18 선거에 영향을 미치는 시설물 등의 예외 규정**

구분		내용
선거 기간이 아닌 때에 행하는 통상적인 정당 활동(공선법 제90조 제2항 제1호)		• 선거 기간이 아닌 때에 행하는 정당법 제37조 제2항에 따른 통상적인 정당 활동은 선거에 영향을 미치게 하기 위한 행위로 보지 않음. • 이 경우 '정당법 제37조 제2항에 따른 통상적인 정당 활동'은 '정당이 특정 정당이나 공직선거의 후보자(후보자가 되고자 하는 자 포함)를 지지·추천하거나 반대함이 없이 자당의 정책이나 정치적 현안에 대한 입장을 인쇄물·시설물·광고 등을 이용하여 홍보하는 행위와 당원을 모집하기 위한 활동(호별 방문 제외)은 통상적인 정당 활동으로 보장되어야 한다'고 규정돼 있음.
의례적이거나 직무상·업무상의 행위 또는 통상적인 정당 활동	통상적인 정당 활동과 관련한 행위 (공직선거 관리규칙 제47조의2 제1호)	• 정당(창당준비위원회 포함)이 정강·정책 구호, 기타 정당의 홍보에 필요한 사항과 당해 정당명 및 그 대표자 성명을 게재한 간판·현판 또는 현수막(이하 이 조에서 '간판 등'이라 함)을 중앙당과 시도당의 당사의 건물이나 그 담장에 설치·게시하는 행위 → 다만, 후보자의 사진을 게재하거나 후보자를 지지·추천하거나 반대하는 내용을 게재하는 행위를 제외한다. • 정당이 민원 상담을 행하는 당사에 민원 상담에 관한 안내 사항과 정당명을 게재한 간판 등을 게시하는 행위 • 정당의 업무용 자동차에 정당명·전화번호·정책 구호 등을 표시하여 운행하는 행위 • 정당이 소속 당원만을 대상으로 당원 집회를 개최하는 때에 동 집회 장소임을 알리는 현수막을 주최 당부 명의로 설치·게시하는 행위 • 정당이 책임 있는 정치적 주장을 펴기 위해 정강·정책의 설명회·토론회·강연회(선거 기간 중에는 법에 규정된 방법에 한함)를 개최하면서 현판·현수막을 주최 당부 명의로 개최 장소에 설치·게시하는 행위

		• 정당이 자연보호 활동 또는 대민봉사 활동 등을 하면서 그 행사 장소에 정당명과 행사명을 게재한 현수막을 설치·게시하는 행위 • 정당의 당원이 소속 정당의 배지(달고 다닐 수 있도록 배지 형태로 제작된 소형의 상징 마크나 마스코트 포함)를 달고 다니는 행위
	직무상·업무상 행위 (공직선거관리규칙 제47조의2 제2호)	• 지방자치단체의 장이 선거일 전 60일(선거일 전 60일 후에 실시 사유가 확정된 보궐선거 등에 있어서는 그 선거의 실시 사유가 확정된 날)에 법 제86조(공무원 등의 선거에 영향을 미치는 행위 금지) 제2항 제4호에 규정된 행사를 개최하면서 그 행사 장소에 개최자의 직명을 표시한 현판·현수막을 설치·게시하는 행위 • 특정 정당이나 후보자를 지지·추천하거나 반대함이 없이 개최하는 학술·문화·체육·예술·종교, 기타 이에 준하는 각종 집회를 개최하면서 그 개최 장소에 주관 단체명 또는 그 단체 대표자의 직명을 표시한 간판 등을 설치·게시하는 행위 • 직업상의 사무소나 업소에 그 대표자의 성명이 표시된 간판을 게시하는 행위 • 국회의원 및 지방의회의원이 자신의 직무 또는 업무를 수행하는 상설 사무소에 그 직명·성명과 업무에 관한 안내 사항이 게재된 간판 등을 게시하는 행위
	의례적인 행위(공직선거관리규칙 제47조의2 제3호)	• 민속절·국경일, 그 밖의 기념일, 사무소의 개소·이전, 그 밖에 관계 있는 행사나 사업의 축하 등을 위해 정당·기관·단체·시설이 그 명의(정당의 경우 그 대표자의 성명을 포함함)를 표시한 간판 등을 해당 사무소에 설치·게시하는 행위 • 정당 또는 기관·단체·시설의 장의 이·취임식장이나 이들의 하급 당부(정당 선거 사무소 포함)나 기관·단체·시설 방문 시에 그 방문 행사 장소에 직·성명을 표시한 현수막을 설치·게시하는 행위
	중앙위원회가 정하는 행위	• 그 밖에 위의 어느 하나에 준하는 행위로서 중앙위원회가 정하는 행위는 선거에 영향을 미치게 하기 위한 것으로 보지 않음.

이 경우 '의례적이거나 직무상·업무상의 행위 또는 통상적인 정당 활동'과 관련해 집회나 행사의 안내 등을 위해 시설물 등을 설치·게시한 경우 동 집회나 행사의 종료 후 지체 없이 이를 철거하지 아니한 때에는 선거에 영향을 미치게 하기 위한 행위로 볼 수 있다.

따라서 집회나 행사의 안내 등을 위해 시설물 등을 설치·게시한 경우에는 동 집회나 행사의 종료 후 지체 없이 이를 철거하는 것이 바람직하다고 본다.

(5) 판례 등 사례를 통해 살펴본 금지 내용

본조는 주관적 구성 요건으로 '선거에 영향을 미치게 하기 위하여' 본조 소정의 행위를 해야 한다. 정당(창당준비위원회 포함)의 명칭이나 후보자(후보자가 되고자 하는 자 포함)의 성명·사진 또는 그 명칭·성명을 유추할 수 있는 내용을 명시한 것은 '선거에 영향을 미치게 하기 위한' 것으로 본다(법 제90조 제1항 후문).

한편 '선전물'의 개념과 관련해서는 선전물이라 함은 공선법 제90조에 규정된 광고물, 광고 시설, 표찰 기타 표시물을 포함하는 개념으로서, 반드시 후보자의 성명이나 외모가 기재 또는 묘사되거나 특정 등이 화체돼 있지 않더라도 선거운동에 있어 특정 후보자의 인지도를 상승시키거나 이미지를 고양시키기 위해 사용되는 제반 시설물과 용구를 총칭하는 것으로 보아야 하고, 특정 물건의 본래 용도가 사적인 장소에 비치되어 사용되는 것이더라도 선거에 영향을 미치게 할 의도로 이를 대량으로 제작하여 일반 공중에게 배부함으로써 특정 후보자를 일반 공중에게 널리 알려 그 인지도를 상승시키고 이미지를 고양시키는 데 사용되었다면 '선전물'에 해당한다고 판시하였다.

대법원은 돼지저금통의 본래 용도가 가정 등 일반 공중이 볼 수 없는 장소에 비치되어 돈을 모으는 데 사용되는 것이더라도 대통령 선거에서 특정 후보자를 위해 배부한 이른바 '희망 돼지'라는 이름의 돼지저금통은 공선법 제90조의 광고물 또는 제256조 제3항 제1호 아목의 선전물에 해당한다고 보았다.

'게시'는 불특정 다수가 쉽게 볼 수 있는 방법으로 게시물을 현출하는 것을 의미할 뿐 반드시 게시물이 일정한 장소나 물체의 표면에 고정될 것을 전제로 하지 않는 것으로, 판례도 현수막을 펼쳐 양 끝에서 손으로 잡고 있던 행위, 1인이 광고물인 피켓을 손에 들고 있는 행위, 4명이 각자 광고물을 1개씩 들고 2명씩 도로 양편에 나란히 서 있는 행위 등은 현수막, 광고물의 게시에 해당한다고 보았다.

(6) 선거에 영향을 미치는 시설물 설치 등 금지에 해당되지 않는 사례 vs. 해당하는 사례

선거에 영향을 미치게 하기 위해 공선법에 의한 것을 제외하고 화환·풍선·간판·현수막·애드벌룬·기구류 또는 선전탑, 그 밖의 광고물이나 광고 시설을 설치·진열·게시·배부 행위, 표찰 및 그 밖의 표시물을 착용 또는 배부하는 행위, 후보자를 상징하는 인형·마스코트 등의 상징물을 제작·판매하는 행위를 하는 것이다. 구체적인 사례를 보면서 허용되는 범위와 제한 범위를 쉽게 알아보자

시설물 설치 등 금지에 해당되지 않아 할 수 있는 사례

- 국회의원 등 입후보 예정자가 선거일 전 180일에 자신의 명의로 정치적 현안에 대한 입장을 게재한 현수막을 거리에 게시하는 행위
- 국회의원이 선거일 전 180일에 자신의 직무 또는 업무를 수행하는 상설 사무소에 자신의 사진을 포함한 명절 현수막을 게시하는 행위

- 민속절·국경일 또는 사무소의 개소·이전, 그 밖에 관계있는 행사나 사업의 축하 등을 위해 정당·기관·단체·시설이 그 명의(정당의 경우 그 대표자 성명 포함)를 표시한 간판 등을 해당 사무소에 설치·게시하는 행위
- 직업상의 사무소나 업소에 그 대표자의 성명이 표시된 간판을 게시하는 행위
- 지방자치단체 또는 정당(당원협의회 포함)이 선거일 전 180일에 지방자치단체장 또는 당원협의회장의 직·성명이 표시된 의례적인 명절 현수막을 거리에 게시하는 행위
- 후보자가 되고자 하는 자가 사회적 활동을 위해 설립하는 포럼의 명칭에 자신의 성명을 포함하여 사용하거나, 그 포럼의 명칭이 게재된 통상적인 간판을 선거일 전 180일에 게시하는 행위

  다만, 수익사업을 하는 직업상의 사무소가 아닌 경우 선거일 전 180일부터 선거일까지 후보자 또는 후보자가 되고자 하는 자의 성명이 포함된 간판을 게시하는 행위는 위반된다.

- 입후보 예정자가 선거일 전 180일에 자신의 직·성명(사진 포함)을 표시한 의례적인 내용의 명절 현수막을 거리에 게시하는 행위

  다만, 지방자치단체장의 경우 사진 게재는 지방자치단체의 장의 광고 출연 금지 규정(법 §86 ⑦)에 해당되어 이를 상시 할 수 없다.

- 선거일 전 180일에 국회의원 사무소 개소식 현수막을 거리에 게시하는 행위
- 정당(창당준비위원회 포함)이 정강·정책 구호 기타 정당의 홍보에 필요한 사항과 해당 정당명 및 그 대표자 성명을 게재한 간판·현판 또는 현수막을 중앙당과 시도당 당사의 건물이나 담장에 설치·게시하는 행위

  후보자(후보자가 되고자 하는 자 포함. 이하 같음)의 사진이나 후보자를 지

지·추천 반대하는 내용을 게재하는 행위는 위반된다.

- 정당이 소속 당원만을 대상으로 당원 집회를 개최하는 때에 동 집회 장소임을 알리는 현수막을 주최 당부 명의로 설치·게시하는 행위

    후보자의 사진이나 후보자를 지지·추천·반대하는 내용을 게재하는 행위는 위반된다.

- 정당이 책임 있는 정치적 주장을 펴기 위해 정강·정책설명회·토론회 강연회(선거 기간 중에는 선거법에 규정된 방법에 한함)를 개최하면서 현판·현수막을 주최 당부 명의로 개최 장소에 설치·게시하는 행위

    이 경우 정강·정책설명회·토론회·강연회를 개최하는 것은 선거 기간 전에는 무방하나, 선거 기간 중에는 선거법에 규정된 방법이 아니면 선거법에 위반되므로 유의해야 한다.

- 정당이 자연보호 활동 등을 하면서 그 행사 장소에 정당명과 행사명을 게재한 현수막을 설치·게시하는 행위

- 정당의 당원이 소속 정당의 배지(배지 형태로 제작된 소형의 상징 마크나 마스코트 포함)를 달고 다니는 행위

- 특정 정당이나 후보자를 지지·추천·반대함이 없이 개최하는 학술·문화·체육·예술·종교, 기타 이에 준하는 각종 집회를 개최하면서 그 개최 장소에 주관 단체명 또는 그 단체 대표자의 직명을 표시한 간판 등을 설치·게시하는 행위

- 선거일 전 180일에 정당이 컴퓨터 교실, 직업훈련 강좌를 안내·홍보하기 위해 현수막에 정당의 명의를 표시하여 거리에서 게시하는 행위

시설물 설치 등 금지에 해당되어 할 수 없는 사례

- 예비후보자의 성명을 유추할 수 있는 내용이 기재된 표찰 2개를 앞뒤로 목에 걸고 1인 시위를 한 행위
- 예비후보자의 성명과 사진이 명시된 피켓을 들고 1인 시위를 한 행위

  이는 특정 정당 또는 후보자의 선거에 영향을 미치는 행위로 볼 수 있으므로 허용되지 않는다.

- 특정 후보가 국회의원 선거에서 당선되지 않게 하기 위한 목적으로 집회를 진행하면서 구호가 기재된 현수막을 설치하고 피켓을 들고 조끼를 착용한 행위

  이 판결에서 피켓은 광고물 게시로, 구호가 기재된 조끼는 표시물 착용으로 보았다.

- 선거 기간 중 정당 행사장 앞에서 선거구민이 '○○○ 후보에게 묻는다. □□민중항쟁 현장에서 무엇을 하였는가? △△ 가입, △△시위 기록을 밝혀라! 수많은 시민이 감옥 가고 탄압받았을 때 ○○○은 무엇 했나?'라고 기재된 후보자의 이름이 적힌 피켓을 목에 걸고 1인 시위한 행위
- 선거일 전 180일부터 선거일까지 후보자가 되려는 사람이 자신의 입후보하려는 선거구 내 거리에 명절 현수막을 게시하는 행위
- 국회의원이 명절을 맞아 자신의 사무실 외벽에 귀향 환영 현수막을 게시하면서 지지·선전하는 문구를 게재하는 행위
- 선거 사무소의 외벽면에 영상 장치를 이용하여 후보자의 이미지, 선거 구호 등을 표출하는 행위
- 국회의원이 특별한 계기 없이 다수인이 왕래하는 도로의 교차로에서 자

신의 성명이 게재된 어깨띠를 착용하거나 피켓을 들고 선거구민을 대상으로 인사하는 행위

- 후보자 또는 입후보 예정자가 무인 비행 장치(일명 드론)에 자신의 기호·성명·선전 문구 등이 게재된 표시물 또는 선전물을 부착하여 날리는 행위
- 정당이 소속 당원을 대상으로 판매한 정당의 명칭·로고·홈페이지 주소 등이 표시된 기념품(에코백, 우산, 티셔츠)을 구입한 당원이 선거일 전 180일부터 선거일까지 일반 선거구민이 볼 수 있도록 게시 또는 착용하는 행위

인쇄물 배부 등

(1) 선거에 영향을 미치는 인쇄물 배부 등 금지

1) 주체

'누구든지'이며, 아무런 제한이 없다.

2) 금지 기간

선거일 전 180일부터 선거일까지다. 이 경우 보궐선거 등에 있어서는 그 선거의 실시 사유가 확정된 때부터 선거일까지다.

3) 금지 행위 및 벌칙

공선법의 규정에 의하지 않고는 선거에 영향을 미치게 하기 위해 정당(창당준비위원회와 정당의 정강·정책 포함) 또는 후보자(후보자가 되고자 하는 자 포함)를 지지·추천하거나, 반대하는 내용이 포함돼 있거나, 정당의 명칭

또는 후보자의 성명을 나타내는 광고, 인사장, 벽보, 사진, 문서·도화, 인쇄물이나 녹음·녹화 테이프, 그 밖에 이와 유사한 것을 배부·첩부·살포·상영 또는 게시할 수 없다.

본조에서 '선거에 영향을 미치게 하기 위하여'라는 전제 아래 그에 정한 행위를 제한하고 있는 것은 고의 이외에 초과주관적 요소로서 '선거에 영향을 미치게 할 목적'을 범죄 성립 요건으로 하는 목적범으로 규정한 것인바, 그 목적에 대하여는 적극적 의욕이나 확정적 인식을 필요로 하는 것이 아니라 미필적 인식만으로도 족하고, 공선법 제93조 제1항에 규정된 문서·도화의 배부·게시 등 행위가 일상적·의례적·사교적 행위에 불과한 것인지, 아니면 선거에 영향을 미치게 하기 위한 목적을 가진 탈법행위인지 여부를 판단할 때에는, 위 조항의 입법 목적이 그에 정한 행위가 비록 선거운동에까지는 이르지 않더라도 선거의 공정성과 평온성을 침해하므로 그러한 탈법적인 행위를 차단함으로써 공공의 이익을 도모하려는 것임을 염두에 두고, 행위의 시기, 동기, 경위와 수단 및 방법, 행위의 내용과 태양, 행위 당시의 상황 등 모든 사정을 종합하여 사회 통념에 비추어 합리적으로 판단하여야 한다(대법원 2011. 2. 10. 선고 2010도16694).

본조의 규정에 위반하여 선거에 영향을 미치게 하기 위해 공선법의 규정에 의하지 않고는 정당 또는 후보자를 지지·추천하거나 반대하는 내용이 포함돼 있거나 정당의 명칭 또는 후보자의 성명을 나타내는 문서·도화 등을 배부·첩부·살포·게시·상영하거나 하게 한 자는 2년 이하의 징역 또는 400만 원 이하의 벌금에 처한다.

4) 선거에 영향을 미치는 인쇄물 배부 등의 예외 규정

선거 기간이 아닌 경우 정당의 통상적인 정당 활동이나 ② 선거운동 기간에 한해 후보자, 후보자의 배우자(배우자가 없는 경우 후보자가 지정한 1명)와 직계존비속, 후보자와 함께 다니는 선거 사무장·선거 연락소장·선거 사무원·활동 보조인 등이 후보자의 명함을 직접 주는 행위는 예외로 인정한다.

5) 판례 등 사례를 통해 살펴본 금지 내용

'문서'라 함은 문자 또는 기타 문자에 대신할 수 있는 가독적 부호로서 계속적으로 물체상에 기재된 의사 또는 개념의 표시를 말하며, 그중 상형적 부호로 의사 표시 또는 내용을 판단할 수 있도록 기재한 물체를 '도화'라고 한다. 문서·도화를 범인 자신이 작성 또는 배부·게시할 것을 요하지 않으므로 타전을 의뢰하여 계원이 작성, 배달한 전보도 문서가 된다.

'배부'는 불특정 다수인에게 교부하는 행위를 지칭하며 그 성질상 무상이 대부분이겠지만 유상인 경우도 가능하다. '배부'는 불특정 또는 다수의 자에게 배포할 목적으로 그 범위 내의 1인 이상에게 배포하는 것을 포함하는 개념으로서, 특정 소수의 자를 통해 당연히 또는 행위의 성질상 불특정 또는 다수의 자에게 배포될 것이라는 점을 예견할 수 있는 특별한 정황 하에서 개별적으로 어느 한 사람이나 특정 소수인에게 배부한 경우도 이에 해당하며, 그 후 실제로 그 배부 받은 자로부터 불특정 다수의 자에게 배부되었는지 여부는 문제되지 않는다.

'첩부'는 광고판 등에 붙이는 것, '살포'는 불특정 다수인을 상대로 뿌리는 것, '게시'는 공중에게 알리기 위해 걸거나 붙여두는 것을 의미한다. 아파트 엘리베이터 안에 예비후보자의 글과 경력 및 초상화 등이 포함돼 있는 책자를 끈으로 매달아놓은 경우도 '게시'에 해당한다.

한편 문자메시지 전송 방법의 선거운동은 선거일을 포함하여 전면적으로 허용되었으므로 자동 동보통신 방법으로 문자메시지를 선거구민들에게 대량으로 발송한 행위에 대하여, 대법원은 공선법 제59조 제2호에서 문자메시지를 허용하면서도 자동 동보통신 방법에 의한 문자메시지 전송의 주체와 횟수를 제한하고 있는 법 취지를 고려하면 자동 동보통신 방법 제한 규정을 위반하여 휴대전화 문자메시지를 대량으로 전송한 행위는 공선법 제93조 제1항 위반에 해당한다고 판시하였다.

(2) 정당·후보자의 명의를 나타내는 광고 및 광고 출연 금지

누구든지 선거일 전 90일부터 선거일까지 정당 또는 후보자의 명의를 나타내는 저술·연예·연극·영화·사진, 그 밖의 물품을 이 법에 규정되지 아니한 방법으로 광고할 수 없으며, 후보자는 방송·신문·잡지, 기타의 광고에 출연할 수 없다. 다만, 선거 기간이 아닌 때에 '신문 등의 진흥에 관한 법률' 제2조에 따른 신문 또는 '잡지 등 정기간행물의 진흥에 관한 법률' 제2조에 따른 정기간행물의 판매를 위해 통상적인 방법으로 광고하는 경우에는 그렇지 않다.

정당·후보자의 명의를 나타내는 광고 및 광고 출연 금지에 대한 구체적이고 세부적인 방법과 각종 사례에 관한 자세한 내용은 뒤에 나오는 '광고 및 광고 출연' 부분에서 자세히 설명하니 이를 참조하기 바란다.

(3) 선거운동을 권유·약속을 위한 신분증명서 기타 인쇄물 배부 금지

1) 주체
'누구든지'이며, 아무런 제한이 없다.

2) 금지 기간

언제든지 상시 금지되며, 선거법상 상시 적용된다.

3) 금지 행위 및 벌칙

선거운동을 하도록 권유·약속하기 위해 선거구민에 대해 신분증명서·문서, 기타 인쇄물을 발급·배부 또는 징구하거나 하게 할 수 없다.

본조의 규정에 위반하여 선거운동을 하도록 권유·약속하기 위해 선거구민에 대해 신분증명서·문서, 기타 인쇄물을 발급·배부 또는 징구하거나 하게 한 자는 2년 이하의 징역 또는 400만 원 이하의 벌금에 처한다.

4) 판례 등 사례를 통해 살펴본 금지 내용

본조에 대해 헌법재판소는 선거운동용 신분증명서가 없다고 활동이 위축된다는 것은 법의 오해에서 비롯된 심리 상태에 불과하므로 무소속 후보자에게 선거운동용 신분증명서 등의 발급을 허용할 것인지의 여부는 입법자의 입법 형성의 자유에 속하는 사항이므로 위 조항은 평등선거의 원칙과 선거운동의 기회균등의 보장 원칙에 위배되거나 평등권을 침해한다고 볼 수 없다고 판시하였다.

본조는 자원봉사자 모집 등을 빙자하여 선거구민들을 상대로 자원봉사 활동 의뢰서·자원봉사자 증명서 등을 발급·징구하는 등의 방법을 통해 실질적으로는 선거운동을 하는 탈법행위를 금지하기 위한 규정이다. 예비후보자가 자신의 선거 사무실에서 선거구민에게 선거운동을 하도록 권유·약속하기 위해 '예비후보자의 자문위원, 고문으로 위촉한다'는 내용이 기재된 임명장을 수여한 경우 본조의 위반에 해당한다.

피고인이 광명시 일대 경로당 14개소를 방문하여 경로당 회원들의 사전 동의나 양해를 받지 아니한 채 그곳 회원들을 상대로 임의로 제작한 제19대 대통령 후보 ○○○ 명의로 된 '경기도 국민주권 선거대책위원회 △△시을ㄴ 노인복지특별위원장으로 임명한다'는 취지로 기재된 임명장을 배부한 사건에서도 선거에 영향을 미치게 하기 위해 후보자의 성명을 나타내는 문서를 배부함과 동시에 선거운동을 하도록 권유·약속하기 위해 선거구민에 대해 문서를 배부한 행위가 동시에 성립한다고 본 판결도 있다.

(4) 선거에 영향을 미치는 인쇄물 등 배부 금지에 해당되지 않는 사례 vs. 해당하는 사례

공선법의 규정에 의하지 않고 선거에 영향을 미치게 하기 위해 정당(창당준비위원회와 정당의 정강·정책 포함) 또는 후보자(후보자가 되고자 하는 자 포함)를 지지·추천하거나 반대하는 내용이 포함돼 있거나 정당의 명칭 또는 후보자의 성명을 나타내는 광고, 인사장, 벽보, 사진, 문서·도화, 인쇄물이나 녹음·녹화 테이프, 그 밖의 이와 유사한 것을 배부·첩부·살포·상영 또는 게시하는 행위를 하는 것이다. 이에 대한 구체적인 사례를 보면서 허용되는 범위와 제한 범위를 쉽게 알아보자.

선거에 영향을 미치는 인쇄물 배부금지 등에 해당되지 않아 할 수 있는 사례

• 후보자가 되려는 사람이 연말연시를 맞아 평소 지면이나 친교가 있는 사람에게 자신 또는 가족의 사진이 게재된 의례적인 내용의 연하장을 발송

하는 행위

- 후보자가 되려는 사람이 통상적으로 사용하는 업무용 명함에 자신의 학력이나 경력을 게재하여 통상적인 방법으로 교부하는 행위

  다만, 그 명함에 비정규 학력을 게재하여 교부하거나 통상적인 교부 방법을 벗어나 불특정 다수의 선거구민에게 배부하는 행위는 위반 된다.

- 후보자가 되려는 사람이 운영하는 회사 등이 영업 활동에 필요한 안내서를 그 명의(그의 성명이 포함된 상호 포함)로 발행하여 제한된 범위 안의 거래처, 유관 기관·단체 등에 배부하는 행위

  다만, 후보자가 되려는 사람의 사진을 선거일 전 180일부터 선거일 까지 게재하여 배부하는 것은 위반된다.

- 후보자가 되려는 사람이 선거와 무관하게 고문 변호사로 있는 법무법인의 개업 초청장에 학력 및 경력이 포함된 의례적인 인사말을 게재하여 소속 임직원 및 그 가족, 기존 의뢰인, 한정된 범위의 내빈에게 보내는 행위

- 후보자가 되려는 변호사의 현직 및 사진, 사무소 주소, 전화번호 등이 게재된 명함을 법무법인 사무소를 방문하는 손님, 의뢰인, 지인, 유관 기관 관계자와 변호사가 영업상 접촉하는 사람들에게 배부하는 행위

  선전 구호 등 후보자가 되려는 사람을 선전·홍보하는 내용을 게재 하여 배부하는 행위는 위반된다.

- 지방자치단체가 성년의 날에 즈음하여 성년이 되는 지역 주민에게 해당 지방자치단체장의 직·성명을 표시하여 단순히 성년 됨을 축하하는 내용의 서한문을 발송하는 행위

- 정당의 대표자가 의례적인 내용의 연하장 또는 생일 축전을 소속 당원에게 발송하는 행위

- 정당(당원협의회 포함)의 당직자가 자신의 소속 정당 명칭과 그 직책이 게재된 명함을 통상적인 방법으로 선거구민 등과 인사를 하는 때에 의례적으로 교부하는 행위

  다만, 자신이 직책을 맡고 있는 소속 정당·단체의 명칭 외에 후보자가 되려는 다른 사람의 직·성명을 표시하여 선거구민에게 배부하는 행위는 위반된다.
- 정당 또는 후보자의 인터넷 홈페이지를 방문한 자가 연고자 추천서를 다운받아 본인이 직접 작성하여 전달하는 행위
- 정당의 당사, 선거 사무소에 연고자 추천서를 비치하여 방문자들로 하여금 작성·제출하게 하거나 당원 집회, 선거 사무소 개소식장에 추천서 서식을 비치·배부하여 직접 또는 행사 보조요원이 대신 작성·제출하게 하는 행위
- 정당이 선거 기간이 아닌 때에 창당대회·합당대회·개편대회 및 후보자 선출대회 또는 당명 개정 현상 공모를 고지하기 위해 인터넷 배너 광고를 하는 행위

  다만, 정당 또는 후보자가 되려는 사람을 선전하는 등 선거운동에 이르는 내용을 게재하는 행위는 위반된다.

선거에 영향을 미치는 인쇄물 배부금지 등에 해당되어 할 수 없는 사례

- 후보자가 되려는 사람이 자신의 성명과 지지를 호소하는 내용이 포함된 연하장을 구·시·군민회 회원들에게 발송한 행위

- 선거가 임박한 시기에 국회의원이 추진하는 정책에 관한 서명운동 홍보 인쇄물을 선거구민을 대상으로 가두 및 호별로 광범위하게 배부하는 행위
- 의례적인 초청 문구를 넘어 시장 재직 시의 치적 사항, 지지를 호소하는 내용 등이 포함된 선거 사무소 개소식 초청장을 발송한 행위
- 후보자 초청·대담 내용을 게재한 인쇄물을 일반 선거구민에게 배부하는 행위
- 선거 사무소 개소식 초청장에 학위, 경력, 홍보 및 지지를 호소하는 내용 등을 게재하여 발송한 행위
- 후보자가 되고자 하는 자에 대한 부정적 이미지의 영상을 선거구민의 통행이 빈번한 장소에서 출퇴근 시간대에 수차례 상영한 행위
- 학교 동문회가 특정 후보자에 대한 지지 표명을 한 사실이 없음에도 '동문회가 ○○○을 공개 지지한다'는 취지로 작성한 허위 성명서를 언론사에 보도자료로 배포하여 인터넷에 게재되도록 한 행위
- 기독시민운동중앙협의회 사무실에서 선거구민인 50여 명의 회원들에게 '제18대 대통령 선거 △△△당 ○○○ 후보 중앙선거대책위 직능총괄본부 미래한국본부 기독시민미래운동위원회 자문위원에 임명함'이라는 내용의 △△△당 대통령 후보의 임명장을 교부한 행위
- 선거운동 기간 전에 특정 예비후보자의 향후 선거운동을 위해 거리에서 일반 선거구민을 대상으로 연고자 추천서를 배부하여 작성하게 하거나 선거 사무 관계자나 자원봉사자가 작성하는 행위

선거일 전 90일부터 선거일까지

출판기념회

(1) 주체

'누구든지'이며, 아무런 제한이 없다.

(2) 금지 기간

선거일 전 90일부터 선거일까지다. 이 경우 선거일 전 90일 후에 실시 사유가 확정된 보궐선거 등에 있어서는 그 선거의 실시 사유가 확정된 때부터 선거일까지다.

(3) 금지 행위 및 벌칙

누구든지 후보자(후보자가 되고자 하는 자를 포함함)와 관련 있는 저서의 출판기념회를 개최할 수 없다. 이 경우 다른 사람이 저술한 것이라도 후보자와 관련이 있는 저서의 출판기념회는 본조의 규정이 적용된다. 그러나 후보자의 가족이 후보자와 무관하게 자신의 출판기념회를 개최하는 것까지 금지하는 것은 아니다.

출판기념회 개최 금지 기간에는 개최 대상·장소를 불문하고 출판기념회를 개최할 수 없다. 한편 출판기념회 개최 장소에 게시·설치하는 현수막이나 시설물의 규격 또는 수량에 대해서는 제한하고 있지 않으나, 후보자를 홍보·선전하는 내용을 게재하는 것은 제한된다.

누구든지 선거일 전 90일부터 선거일까지 후보자(후보자가 되고자 하는 자를 포함함)와 관련 있는 저서의 출판기념회를 개최하거나 한 자는 2년 이하의 징역 또는 400만 원 이하의 벌금에 처한다.

(4) 판례 등 사례를 통해 살펴본 금지 내용

선거일 90일 이전에 출판기념회를 개최하는 것은 허용된다. 그런데 선거일 90일 이전에 출판기념회 개최를 알리기 위한 일상적·의례적·사교적 행위를 넘어서 출판기념회라는 명목 아래 선거에 영향을 미치게 하기 위해 후보자 또는 후보자가 되고자 하는 자의 성명을 나타내는 출판기념회 초청장 등을 배부하는 경우에는 어떻게 될까?

이때는 초청장 등 배부 행위 자체가 공선법 제93조 제1항이 금지하는 선거에 영향을 미치게 하기 위한 인쇄물 배부하는 행위에 해당한다.

이 경우 공선법 제93조 제1항에 규정된 문서·도화의 배부·게시 등 행위가 일상적·의례적·사교적 행위에 불과한 것인지, 아니면 선거에 영향을 미치게 하기 위한 목적을 가진 탈법행위인지 여부를 판단할 때에는 위 조항의 입법 목적이 그에 정한 행위가 비록 선거운동에까지는 이르지 않더라도 선거의 공정성과 평온성을 침해하므로 그러한 탈법적인 행위를 차단함으로써 공공의 이익을 도모하려는 것임을 염두에 두고 행위의 시기, 동기, 경위와 수단 및 방법, 행위의 내용과 태양, 행위 당시의 상황 등 모든 사정을 종합하여 사회 통념에 비추어 합리적으로 판단해야 한다는 것이 판례의 입장이다.

이와 관련해 출판기념회 초청장에 후보자의 사진이 인쇄돼 있고, 개인 자격에서 행하는 출판기념회임에도 '○○시장'이라는 직위가 표시돼 있으며 "○○시장이 시민, 공직자들과 함께 만든 △△ 사랑 이야기"라고 기재된 사례에서 이는 피고인에게 유리한 입지를 확보하여 선거에 영향을 미치게 하려는 목적까지 있다고 하면서 탈법 방법에 의한 문서 배부에 해당한다고 판시한 판결이 있다.

(5) 출판기념회 개최 제한에 해당되지 않는 사례 vs. 해당하는 사례

선거일 전 90일부터 선거일까지 후보자와 관련 있는 저서의 출판기념회 개최하는 행위를 하는 것이다. 이에 대한 구체적인 사례를 보면서 허용되는 범위와 제한 범위를 쉽게 알아보자.

출판기념회 개최 제한에 해당되지 않아 할 수 있는 사례

- 출판사 등이 선거일 전 90일에 서적의 출판을 기념하기 위해 통상적인 출판기념회를 개최하는 행위
- 후보자가 되려는 사람이 자신의 출판기념회를 개최하면서 전화·초청장 등 통상적인 방법으로 사회 통념상 의례적인 범위의 인사를 초청하는 행위
- 출판기념회에서 참석자들에게 시중 가격으로 서적을 판매하는 행위
- 출판기념회 초청장에 주최자명·일시·장소 및 후보자가 되려는 저자의 사진을 게재하여 사회 통념상 의례적인 범위 안의 인사에게 발송하는 행위
- 초대장 이미지 파일을 자신이 개설한 인터넷 홈페이지나 블로그에 게시하는 행위
- 현수막·포스터 등 게시 범위 출판기념회 주최자명·일시·장소 등 통상적인 행사 고지에 필요한 사항을 게재한 현수막이나 벽보 등을 개최 장소에 게시하는 행위
- 출판기념회에서 선거와 무관하게 저서 내용에 포함된 저자의 약력·소개 글 또는 저서의 주요 내용을 동영상으로 상영하는 행위

- 유명 인사 및 가수·연예인 등이 후보자가 되려는 사람의 출판기념회에서 단순히 사회나 행사 진행을 하는 행위
- 출판기념회에서 전문 연예인 등이 아닌 자가 단순히 한두 곡 정도의 축가를 부르는 행위

  전문 연예인 등이 아닌 자가 축가를 부른 경우 그들에게 역무에 대한 정당한 대가로 교통비·오찬 및 다과를 제공할 수 있다.

- 출판기념회에 초청된 인사가 행사 성격에 맞는 의례적인 내용의 축사·격려사를 하는 행위

  다만, 후보자가 되려는 사람을 지지·선전하는 등 선거운동에 이르는 행위를 해서는 안 된다.

- 출판기념회에 참석한 사람에게 통상적인 범위에서 1,000원 이하의 차·커피 등 음료(주류 제외)를 제공하는 행위
- 선거일 전 180일에 출판기념회 개최·진행에 필요한 사항을 게재한 현수막 또는 포스터를 거리에 게시하는 행위
- 서점 등이 선거일 전 90일에 일반적으로 행해지고 있는 신간 서적 안내 포스터를 자신의 영업 장소에 부착하는 행위
- 후보자를 주인공으로 하는 소설이나 평전을 제3자가 출간(출판기념회 개최 포함)하는 행위

  다만, 특정 후보자에 대한 지지를 호소하는 내용을 포함하거나 선거 공약을 주요 내용으로 하는 저서 출간은 위반된다.

- 서적의 표지에 후보자가 되려는 저자의 성명과 사진을 게재하여 서적을 출간거나 판매업자가 서점이나 인터넷을 이용하여 통상적으로 판매해 오던 방법으로 서적을 판매하는 행위

출판기념회 개최 제한에 해당되어 할 수 없는 사례

- 공무원들이 공무용 PC를 이용하여 예비후보자의 출판기념회 홍보 문자 메시지를 기관 단체장, 사회단체장, 직원 등에게 대량으로 발송한 행위
- 출판기념회를 개최하면서 저서의 내용과 무관한 후보자가 되려는 사람의 업적을 홍보하거나 선전하는 내용의 영상물을 상영하는 행위
- 출판기념회를 개최하면서 가수나 전문 합창단의 축가, 전문가 수준의 마술 공연, 전문 예술인 초청 공연을 하는 행위

  가수나 전문 합창단의 축가, 전문가 수준의 마술 공연, 전문 예술인 초청 공연을 하는 행위는 기부 행위에 해당된다. 다만, 전문 연예인 등이 아닌 자가 단순히 한두 곡 정도의 축가를 부르거나 합창을 하거나 간단한 마술을 보여주는 것은 무방하다.

- 후보자가 되려는 사람이 출판기념회를 개최하면서 참석한 선거구민에게 무료 또는 싼값으로 저서를 제공하는 행위
- 후보자가 되려는 사람이 자신의 출판기념회에 참석한 선거구민에게 음식물을 제공하는 행위
- 후보자가 되려는 사람이나 그 가족에 대한 비방 또는 허위 사실이 포함된 서적을 출간하거나 그 내용을 광고하는 행위
- 서적에 특정 지역 개발 등 선거 공약을 주요 내용으로 게재하여 사실상 선거 홍보물화하는 행위
- 선거 사무소에서 예비후보자 또는 후보자의 저서를 판매하는 행위

의정 활동 보고

국회의원 또는 지방의원은 보고회 등 집회, 보고서(인쇄물, 녹음·녹화물 및 전산 자료 복사본을 포함함), 인터넷, 문자메시지, 송·수화자 간 직접 통화 방식의 전화 또는 축사·인사말(게재하는 경우를 포함함)을 통해 의정 활동(선거구 활동·일정 고지, 그 밖에 업적의 홍보에 필요한 사항을 포함함)을 선거구민(행정구역 또는 선거구역의 변경으로 새로 편입된 구역의 선거구민을 포함함)에게 보고할 수 있으나, 대통령 선거·국회의원 선거·지방의원 및 지방자치단체장 선거의 선거일 전 90일부터 선거일까지는 의정 활동 보고를 할 수 없다.

국회의원·지방의원의 의정 활동 보고 및 보고 시 유의 사항의 자세한 내용은 이미 앞의 제1부 제2장 2절의 '의정 활동 보고' 부분에서 설명했으니 해당 부분을 참조하기 바란다.

광고 및 광고 출연

(1) 주체

'누구든지'이며, 아무런 제한이 없다.

(2) 금지 기간

선거일 전 90일부터 선거일까지다.

(3) 금지 행위 및 벌칙

누구든지 정당 또는 후보자의 명의를 나타내는 저술·연예·연극·영화·사진, 그 밖의 물품을 이 법에 규정되지 아니한 방법으로 광고할 수 없으며, 후보자는 방송·신문·잡지 기타의 광고에 출연할 수 없다. 다만, '선거 기간이 아닌 때'에 신문 등의 진흥에 관한 법률 제2조에 따른 신문 또는 잡지 등 정기간행물의 진흥에 관한 법률 제2조에 따른 정기간행물의 판매를 위해 통상적인 방법으로 광고하는 경우에는 그러하지 아니하다.

그러면 여기서 '선거 기간이 아닌 때'란 구체적으로 언제일까? '선거 기간'은 국회의원 선거의 경우 후보자 등록 마감일 후 6일부터 선거일까지다.

본조의 규정에 위반하여 정당 또는 후보자의 명의를 나타내는 저술·연예·연극·영화·사진, 그 밖의 물품을 공선법에 규정되지 아니한 방법으로 광고 또는 출연을 하거나 하게 한 자는 2년 이하의 징역 또는 400만 원 이하의 벌금에 처한다.

(4) 판례 등 사례를 통해 살펴본 금지 내용

누구든지 선거일 전 90일부터 선거일까지는 정당 또는 후보자의 명의를 나타내는 저술·연예·연극·영화·사진, 그 밖의 물품을 이 법에 규정되지 아니한 방법으로 광고할 수 없으며, 후보자는 방송·신문·잡지, 기타의 광고에 출연할 수 없는바, 여기서 '광고'는 배포·배부·상영·상연·공연·게시 등의 의미로 보아야 할 것이다.

지방자치단체가 지역 특산물을 홍보하기 위해 공중전화 카드에 특산품 도안과 함께 입후보 예정자인 당해 단체장의 직명·성명이나 사진을 게재하여 이를 입후보하고자 하는 자치단체의 관할 구역 안에서 판매하도록 하는 행위, 출판업체 대표가 비례대표 후보자와 관련된 도서에 대하여 언론사와 광고 계약을 체결한 후 도서의 사진과 후보자에 대한 우호적인 문건이 기재된 광고 문안을 보내 신문 광고란에 게재되게 한 행위는 본조 위반에 해당한다.

(5) 정당·후보자 명의를 나타내는 광고 금지 등에 해당되지 않아 할 수 있는 사례 vs. 해당되어 할 수 없는 사례

누구든지 정당 또는 후보자의 명의를 나타내는 저술·연예·연극·영화·사진, 그 밖의 물품을 공선법에 규정되지 아니한 방법으로 광고를 하거나, 후보자가 방송·신문·잡지, 기타의 광고에 출연하는 행위를 하는 것이다. 구체적인 사례를 보면서 허용되는 범위와 제한 범위를 쉽게 알아보자.

정당·후보자 명의를 나타내는 광고 금지 등에 해당되지 않아 할 수 있는 사례

- 후보자가 되려는 사람이 대표로 있는 기업체가 기업체의 명의로 그 대표자를 선전하는 내용 없이 선거와 무관하게 통상적인 상업광고를 하는 행위
- 후보자가 되려는 사람이 선거일 전 90일에 선거와 무관하게 전국 단위의 방송광고(공익광고, 상품광고 불문)에 출연하는 행위

  다만, 지방자치단체장은 광고 출연이 상시 제한된다[법 §86(공무원 등의 선거에 영향을 미치는 행위 금지) ⑦].

- 후보자가 되려는 국회의원이 선거일 전 90일에 정당이 자당의 정책 홍보를 위해 실시하는 전국 단위의 방송광고에 특정 정당이나 후보자가 되려는 사람을 지지·추천하는 행위 없이 출연하는 행위

정당·후보자 명의를 나타내는 광고 금지 등에 해당되어 할 수 없는 사례

- 후보자가 되고자 하는 국회의원이 선거일 전 90일부터 선거일까지 입후보 예정 선거구의 동문에게 배부되는 동문회보에 자신의 성명 및 사진이 포함된 광고를 하는 행위
- 선거일 전 90일부터 선거일까지 후보자가 되려는 사람의 신앙 간증·건강 강연 포스터 광고 시 후보자의 사진을 광고하는 행위
- 선거일 전 90일부터 선거일까지 후보자가 되고자 하는 자가 케이블 TV에 지방 업체의 상품 방송광고에 출연하는 행위
- 특정 정당의 비례대표 국회의원 후보자가 선거일 전 90일부터 선거일까지 특정 기업이 제조한 물품 등의 판매를 위한 제품 광고에 출연하는 행위
- 선거일 전 90일부터 출판사 사장이 도서를 광고하면서 후보자가 되려는 사람의 사진과 우호적인 문안 등이 게재된 광고를 일간신문 등에 게재한 행위
- 선거일 전 90일부터 후보자의 명의를 나타내는 저술을 일간신문이나 인터넷 언론사 홈페이지 등에 광고하는 행위
- 입후보 예정자와 관련된 서적을 출판한 회사가 선거일 전 90일부터 선거일까지 지하철에 서적 판매를 위하여 광고하는 행위
- 폰트 제작 회사가 선거일 전 90일부터 선거일까지 후보자가 되려는 사람의 명의를 나타내는 물품(자필 폰트)을 회사의 인터넷 홈페이지 또는 SNS를 이용하여 광고하는 행위

    이 경우 선거일 전 90일 전이라도 선거일 전 180일부터 선거일까지 선거에 영향을 미치게 하기 위해 광고를 하는 때에는 공선법 제93조

제1항에도 위반된다.

- 지방자치단체의 장이 전국 단위의 방송광고(공익광고, 상품광고 불문)에 출연하는 행위

    이 경우 지방자치단체의 장은 소관 사무나 그 밖의 명목 여하를 불문하고 방송·신문·잡지나 그 밖의 광고에 출연할 수 없다.

- 출판사가 선거가 임박한 시기에 후보자가 되려는 사람의 저서에 관한 독후감 이벤트를 선거구민인 학생을 포함하여 실시하는 행위

    독후감 이벤트 광고는 후보자가 되려는 사람의 명의를 나타내는 저술의 광고이므로 선거일 전 90일부터 선거일까지는 할 수 없다.

제2부

선거법 각론

반드시 알아야 할 선거운동 핵심 이슈

제1장

선거운동의 아킬레스건,
금전 문제

모두에게 모든 것을 약속하라.

극단적이고 예외적인 경우가 아니라면, 그 시대의 특정 집단이 듣고 싶어 하는 말이라면 무엇이든 그들에게 해줄 수 있어야 한다. 전통주의자에게는 당신이 보수적 가치를 늘 지지해왔다고 말하고, 진보주의자들에게는 당신이 항상 그들의 편이었다고 말하라. 나중에 약속을 저버리는 것보다 그들의 바람을 들어주겠다는 약속을 하지 않는 것이 유권자들을 더 화나게 할 것이다.

−퀸투스 툴리우스 키케로, 《선거에서 이기는 법》중에서

01 | 기부 행위:
당선 무효의 복병

기부 행위의 제한

흔히 선거법의 기본 정신은 '돈은 막고, 말은 푸는' 것이라고 한다. 선거가 돈에 의해 혼탁해지고 타락하는 것을 막는 것은 우리 선거법의 대원칙이다. 따라서 금전 문제는 선거운동의 아킬레스건이 되는 중요한 문제이다. 아킬레스건을 잘 이해하고 다루는 것이 필수적이다.

기부 행위 제한의 취지

공선법 제112조 내지 제115조는 후보자 등의 기부 행위를 금지하고 있고, 제257조 제1항은 기부 행위 제한 규정을 위반할 경우 5년 이하의 징역 또는 1,000만 원 이하의 형사처벌을 하도록 규정하고 있으며, 기부 행위 제한의 위반은 공선법의 여러 가지 처벌 규정 중에서도 매수 및 이해유도죄와 더불어 가장 강력한 처벌이 이루어지는 중대한 위법행위로 인식되고 있다.

이처럼 공선법이 기부 행위를 엄격히 금지하면서 이를 위반하는 경우 마찬가지로 금권 선거에 관한 범죄인 매수 및 이해 유도죄와 더불어 강력한 처벌을 하는 이유는 선거에 있어서의 불가매수성不可買收性을 확립하여 선거의 공정성을 보장하기 위한 것이다. 즉 과거에 만연했던 금전적으로 혼탁한 선거 풍토에 대한 반성으로 후보자 등의 부정한 기부 행위를 근절하여 공정하고 깨끗한 선거를 실현하고자 하는 것이 기부 행위 제한의 입법 취지다.

기부 행위 제한의 내용

기부 행위란 무엇인가

일반적으로 기부 행위라 함은 당사자 일방이 상대방에게 무상으로 금품이나 재산상의 이익을 제공하는 것을 말하는데, 공선법 제112조 제1항에서는 "기부 행위라 함은 당해 선거구 안에 있는 자나 기관·단체·시설 및 선거구민의 모임이나 행사, 또는 당해 선거구 밖에 있더라도 그 선거구민과 연고가 있는 자나 기관·단체·시설에 대하여 금전·물품 기타 재산상 이익의 제공, 이익 제공의 의사 표시 또는 그 제공을 약속하는 행위를 말한다"라고 정의하고 있다.

이를 좀 더 자세히 살펴보자.

(1) 선거구 안에 있는 자나 기관·단체·시설 및 선거구민의 모임 또는 당해 선거구 밖에 있더라도 그 선거구민과 연고가 있는 자나 기관·단체 시설에 대한 기부 행위여야 한다

여기서 '선거구 안에 있는 자'라 함은 당해 선거구에 주소를 가진 선거 권자뿐만 아니라 당해 선거구 내에 거소를 두고 있는 사람, 더 나아가 일 시적으로 선거구 안에 머물고 있는 사람까지 포함하는 것이고, '선거구민 과의 연고가 있는 자'란 선거구민과 친인척이거나 직장 동료, 향우회나 동 창회 등의 일정한 혈연적·인간적 관계를 가지고 있어 선거구민의 의사결 정에 직접적 또는 간접적으로 어떠한 영향을 미칠 수 있는 가능성이 있는 사람을 말한다. 따라서 선거구 안에 있지 아니한 자나 기관·단체·시설 등 으로서 선거구민과 일정한 연고가 없는 경우에는 공선법에서 금지하고 있는 기부 행위의 상대방에 해당하지 않는다. 판례는 자신의 선거구가 특 정돼 있지 않은 비례대표 국회의원 후보자나 후보 예정자의 경우 당해 선 거구라 함은 전국을 의미하고, 기부 행위가 금지되는 대상은 전국의 선거 구민이 되는 것으로 해석하고 있다.

(2) 금품이나 재산상의 이익은 원칙적으로 무상으로 제공되는 것이어야 한다

매매 계약처럼 금품이나 재산상의 이익의 제공이 무상이 아닌 대가 관 계를 가지는 경우에는 기본적으로 기부 행위로 보기 어렵다. 하지만 비록 대가 관계가 일부 있다고 하더라도 급부와 반대급부 사이에 현저한 불균 형으로 인해 실질적으로 일부가 무상으로 제공된 것으로 평가될 수 있는 경우에는 이를 기부 행위로 보게 되고, 비록 유상으로 이루어지는 경우에 도 그것으로 인해 다른 일반인은 얻기 어려운 재산상의 이익을 상대방이 얻게 되는 경우도 기부 행위에 해당한다.

기부 행위의 주체:
후보자만 기부 행위 제한을 받는 것이 아니다

흔히 후보자나 그 가족들만이 기부 행위의 주체가 되는 것으로 생각할 수 있으나, 공선법은 후보자를 당연히 기부 행위 금지의 주체로 규정하면서 그 이외에 기부 행위의 제한 요건을 달리하여 주체에 따라 일정한 경우에 해당할 경우에는 기부 행위를 할 수 없도록 규정하고 있다. 다음에서 차례로 살펴본다.

(1) 후보자(후보자가 되려는 자 포함) 및 그 배우자

공선법은 후보자(후보자가 되고자 하는 자 포함)와 그 배우자는 당해 선거에 관한 여부를 불문하고 어떠한 기부 행위도 할 수 없도록 규정하고 있다(법 §113).

(2) 국회의원·지방의회의원·지방자치단체의 장·정당의 대표자

2004년 3월 12일 공선법이 개정되면서 국회의원, 지방의회의원, 지방자치단체의 장, 정당의 대표자 역시 후보자와 동일한 제한을 받고 있다(법 §113)

(3) 정당, 선거 사무장, 배우자를 제외한 후보자의 가족 등

정당, 선거 사무장이나 후보자의 배우자를 제외한 나머지 가족 등 후보자와 일정한 관계에 있는 사람들은 ① 선거 기간 전에는 당해 선거에 관하여, ② 선거 기간 중에는 당해 선거에 관한 여부를 불문하고 기부 행위를 할 수 없다(법 §113 ①).

그리고 후보자 또는 그 가족과 일정한 관계가 있는 회사, 기타 법인·단체뿐만 아니라 그 임·직원도 기부 행위를 할 수 없다(법 §114 ①, ②). 여기서 후보자의 가족이라 함은 공선법 제10조 제1항 3호에서 정한 "후보자의 배우자와 후보자 또는 그 배우자의 직계존비속과 형제자매나 후보자의 직계비속 및 형제자매의 배우자"를 말한다.

(4) 제3자

그리고 공선법은 위에서 말한 사람에 해당하지 않는 경우에도 누구든지 ① 당해 선거에 관하여 ② 후보자 또는 그 소속 정당을 위하여 기부 행위를 해서는 안 되는 것으로 규정하고 있다(법 §115).

예외 없는 원칙은 없다: 기부 행위 제한의 예외

공선법 제112조 제2항 각호는 제1항의 규정에도 불구하고 통상적인 정당 활동과 관련한 행위, 의례적 행위, 구호적·자선적 행위, 직무상의 행위 및 이에 준하는 행위로서 중앙선관위규칙으로 정하는 행위는 기부 행위로 보지 않는다고 규정하고 있다.

그리고 판례는 비록 법률에 규정되지 않은 경우라 하더라도 그것이 지극히 정상적인 생활 형태의 하나로서 역사적으로 생성된 사회질서의 범위 안에 있는 것이라고 볼 수 있는 경우에는 일종의 의례적 행위나 직무상의 행위로서 사회 상규에 위배되지 않아 위법성이 조각되는 것으로 판단하고 있다.

공선법은 다음의 경우를 기부 행위에 해당하지 않는 것으로 규정하고 있다. 실무상 매우 중요하므로 조문의 내용을 살펴보겠다.

통상적인 정당 활동과 관련된 행위(제1호)

금권 선거의 우려가 없는 통상적인 정당 활동과 관련된 행위가 이에 해당한다.

정당이 당의 운영 경비를 지원하거나 유급 사무직원에게 보수를 지급하는 행위, 정당의 당헌·당규 등에 의해 정당의 당원이 당비 기타 부담금을 납부하는 행위, 정당이 소속 국회의원, 이 법에 따른 공직선거의 후보자·예비후보자에게 정치자금을 지원하는 행위 등이 대표적인 예이다.

창당대회·당원 집회 및 당원 교육, 그 밖에 소속 당원만을 대상으로 하는 당원 집회에서 참석 당원 등에게 정당의 경비로 교재 및 그 밖의 정당 홍보 인쇄물, 싼 값의 정당 배지 또는 상징 마스코트나 통상적인 범위에서 차·커피 음료(주류는 제외)를 제공하는 행위나 통상적인 범위 안에서 선거 사무소·선거 연락소 또는 정당의 사무소를 방문하는 자에게 다과·떡·김밥·음료(주류는 제외) 등 다과류의 음식물을 제공하는 행위도 허용된다.

의례적 행위(제2호)

사회 상규상 의례적인 행위는 선거와 무관하게 이루어지는 것이므로 예외로 인정한다.

민법 제777조(친족의 범위)의 규정에 의한 친족의 관혼상제 의식, 기타 경조사에 축의·부의금품을 제공하는 행위, 친목회·향우회·종친회·동창회 등 각종 사교·친목 단체 및 사회단체의 구성원으로서 당해 단체의 정관·규약 또는 운영 관례상의 의무에 기하여 종전의 범위 안에서 회비를 납부하는 행위, 종교인이 평소 자신이 다니는 교회·성당·사찰 등에 통상의 예에 따라 헌금(물품의 제공을 포함함)하는 행위 등이 대표적인 사례이다.

선거운동을 위해 후보자와 함께 다니는 자나 국회의원·후보자·예비후보자가 관할 구역 안의 지역을 방문할 때 함께 다니는 자가 통상적인 범위에서 식사류의 음식물을 제공하는 행위, 의정 활동 보고회, 정책토론회, 출판기념회, 그 밖의 각종 행사에 참석한 사람들에게 통상적인 범위에서 차·커피 등 음료(주류는 제외)를 제공하는 행위 등도 허용된다.

구호적·자선적 행위(제3호)

이 역시 금권 선거의 우려가 없는 경우이므로 예외로 인정하되, 선거에 영향을 미칠 수 없도록 그 사유를 엄격히 제한한다.

법령에 의해 설치된 사회 보호시설 중 수용 보호시설에 의연금품을 제공하는 행위, 장애인복지법 제48조(장애인 복지시설)의 규정에 의한 장애인복지시설(유료 복지시설은 제외)에 의연금품·구호금품을 제공하는 행위, 국민기초생활보장법에 의한 수급권자인 중증 장애인에게 자선·구호금품을 제공하는 행위, 자선사업을 주관·시행하는 국가·지방자치단체·언론기관·사회단체 또는 종교단체, 그 밖의 국가기관이나 지방자치단체의 허가를 받아 설립된 법인 또는 단체에 의연금품·구호금품을 제공하는 행위 등이 대표적인 사례이다. 다만, 광범위한 선거구민을 대상으로 제공하는 경우 개별 물품 또는 그 포장지에 직명·성명 또는 그 소속 정당의 명칭을 표시하여 제공하는 행위는 제외한다.

직무상의 행위(제4호)

선거와 관계없이 통상적으로 이루어지는 직무상의 행위는 예외로 인정하되, 선거에 영향을 미칠 수 없도록 그 사유를 엄격히 제한하고 있다.

국가기관 또는 지방자치단체가 자체 사업 계획과 예산으로 행하는 법령에 의한 금품 제공 행위, 지방자치단체가 자체 사업 계획과 예산으로 대상·방법·범위 등을 구체적으로 정한 당해 지방자치단체의 조례에 의한 금품 제공 행위, 구호사업 또는 자선사업을 행하는 국가기관 또는 지방자치단체가 자체 사업 계획과 예산으로 당해 국가기관 또는 지방자치단체의 명의를 나타내어 행하는 구호 행위·자선 행위 등이 대표적인 사례이다.

국회의원 및 지방의회의원이 자신의 직무 또는 업무를 수행하는 상설 사무소에서 행하거나, 정당이 해당 당사에서 행하는 무료 민원 상담 행위, 변호사·의사 등 법률이 정하는 일정한 자격을 가진 전문 직업인이 업무 활동을 촉진하기 위해 자신이 개설한 인터넷 홈페이지를 통해 법률·의료 등 자신의 전문 분야에 대한 무료 상담을 해주는 행위, 후보자 또는 그 가족과 관계있는 회사가 영업 활동을 위해 달력·수첩·탁상 일기·메모판 등 홍보물(후보자의 성명이나 직명 또는 사진이 표시된 것을 제외함)을 그 명의로 종업원이나 제한된 범위의 거래처, 영업 활동에 필요한 유관 기관·단체·시설에 배부하거나, 영업 활동에 부가하여 해당 기업의 영업 범위에서 무료 강좌를 실시하는 행위 등도 마찬가지다.

제1호부터 제4호까지 외에 법령의 규정에 근거해 금품 등을 찬조·출연 또는 제공하는 행위(제5호)

위 각 호에 준하는 행위로서 중앙선거관리위원회규칙으로 정하는 행위(제6호)

아직 중앙선관위규칙으로 정한 예외적인 행위는 없었다.

앞서 살펴본 공선법 제112조 제2항의 '기부 행위로 보지 않는 행위'를 그림으로 표시하면 그림 2-1과 같다.

▶ 그림 2-1 기부 행위로 보지 않는 행위

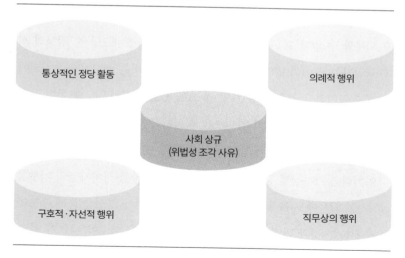

기부 행위 위반에 대한 법적 제재

공선법은 기부 행위가 후보자 등의 지지 기반을 조성하는 데 기여하거나 매수 행위와 결부될 가능성이 높아, 이를 허용할 경우 선거 자체가 후보자의 인물·식견 및 정책 등을 평가받는 기회가 되기보다는 후보자의 자금력을 겨루는 과정으로 타락할 위험성이 있어 이를 방지하기 위해 제112조 내지 제115조에서 기부 행위를 엄격히 제한하고, 이를 위반할 경우 형사처벌(법 §257)과 함께 당선 무효(§264, §265), 공무담임 등의 제한(§266) 등을 통해 강력히 제재하고 있다.

이것만 알면 대부분의 기부 행위 위반을 피할 수 있다

당비 대납 행위

정치자금법 제2조 제5항은 "누구든지 타인의 명의나 가명으로 정치자금을 기부할 수 없다"고 규정하고 있고, 같은 법 제4조 제2항은 "정당의 회계 책임자는 타인의 명의나 가명으로 납부된 당비는 국고에 귀속시켜야 한다"고 규정하고 있으며, 같은 법 제48조 제2호는 "제2조 제5항의 규정을 위반하여 타인의 명의나 가명으로 정치자금을 기부한 자"에 대해서는 200만 원 이하의 벌금형에 처하도록 규정하고 있다.

이처럼 정치자금법 등에서 가명 또는 차명을 통한 정치자금의 기부를 금지하고 있음에도 불구하고, 후보 예정자들은 당내 경선을 통해 후보자를 추천하는 것과 관련해 자신을 지지하는 당원을 확보할 필요가 있고, 그 때문에 당비를 대납하는 방법으로 자신을 지지하는 당원을 모집하고 싶은 유혹을 느끼게 될 가능성이 크다.

하지만 경선 과정에서의 지지자 매수를 위한 당비 대납 행위는 정당 제도의 근간을 흔드는 중대한 범죄행위로서, 경우에 따라서는 위법한 기부 행위로 당선 무효에 해당하는 형사처벌을 받게 될 가능성이 매우 높다.

당비 대납의 유형을 살펴보면 ① 당원을 모집하면서 일정 기간의 당비를 대납해주는 행위, ② 당원으로 하여금 당비를 납부하도록 한 후 당비 보전 명목으로 금품을 제공하는 행위, ③ 당원 모집 과정에서 강제 입당, ④ 입당과 당비 대납 과정에서 명의 도용 및 개인정보 유출 행위, ⑤ 기타 당원 모집을 하면서 당비 대납금 및 사례금 명목으로 금품·향응을 제공하는 행위 등으로 구분될 수 있다.

선거운동원에 대한 금품 지급과 기부 행위

대법원은 진정한 의미의 자원봉사자로 하여금 선거운동을 하게 한 후 금품을 제공했으나 제공하는 노무에 비해 비정상적으로 과다하게 대가를 지급하거나, 노무는 형식적으로 제공받고 대가만 지급하는 경우에는 기부 행위에 해당한다고 보았다.

반면 명목상 자원봉사자라고 부르더라도 처음부터 대가를 지급하기로 하고 선거운동을 할 사람을 모집하여 선거운동을 하게 하고 그 대가로 일당을 지급했다면 이는 진정한 의미의 자원봉사자가 아니라 일종의 유상 계약이며, 일당의 지급은 채무의 이행에 불과하여 기부 행위에 해당하지 않는 것으로 판단했다.

하지만 이 경우 자원봉사들이 명목만 자원봉사자이지 실질은 일당을 받고 선거운동을 한 것이라면 일당제 선거 사무원, 즉 유급 선거 사무원이라고 볼 여지가 있고, 그 인원수가 공선법 제62조(선거 사무 관계자의 선임) 제2항, 제63조(선거운동기구 및 선거 사무 관계자의 신고) 제1항의 선거 사무원 수 또는 교체 선임 선거 사무원 수를 초과했다면 제255조(부정선거운동죄) 제1항 제4호 또는 제256조(각종 제한 규정 위반죄) 제5항 제4호의 죄로 처벌될 수 있다.

한편 아무런 대가 약정 없이 선거운동을 한 후 기름값 명목으로 30만 원을 제공한 사안에서는 정당한 대가 관계에 의한 채무의 이행이라고 볼 수는 없다는 이유로 기부 행위에 해당한다고 판시하였다.

선거 공약이나 유세와 관련한 기부 행위

선거 사무소 외벽이나 선거 공보 등에 "자비를 들여 24인승 버스 2대를 전철역까지 운행하겠습니다"라는 선거 공약을 공표한 행위를 기부 행위의 의사 표시로 보거나, 유세장에서 "선거관리위원회에 기탁한 공탁금을 장학회 장학 기금으로 내놓겠다"는 발언도 기부 행위에 해당한다고 판단받은 사례가 있다.

장학금이나 표창 등과 관련한 기부 행위의 문제

중앙선관위는 정기적으로 각급 학교의 졸업식에서 모범 학생에게 상장과 통상적인 부상을 수여해온 자라고 할지라도 부상으로 50만 원의 장학금을 전달하는 것은 통상적인 범위를 벗어난다고 해석하고 있고, 장학재단이 각급 학교의 졸업식에서 정기적으로 장학금을 지급해온 경우 당해 장학재단의 명의로 지급하는 등 후보자가 되고자 하는 자인 장학재단 이사장 명의가 추정되지 아니하는 방법으로 장학금을 지급하는 행위는 무방하나, 국회의원이 장학금을 직접 수여하거나 장학금 수여식에서 격려사를 하는 행위는 '후보자가 되고자 하는 자의 명의를 추정할 수 있는 방법으로 장학금을 제공하는 행위'에 해당할 것이므로 기부 행위 제한을 위반한 것으로 해석하고 있다.

법원이나 선관위의 기본적인 태도는 그 이전부터 정기적으로 해오던 장학금 수여 행위를 종전과 다름없이 또는 종전의 범위 내에서 계속하는 것 자체는 기부 행위로 보기 어렵다. 하지만 그러한 장학금의 수여가 후보자가 장학금을 수여하는 것으로 추정될 수 있는 방법으로 이루어지거나 종전과 갑자기 변경된 내용으로 이루어지는 경우 등은 이를 기부 행위로 보아야 한다는 것으로 해석되고, 이러한 판단 기준은 각종 행사에 대한 찬조, 종교단체에 대한 헌금, 각종 회비의 납부 등에 있어서도 동일하게 적용된다.

지방자치단체장 등의 선심성 행정 행위와 기부 행위

지방자치단체장은 임기 중에 위문금품의 지급, 보조금의 지급, 장학금 지급, 교양 강좌 개설 등 다양한 선심성 행정 행위를 하고, 특히 선거 기간에 임박할수록 이러한 선심성 행정이 선거에 영향을 미치는 행위라는 논란에 휩싸이는 경우가 빈번하며, 그 사용과 관련해 어느 정도 재량이 부여돼 있다고 볼 수도 있는 업무 추진비의 사용이 자주 문제가 된다.

기본적으로 지방자치단체장은 당해 선거구 안에 있는 자나 기관·단체·시설 또는 당해 선거구 밖에 있더라도 그 선거구민과 연고가 있는 자나 기관·단체·시설에 기부 행위를 할 수 없는데(법 §113 ①), 이에 대해 지방자치단체장은 선거일 전 60일로부터 선거일까지 공선법에서 허용하고 있는 경우를 제외하고는 교양 강좌, 사업설명회, 공청회, 직능단체 모임, 체육대회, 경로 행사, 민원 상담 기타 각종 행사를 개최하거나 후원 행위를 하는 것을 금지하고 있다(법 §86 ② iv).

지방자치단체장의 선심성 행정 행위와 관련해서는 그것이 법 제112조 제2항 제4호의 각목에서 규정하고 있는 '직무상의 행위'에 포함되는 것인지에 대한 여부가 주로 문제된다. 즉 법 제112조 제2항 제4호 나목에서는 '지방자치단체가 자체 사업 계획과 예산으로 대상·방법·범위 등을 구체적으로 정한 당해 지방자치단체의 조례에 의한 금품 제공 행위'를 직무상의 행위로 보아 기부 행위에 해당하지 않는 것으로 규정하고 있다. 법원은 특히 업무 추진비의 집행과 관련해 위 규정에 따른 직무상의 행위로서 기부 행위에 해당하지 않기 위해서는 "그 금품 제공 행위와 관련된 자체 사업 계획과 예산과는 별도로 존재하는 법령 또는 조례에서 이를 직접적으로 뒷받침하고 있는 경우여야 하고, 단순히 자체 사업 계획에 의하여 예산을 그 편성 목적 및 절차에 따라 지출하였다는 것만으로는 위 조항에 의한 금품 제공 행위(직무상 행위)에 해당한다고 볼 수 없으므로 지방자치단체가 행하는 금품 제공 행위에 관하여 이를 직접적으로 뒷받침하는 별도의 법령이나 조례가 존재하지 않는 이상 어떠한 금품 제공 행위가 업무 추진비의 지출이라는 형식으로 이루어지고 이러한 업무 추진비가 그 편성 목적 및 절차에 따라 지출되었다는 이유만으로 그와 같은 금품 제공 행위를 직무상의 행위에 해당하여 기부 행위의 개념에서 제외된다고 할 수는 없다"고 판시하고 있다.

법원이나 선관위가 기부 행위에 해당하는 것으로 판단한 사례를 구체적으로 살펴보자.

기부 행위에 해당되는 사례

- 지방자치단체장이 군의 예산에 편성된 업무 추진비로 군 관내 경찰, 기자 등에게 사례금 명목으로 현금을 지급한 경우

  법령에 의한 금품 제공, 대상·범위·방법 등을 구체적으로 정한 조례에 의한 제공이나 의례적 행위라고 볼 수 없다는 이유로 기부 행위에 해당

- 시장이 지역신문 기자 2명에게 금품을 제공한 행위
- 지방자치단체의 사회복지시설 등에 대한 무상 근로 지원 또는 고용 인원에 대한 금품을 지원한 경우

  선거에 임박한 시기에 통상적인 범위를 넘어 실시 횟수·대상·지급 기준을 현저히 확대한 경우에 해당하여 기부 행위가 성립

- 지방자치단체장이 관행적으로 간담회를 열어 업무 추진비 지출 형식으로 참석자들에게 음식물을 제공한 행위

  법령이나 조례에 직접적인 근거가 없는 경우에는 기부 행위가 성립

- 도지사가 도정시책 홍보를 위한 방송사 특별대담 인터뷰에 따른 격려금으로 방송국 영상팀장에게 금품을 제공한 행위
- 공공단체가 아닌 각종 단체의 체육대회·등산대회·야유회 등의 사적 행사에 보조금을 지급하는 행위
- 지방자치단체의 후원을 받아서 행사를 개최하는 단체가 당해 지방자치단체장이 하는 것으로 추정할 수 있는 방법으로 경품·기념품을 제공하는 행위
- 지방자치단체의 사무 범위를 벗어나 해당 전문 분야에 대한 상담을 하게 하는 행위

- 지방자치단체가 주민자치위원의 해외 시찰 경비를 지원하는 행위

한편 법원이나 선관위가 법령·조례에 의한 행위 또는 구호·자선 행위 등으로 기부 행위에 해당하지 않는 것으로 판단한 사례도 구체적으로 살펴보자.

기부 행위에 해당하지 않는 사례

- 법령에 따른 보조금의 지급 행위
- 결식자·무의탁 노인·노숙자 등에게 지방자치단체의 명의로 무료 급식을 제공하는 행위
- 자원봉사자 교육 시 교육에 필요한 범위 안에서 교통 편의 및 숙식을 제공하는 행위(다만, 법 제86조 제2항 제4호에 따라 선거일 전 60일부터 선거일까지 교통 편의나 숙식 제공이 필요한 정도의 행사성 교육을 개최하는 것은 금지됨)
- 관내 노인들을 지역봉사지도원으로 위촉하고 동인들에게 국립수목원 시찰 및 간단한 중식·사우나 입장권을 제공하는 행위(서울고법 2006. 2. 16. 2005초기105 결정)
- 통·리·반장에게 수당을 지급하는 행위
- 지방자치단체장이 자체 관리 규정에 따른 소속 상근 인력에게 축·부의금을 지급하는 행위

위법성 조각 사유: 사회 상규에 위배되지 않는 행위

법원은 법률이 정한 기부 행위의 예외에 해당하지 않는 경우에도 그것이 지극히 정상적인 생활 형태의 하나로서 역사적으로 생성된 사회질서의 범위 안에 있는 일종의 의례적 행위나 직무상의 행위로서 사회 상규에 위배되지 않는 경우에는 기부 행위에 해당하지 않는 것으로 보고 있다.

다만, 법원은 위법성의 조각 사유를 인정하면서도 신중한 판단을 요한다고 판시하고 있으며, 실제로 법원은 선거에 영향을 미칠 수 있는 것으로 여겨지는 사건들에 있어서는 위법성 조각 사유를 쉽게 인정하지 않고 있다는 점을 유의해야 한다.

각종 행사와 관련해 제공 가능한 음식물의 종류를 그림으로 표시하면 그림 2-2와 같다.

▶ **그림 2-2 행사 관련 제공 가능한 음식물의 종류**

그림 2-2의 경우 통상적인 범위에서 1명에게 제공할 수 있는 음식물 또는 음료의 금액 범위는 ① 식사류는 1만 원 이하로, ② 다과류는

3,000원 이하로, ③ 음료는 1,000원 이하로 한다[공선법 관리규칙 §
50(기부 행위로 보지 아니하는 행위 등) ⑥].

02 | 매수 및 이해 유도죄

매수 및 이해 유도죄란 무엇인가

입법의 취지

공선법 제230조는 매수 및 이해 유도죄라는 제목으로 선거 관계자에 대한 매수 행위를 처벌하는 규정을 두고 있다.

넓은 의미에서는 기부 행위도 선거 관계자에 대한 매수에 해당한다고 볼 수 있을 것인데, 공선법은 특히 선거와 관련해 특정한 목적을 갖고 선거 관계자를 매수하는 행위에 대해 이를 매수 및 이해 유도죄라는 별도의 죄명으로 더욱 엄한 처벌을 하도록 규정하고 있다. 매수 및 이해 유도죄와 기부 행위 금지 위반죄는 개인의 자유로운 의사결정에 의해 행해져야 할 선거에서 부정한 경제적인 이익 등으로 개인의 자유의사를 왜곡시키는 행위를 처벌함으로써 선거의 공정성을 확보하기 위한 규정이다.

매수 및 이해 유도죄는 후보자 확정 전이나 선거일 확정 전이라도 성립할 수 있고, 선거일 이후에도 공선법 제268조에 정해진 공소시효 만료일 전까지는 성립할 수 있으며, 선거운동의 목적 달성 여부나 금전 제공의 효과 유무는 죄의 성립에 영향이 없다.

기부 행위금지 위반죄와의 관계

매수 및 이해 유도죄는 기부 행위 금지 위반죄와 그 행위 유형은 유사하나 투표를 하게 하거나 하지 않게 하거나, 당선되거나 되게 하거나 되지 못하게 할 목적 또는 선거운동에 이용할 목적을 주관적 구성 요건으로 하고 있는 목적범이라는 점에서 차이가 있다.

매수죄

의의

특정인의 당락이나 자유로운 투표 의사에 영향을 미칠 목적으로 선거인, 다른 정당이나 후보자의 선거운동 관계자, 참관인 등을 경제적인 이익 등을 이용하여 매수하는 행위를 말한다.

구성 요건

(1) 주체

매수죄의 주체에는 아무런 제한이 없고 누구라도 주체가 될 수 있다.

(2) 상대방

매수죄의 상대방은 선거인, 다른 정당이나 후보자의 선거 사무장·선거 연락소장·선거 사무원·회계 책임자·연설원 또는 참관인이다.

1) 선거인

일반적으로 '선거인'이라 함은 선거권이 있는 자로서 선거인 명부에 올라 있는 자를 말하지만, 매수 및 이해 유도죄에 있어서 선거인은 선거인 명부 작성 전에는 다가올 선거인을 기준으로 할 때 그 선거인 명부에 오를 자격이 있는 자를 포함한다.

일반적으로 지역구 국회의원, 지방자치단체의 장 또는 지방의회의원 선거의 경우 선거구 내의 선거인만을 의미한다고 볼 것이나, 대통령 선거 또는 비례대표 국회의원 선거의 경우에는 선거구에 제한 없이 모든 선거인을 의미한다고 할 것이다.

2) 다른 정당이나 후보자의 선거 사무장·선거 연락소장·선거 사무원·회계 책임자·연설원 또는 참관인

(3) 행위

금전·물품·차마·향응, 그 밖에 재산상의 이익이나 공사의 직을 제공하거나, 그 제공의 의사 표시를 하거나, 그 제공을 약속하는 것이다.

1) 금전·물품·차마·향응, 그 밖에 재산상의 이익

금전·물품의 다과나 종류는 불문한다. '차마'는 교통 편의를 말하며, '향응'은 음식물로 접대하는 것은 물론 그 이외에 위안이나 쾌락을 주는 모든 행위를 포함한다.

2) 공사의 직

상근·비상근을 불문하고, 노력의 제공으로 일정한 반대급부를 받을 수 있는 직장에서의 일정한 자리를 말한다. 직위나 직무가 특정될 필요는 없고, 의회의 동의나 선출 절차가 요구되는 직위라도 기대 가능성이 있으면 무방하다.

판례는 투표 입회인, 지구당 여성부장, 재개발조합장, 동 방위협의회 회장이 매수죄에 있어서의 공사의 직에 해당한다고 판시하고 있다.

직접 채용 권한이 있는 경우는 물론 그 권한이 없는 경우에도 사회 통념으로 보아 상대방으로 하여금 위 직무에 취임하는 것을 기대할 수 있는 경우에는 본죄가 성립한다.

(4) 주관적 구성 요건

매수자에게 상대방으로 하여금 투표를 하게 하거나 하지 않게 하거나, 당선되게 하거나 되지 못하게 할 목적이 있어야 본죄가 성립한다. 즉 타인의 투표 의사에 영향을 미치거나 자신 또는 타인의 당락에 영향을 미칠 목적이 있어야 한다. 이 부분이 기부 행위 금지 위반죄와의 가장 큰 차이라고 할 수 있다.

금품 등을 제공받은 당해 선거인의 투표 행위에 직접 영향을 미칠 목적으로 금품 등을 제공하는 경우에만 성립하는 것이 아니라 금품 등을 제공받은 선거인으로 하여금 타인의 투표 의사에 영향을 미치는 행위나 특정 후보자의 당락에 영향을 미치는 행위를 하게 할 목적으로 금품 등을 제공하는 경우에도 성립한다.

이해 유도죄

의의

공선법 제230조 제1항 제2호, 제3호에서는 선거운동에 이용할 목적으로 각종 단체나 모임 등에 금품 등을 제공하는 행위를 처벌하고 있는데, 이를 이해 유도죄라고 한다.

본죄는 선거운동에 이용할 목적으로 공공기관이나 각종 단체 또는 모임에 금품을 제공하는 등으로 그 이해를 유도하는 행위를 처벌함으로써 공명한 선거를 보장하기 위한 규정으로, 선거에 있어서의 부정부패 소지를 근원적으로 제거할 목적으로 제정된 것이다. 기관·단체·집회·모임 등을 대상으로 선거운동에 이용될 우려가 있는 행위를 금지하는 것이라는 점에서 특정 개인에 대한 직접적인 매수 행위를 처벌하는 매수죄와 차이가 있다.

구성 요건

(1) 주체

매수죄와 마찬가지로 아무런 제한이 없다. 후보자나 그 선거운동 관계자는 물론 제3자도 본죄의 주체가 될 수 있다.

(2) 상대방

학교나 그 밖에 공공기관·사회단체·종교단체·노동단체·청년단체·여성단체·노인단체·재향군인단체·씨족단체 등의 기관·단체·시설 및 야유회·동창회·친목회·향우회·계모임, 기타 선거구민의 모임이나 행사 등이다.

1) 기관·단체·시설

명칭 여하를 불문하고 일반적으로 일정한 공동 목적을 가진 다수인의 계속적인 조직을 뜻하며, 법인격 유무는 불문한다. 중앙기관이나 본부뿐만 아니라 산하 기관이나 지부 조직도 포함되며, 행정기관이나 지방자치단체 등도 포함된다.

2) 선거구민의 모임이나 행사

선거구민의 모임이나 행사는 일정한 공동 목적을 가진 다수인의 일시적인 집합을 의미한다. 선거구민의 모임이나 행사와 관련해 기관 등의 구성원도 선거구민이어야 하는지에 관한 문제가 있을 수 있을 것이나, 제2호에서는 선거구민과 같은 용어가 없고, 기관 등은 그 구성원들이 선거구민인지 여부보다는 단체 자체의 영향력이 문제될 수 있다는 점 등을 고려하면 기관 등이 반드시 선거구민들을 구성원으로 하여 조직될 필요는 없다. 선거구민 모임인지 여부는 모임이나 행사의 성격, 주최자와 주최 목적, 구성원의 분포 등을 종합적으로 고려하여 판단되어야 할 문제이지 반드시 참여자 전원이 선거구민이어야 하는 것은 아니다.

(3) 행위

금전·물품 등 재산상의 이익을 제공하거나 그 제공의 의사를 표시하거나 그 제공을 약속하는 행위다. 법문에 기재된 금전이나 물품 등은 재산상의 이익의 예를 기재한 것에 불과하고, 금전이나 물품에 해당하지 않는 경우에도 재산상의 이익으로 인정될 수 있는 경우에는 모두 포함이 된다고 해석된다.

선거운동 관련 이익 제공 금지 규정 위반죄

의의

본죄는 선거법에 규정된 수당과 실비 외의 선거운동 관련 수당·실비, 기타 자원봉사에 대한 보상 등 명목 여하를 불문하고 선거운동과 관련한 금품의 지급 등을 금지함으로써 선거의 공정성을 실현하기 위해 마련된 규정이다. 대법원은 "본 조항에 의한 제한은 선거운동의 자유와 공정을 보장하기 위한 제도적 장치로서의 의미를 가질 뿐만 아니라 폐해 방지를 위하여 선거운동과 관련한 이익 제공을 금지하는 것으로 '선거운동과 관련하여'라는 전제하에서 그 제한이 이루어지며, 그 제한은 선거운동 방법의 전반에 대한 전면적인 제한이 아니라 선거운동과 관련하여 금품 등 재산상의 이익을 제공하는 경우에만 국한되는 부분적인 제한에 불과하므로 위헌이라고 볼 수 없다"고 판시하였고, 헌법재판소도 합헌으로 결정하였다.

구성 요건

(1) 주체

주체에는 아무런 제한이 없다.

(2) 상대방

상대방 역시 아무런 제한이 없다.

수당과 실비를 지급받을 수 있는 선거 사무 관계자라고 하더라도 법정 한도를 초과하여 실비를 지급하거나 추가적인 다른 경제적 이익을 제공하거나 약속하는 경우 본죄가 성립된다는 점에 유의해야 한다. 판례는 "제230조 제1항 제4호에 의하여 처벌되는 범죄행위에 있어서 행위의 상대방에 대하여는 아무런 제한이 없는 것으로서, 선거 사무장 등에 대한 공직선거관리규칙이 정한 수당과 실비 이외의 금품 제공은 물론 그 이외의 자에 대한 선거운동과 관련한 어떠한 명목의 금품 제공도 모두 제135조 제3항에 위배되는 것으로서 제230조 제1항 제4호에 의하여 처벌된다"고 판시하고 있다.

(3) 행위

수당·실비, 기타 자원봉사에 대한 보상 등 명목 여하를 불문하고 선거운동과 관련하여[6] 금품 및 기타 이익을 제공하거나 그 제공의 의사를 표시하거나 그 제공을 약속하는 것이다. 여기서도 금품은 재산상 이익의 예시에 불과한 것으로서 후보자로 공천, 공사의 직 제공 등도 이익에 해당한다고 해석된다.

다만, 이익 제공의 의사 표시 또는 약속은 사회 통념상 쉽게 이를 철회하기 어려울 정도로 당사자의 진정한 의지가 담긴 것으로서 외부적·객관적으로 나타나는 정도에 이르러야 하고, "좋은 결과가 있으면 앞으로도 함께 일해보자"는 등 단순히 의례적·사교적 덕담이나 정담 또는 상대방을 격려하기 위한 인사치레의 표현까지 의사 표시나 약속에 해당한다고 보기는 어렵다.

판례에서 선거운동 관련 이익 제공 금지 위반으로 인정된 사례를 구체적으로 살펴보자.

- 정당 활동비 명목으로 금품을 지급받은 동책이 후보자를 홍보하고, 지지를 유도하는 활동을 한 경우
- 의정 활동 보고서 배부의 대가 명목으로 부녀자 42명에게 일당 3만 원을 지급했으나 의정 활동 보고서의 배포가 선거일을 불과 20일 앞둔 시점에 집중적으로 행해졌고, 고용된 부녀자들은 모두 선거구의 유권자들이고 그 숫자도 적지 않았으며, 후보자가 위 부녀자에게 지지를 부탁한 경우
- 국회의원 선거 후보자가 미신고 선거운동원에게 선거운동을 하면서 발생한 신용카드 대금을 변제하라며 140만 원을 제공한 경우, 국회의원 선거 후보자가 미신고 선거운동원에게 선거운동으로 인한 노고를 위로하고 선거운동에 관한 상의를 하기 위해 함께 술을 마신 후 술값으로 3만 원이 나왔음에도 불구하고 술값을 내라며 20만 원을 교부한 경우
- 국회의원 선거 후보자가 미신고 선거운동원에게 자녀의 등록금에 보태라며 100만 원을 교부했으며 그 전에는 정기적으로 등록금을 지원한 적이 없고 위와 같이 교부한 돈이 실제로도 자녀의 등록금으로 사용되지 않은 경우
- 국회의원 의정 활동 보조를 명목으로 채용된 사람이 실질적으로는 다가올 선거에서 입후보하려는 그 국회의원을 홍보하기 위해 사조직을 설립·운영하는 업무를 수행한 경우
- 후보자를 위해 연예인을 동원하여 선거운동을 하고 그 대가로 연예인에게 금품을 지급한 경우

- 자치단체장 후보자의 핵심 측근으로부터 후보자를 위해 선거운동을 도와달라는 부탁을 받고 이를 승낙하면서 불우이웃 돕기를 위해 사과 20상자를 제공해달라고 부탁하여 이를 제공받은 경우
- 선거일로부터 약 6개월을 남긴 시점에서 홍보물 및 명함을 배부한 행위에 대한 대가로 금품을 지급한 경우
- 선거운동 사무원으로 등록하지 않고 후보자의 차량 운전 및 선거운동용 SNS에 업로드할 사진 촬영 등의 업무를 담담하는 소외 '수행비서'로 일한 것에 대해 대가를 지급하는 경우

한편 본조에서 선거운동은 소정의 공직선거에서의 당선 또는 낙선을 위한 행위를 말하는 것으로서, 공직선거에 출마할 정당 추천 후보자를 선출하기 위한 당내 경선에서의 당선 또는 낙선을 위한 행위는 여기에 해당하지 않으므로 그와 관련한 금품 및 기타 이익의 제공을 받은 경우에는 다른 법령 위반은 별론으로 하고 본조로는 처벌할 수 없다.

다만, 당내 경선에서의 당선 또는 낙선을 위한 행위라는 명목이지만 실질적으로는 소정의 공직선거에서 당선 또는 낙선을 위한 행위를 하는 것으로도 평가할 수 있는 경우에는 본조가 적용될 수 있다는 점에 유의해야 한다. 한편 당내 경선과 관련해 당원 등 매수 금지 규정 등을 위반한 자는 공선법 제230조 제7항에 의해 3년 이하의 징역 또는 1천만 원 이하의 벌금에 처한다.

위법성 조각 사유

판례는 후보자의 회계 책임자가 자원봉사자인 후보자의 배우자·직계혈

족, 기타 친족에게 식사를 제공하는 행위는 지극히 정상적인 생활 형태의 하나로서, 역사적으로 생성된 사회질서의 범위 안에 있는 것이므로 사회 상규에 위배되지 않으므로 위법성이 조각되는 것으로 판단하고 있다.

탈법 방법에 의한 문자 전송 등 관련 이익 제공 금지 생활 형태

의의

공선법에서 허용되지 않는 방법으로 인터넷 게시판 등에 문자·동영상 등을 게시하거나 이메일, 휴대전화의 문자메시지를 전송하게 하고 그 대가로 금품 등을 제공하는 경우를 처벌하기 위한 규정이다.

공선법 제93조 제1항은 선거일 전 180일 이전부터 선거일까지 선거에 영향을 미치게 하기 위해 후보자를 지지·추천하거나 반대하는 내용이 포함돼 있는 등의 광고나 문서 등을 배부 행위를 금지하고 있으나, 본죄는 선거에 영향을 미칠 목적으로 인터넷이나 휴대전화 등 정보통신망을 이용하여 문자나 화상 등을 게시·전송하게 하고, 그에 대한 대가로 금품이나 기타 이익을 제공하는 경우를 처벌하는 규정이라는 점에서 차이가 있다.

구성 요건

(1) 주체

본죄의 주체에는 아무런 제한이 없다. 후보자나 선거운동 관계자에 한하지 않고, 선거권이나 피선거권이 있는지 여부도 문제되지 않는다.

다만, 후보자가 선거운동 관계자 등에게 탈법 방법에 의한 문자 전송 등의 대가로 금품을 제공하는 경우, 본죄와 더불어 공선법 제230조 제1항 제4호(선거운동 관련 이익 제공 금지 규정 위반)의 죄 역시 동시에 성립할 것이다.

(2) 상대방

본죄의 상대방 역시 제한이 없다. 선거운동원, 자원봉사자 등 선거 사무 관계자가 아니더라도 본죄의 상대방이 될 수 있다.

(3) 행위

선거에 영향을 미치게 하기 위하여[7] 이 법에 따른 경우를 제외하고 문자·음성·화상·동영상 등을 인터넷 홈페이지의 게시판·대화방 등에 게시하거나 전자우편·문자메시지로 전송하게 하고 그 대가로 금품이나 그 밖의 이익을 제공하거나 제공의 의사 표시를 하거나 약속하는 행위다. 행위의 핵심은 금품이나 기타 이익의 제공에 있는 것으로서, 이 법에 따른 행위를 하는 경우에 있어서도 그에 대한 대가로 금품 등을 제공하는 경우에는 본죄가 성립하게 된다.

투표 참여 권유 행위 대가 이익 제공 금지 규정 위반죄

의의

공선법 제58조의2는 일정한 경우를 제외하고는 투표 참여 권유 활동을 허용하고 있는데, 본죄는 타인으로 하여금 공선법에서 허용되지 않는 방법으로 투표 참여를 권유하는 행위를 하도록 한 후 그에 대한 대가를 지급하는 행위를 처벌하기 위한 것이다.

구성 요건

(1) 주체

아무런 제한이 없다. 후보자나 선거운동 관계자에 한하지 않고, 선거권이나 피선거권의 유무도 문제되지 않는다.

(2) 상대방

아무런 제한이 없다. 선거운동원이나 자원봉사자 등 선거 사무 관계자가 아니더라도 본죄의 행위의 상대방이 될 수 있다.

(3) 행위

정당의 명칭 또는 후보자의 성명을 나타내거나 이를 유추할 수 있는 내용으로 투표 참여를 권유하는 행위를 하게 하고 그 대가로 금품이나 그 밖의 이익 제공, 의사 표시 또는 약속하는 것이다.

따라서 정당의 명칭 또는 후보자의 성명을 나타내지 않거나 이를 유추할 수 없는 내용으로 투표 참여를 권유하게 하는 행위에 대해 대가를 지급하는 경우에는 그 대가로 금품을 제공한다고 하더라도 본죄가 성립하지는 않는 것으로 볼 것이다. 그리고 정당의 명칭 또는 후보자의 성명을 나타내거나 이를 유추할 수 있는 방법으로 투표 참여를 권유하게 하더라도 그에 대한 대가가 지급되지 않았다면 역시 본죄로는 처벌할 수 없다.

매수를 받는 죄

의의

공선법은 매수자만 처벌하는 것이 아니라 매수를 당한 사람도 처벌하고 있다. 즉 공선법 제230조 제1항 제1호 내지 제6호는 매수 또는 이해를 유도한 자를 처벌하도록 규정하면서 제7호에서는 매수를 받는 사람도 처벌되도록 규정하고 있다.

구성 요건

(1) 주체

공선법 제230조 제1항 제1호 내지 제6호에 규정된 행위의 상대방이 본죄의 주체이다. 제2, 3호의 상대방은 기관·단체·시설이나 모임·행사로 규정돼 있어 처벌 대상이 누구인지 의문이 있을 수 있으나, 그 경우 위 기관이나 모임 등을 대표하여 이익을 제공받은 사람을 위반 행위의 주체로 보면 될 것이다.

(2) 행위

제1호부터 제6호까지 규정된 이익이나 직을 제공받거나 제공의 의사표시를 승낙하는 것이다. 다만, 제공받은 이익의 정도가 100만 원 미만일 경우에는 형사처벌이 아닌 과태료 부과 대상이 된다(법 §261 ⑨ ii).

재산상 이익 목적 매수 및 이해 유도죄

의의

본죄는 재산상의 이익을 도모할 목적으로 선거인 등을 매수하거나 이해 유도하는 행위 또는 그러한 행위를 할 것을 지시·권유·요구 또는 알선하는 행위 등을 가중처벌하는 규정으로 주로 선거 브로커 등의 악질적인 매수 중개 행위를 처벌할 목적으로 규정된 것이다. 본죄는 재정 신청의 대상이 되는 중대 선거범죄다.

구성 요건

(1) 주체

본죄의 주체에는 아무런 제한이 없다.

(2) 상대방

본죄의 상대방은 선거인·선거 사무장·선거 연락소장·선거 사무원·회계 책임자·연설원 또는 참관인이다.

(3) 행위

정당 또는 후보자를 위하여 제230조 제1항 각호의 어느 하나에 해당하는 행위를 하거나(법 §231 ① i), 제1호에 규정된 행위의 대가로 또는 그 행위를 하게 할 목적으로 금전·물품, 그 밖에 재산상의 이익 또는 공사의 직을 제공, 제공의 의사 표시 또는 약속하거나(§231 ① ii), 제1호에 규정된 행위의 대가로 또는 그 행위를 약속하고 제2호에 규정된 이익 또는 직을 제공받거나 그 제공의 의사 표시를 승낙하는 것이다(§231 ① iii).

'정당 또는 후보자를 위하여'라 함은 공직선거에서 당선이나 기타 선거상 이득이 되게 하기 위함을 말하므로 오로지 행위자 자신만을 위한다든지 선거와 아무런 관련이 없이 하는 경우 등은 이에 해당하지 않는다. 그리고 제230조 제1항 각호에서 규정한 목적은 역시 본죄에 있어서도 구성 요건에 해당한다고 할 것이다.

후보자에 대한 매수 및 이해 유도죄

의의

금전이나 기타 이익의 제공을 통해 입후보와 관련된 사전·사후의 매수 행위를 하거나 이를 지시·알선·요구·권유하거나 매수 행위를 받아들이는 자를 처벌하여 공정한 피선거권의 행사 및 그 불가매수성을 보장하기 위한 규정이다. 본죄 역시 재정 신청의 대상이 되는 중대 선거범죄의 하나이다.

구성 요건

(1) 주체
아무런 제한이 없다.

(2) 상대방

1) 제1항 각호 전단의 상대방

후보자가 되고자 하는 자나, 후보자(제1항 제1호) 및 후보자가 되고자 했던 자나, 후보자였던 자(제1항 제2호)이다.

2) 제1항 각호 후단의 상대방

상대방은 제한이 없으며, 제2항은 경우에 따라 제1항 각호 전단의 상대방만이 되거나 혹은 어느 누구라도 상대방이 될 수 있다.

(3) 행위

① 후보자가 되지 않게 하거나 후보자가 된 것을 사퇴하게 할 목적으로 후보자가 되고자 하는 자나 후보자에게 제230조(매수 및 이해 유도죄) 제1항 제1호에 규정된 행위를 한 자 또는 그 이익이나 직의 제공을 받거나 제공의 의사 표시를 승낙한 자, ② 후보자가 되고자 하는 것을 중지하거나 후보자를 사퇴한 데 대한 대가를 목적으로 후보자가 되고자 했던 자나 후보자였던 자에게 제230조 제1항 제1호에 규정된 행위를 한 자 또는 그 이익이나 직의 제공을 받거나 제공의 의사 표시를 승낙한 자를 처벌하는 것인데, 제230조 제1항 제1호에 규정된 행위는 금품 등을 제공하거나 제공의 의사 표시를 하거나 제공하는 약속을 하는 것을 말한다.

당선인에 대한 매수 및 이해 유도죄

의의

당선인으로 하여금 당선을 사퇴하게 할 목적으로 당선인을 매수하거나 당선인이 매수받는 행위 또는 이를 지시·권유·요구 또는 알선하는 행위를 처벌함으로써 당선의 불가매수성을 보장하고, 선거 결과의 공정한 유지를 도모하기 위한 규정이다. 이 역시 재정 신청의 대상이 되는 중대 선거범죄의 하나이다.

구성 요건

(1) 주체

아무런 제한이 없다. 다만, 이익을 제공받은 것을 처벌하는 제233조 제1항 제2호의 경우는 당선인이 그 주체가 된다.

(2) 행위의 상대방

제233조 제1항 제1호의 경우는 당선인이 행위의 상대방이 되고, 제233조 제1항 제2호의 경우는 누구든지 제한이 없다. 여기서 당선인이란 제187조 내지 제191조에 의해 선관위에서 당선인으로 결정된 사람을 말하며, 이미 임기를 시작한 대통령이나 국회의원 등은 당선인의 신분에 있다고 볼 수 없다.

(3) 행위

금전·물품·차마·향응, 기타 재산상의 이익 또는 공사의 직을 제공하거나 그 제공의 의사를 표시하거나 그 제공을 약속하는 행위(제1항 제1호), 제1호에 규정된 이익 또는 직을 제공받거나 그 제공의 의사 표시를 승낙하는 행위(제1항 제2호), 이를 지시·권유·요구·알선하는 행위(제2항)이다.

당선 무효 유도죄

의의

공선법에는 후보자 자신의 위법행위로 인해 당선 무효가 될 수 있는 것에서 더 나아가 선거 사무장, 회계 책임자 등 주요 직책에 있는 사람들이 선거비용의 초과 지출, 매수 및 이해 유도, 당선 무효 유도 또는 기부 행위 등으로 인해 일정 수준 이상의 형사처벌을 받게 될 경우 후보자의 당선이 무효가 되도록 규정함으로써 당해 후보자 측의 주요 직책에 있는 자들의 주요 범죄행위에 대해 그 후보자에게까지 책임을 지도록 하고 있다.

그런데 그러한 경우에도 후보자 측의 주요 직책에 있는 사람들의 위법행위가 제3자의 유도 또는 도발에 의해 당해 후보자의 당선을 무효로 되게 하기 위해 행해진 때에는 당선 무효가 되지 않도록 규정하고 있는바(법 §263 및 §265 각 단서), 이는 자기의 선거 사무장 등이 상대방 후보 측 등과 결탁하여 자기 측 후보자의 당선을 무효로 하게 하기 위해 고의로 위와 같은 행위를 할 경우를 상정할 수 있고, 그러한 경우까지 후보자에게 책임을 지우는 것은 부당하기 때문이다. 본죄는 위 규정들에 대응하여 선거 사무장 등이 고의로 선거비용을 초과 지출하거나 매수 및 이해 유도 등의 행위를 하도록 유도 또는 도발하는 자를 처벌하기 위해 마련된 규정이다.

다만, 현행법상으로는 제3자의 유도 행위로 인한 것이 아닌 선거 사무장 등의 자의적인 배신 행위로 선거비용 등의 초과 지출로 인하여 처벌을 받게 되는 경우에는 여전히 후보자는 당선 무효가 될 수도 있다는 점에 유의해야 한다. 따라서 후보자는 선거 사무장, 회계 책임자 등 주요 인사를 선임함에 있어 각별히 유의해야 한다.

구성 요건

(1) 주체

주체에는 아무런 제한이 없다.

(2) 행위의 상대방

유도 또는 도발 행위의 상대방은 선거비용 초과 지출의 경우는 '선거 사무장 또는 선거 사무소의 회계 책임자'이고, 매수 및 이해 유도·기부 행위의 경우 '선거 사무장·선거 사무소의 회계 책임자 또는 후보자의 직계 존비속 및 배우자'이다.

(3) 행위

1) 유도·도발

'유도'란 일정한 사항에 대해 상대방의 결의를 촉구하거나 이미 품고 있는 의사를 확실하게 하는 것을 목적으로 하는 행위를 말하는 것으로서 형법상의 '교사'와 유사한 개념이다.

'도발'은 상대방의 의사를 자극·유발해서 결의를 시키거나 또는 이것을 확실하게 하는 것으로 유도보다도 적극적인 행위를 의미한다.

유도 또는 도발은 직접적으로 동기를 부여하는 경우뿐만 아니라 불리한 정보를 전파하여 상황 판단을 잘못하게 하고 이에 의해 범죄행위를 유발시키는 것과 같이 간접적으로 동기를 부여하는 행위도 포함된다.

유도 또는 도발과 매수죄 등의 수행과의 사이에는 인과관계가 있어야한다.

2) 선거비용 초과 지출, 매수 및 이해 유도, 기부 행위

행위 주체의 유도 또는 도발을 받은 상대방이 선거비용 초과 지출(법 § 258 ①), 매수 및 이해 유도(§230 내지 §233), 기부 행위(§257 ①)에 나아가야하고, 이는 유도 또는 도발과 인과관계가 있어야 한다.

그리고 제258조 제1항의 경우는 후보자의 당선 무효 사유에 해당하는 제258조 제1항 제1호만을 의미한다고 볼 것이다.

(4) 주관적 구성 요건

본죄는 제263조(선거비용의 초과 지출로 인한 당선 무효) 또는 제265조(선거사무장 등의 선거범죄로 인한 당선 무효)에 해당하여 후보자의 당선을 무효로되게 할 목적이 있어야 하는 목적범이다. 이러한 목적은 유도 또는 도발행위를 하는 사람에게 있으면 되고, 그 상대방에게까지 이러한 목적을 요구하는 것은 아니다.

기수 시기

범죄의 기수 시기를 유도 또는 도발 행위 시점을 기준으로 할 것인지, 아니면 상대방의 선거비용 초과 지출 등의 행위 시점을 기준으로 할 것인지논란이 있을 수 있으나, 법문상 '행위를 하게 한 자'라고 규정돼 있음을 고려한다면 상대방이 선거비용 초과 지출 등의 행위를 실제로 완료한 시점을 기준으로 기수 여부를 판단해야 할 것이다.

기타 매수 행위 관련 범죄

(1) 선거운동 목적 방송·신문 등 매수죄

선거운동을 위해 방송·신문·통신·잡지, 기타의 간행물을 경영·관리하는 자 또는 편집·취재·집필·보도하는 자에게 금품·향응, 기타의 이익을 제공하거나 제공할 의사의 표시 또는 그 제공을 약속한 경우에는 처벌된다. 선거운동을 위한 목적이 있어야 하는 목적범이고, 선거법상의 선거운동 기간인지 여부는 본죄의 성립에 지장이 없다.

(2) 보도·논평 등 관련 방송·신문 등 매수죄

정당, 후보자, 후보자의 주요 직책 담당자 등 후보자와 일정한 관계가 있는 개인이나 회사 등은 선거에 관한 보도·논평이나 대담·토론과 관련해 당해 방송·신문·통신·잡지, 기타 간행물을 경영·관리하거나 편집·취재·집필·보도하는 자 또는 그 보조자에게 금품·향응, 기타 이익을 제공하거나 제공할 의사의 표시 또는 그 제공을 약속해서는 안 되고, 이를 위반할 경우 형사처벌된다. 본죄가 성립하기 위해서는 선거에 관한 보도·논평이나 대담·토론과 관련해 금품의 제공 등이 있어야 하고 만일 관련성이 없다면 본죄는 성립하지 않는다.

(3) 언론매체 종사자의 매수를 받는 죄

앞에서 말한 선거운동 목적 방송·신문 등 매수죄(법 §235 ①, §97 ①), 보도·논평 등 관련 방송·신문 등 매수죄(§235 ②, §97 ②)의 상대방을 처벌하기 위한 규정이다. 본죄의 주관적 구성 요건으로는 상대방이 '선거운동을 위하여', '선거에 관한 보도·논평이나 대담·토론과 관련하여' 금품 등을 제공하는 것이라는 점에 대한 인식을 요한다. 본죄는 위와 같은 명목으로 금품을 수수하면 바로 실행 행위가 완료되고, 더 나아가 실제로 상대방이 요구한 내용의 방송 등을 했는지 여부는 본죄의 성립에 영향이 없다.

03 │ 정치자금 및 선거회계

정치자금 및 선거회계 준비

정치자금의 개요

(1) 무엇이 정치자금이고, 무엇이 선거비용인가

현대 국가에 이르러 정치 활동이 고도로 조직화돼감에 따라 불가피하게 정치 활동에 필요한 비용도 증가되고 있다. 헌법 제116조 제1항은 선거운동 법정주의와 기회균등 원칙을 천명하고, 같은 조 제2항에서는 "선거에 관한 경비는 법률이 정하는 경우를 제외하고는 정당 또는 후보자에게 부담시킬 수 없다"고 규정하고 있다. 현실적으로 정치자금 조달은 정치 활동을 위해 필요하기도 하지만, 그 자체로 정당 또는 정치인의 중요한 정치 활동 중의 하나이기도 하다. 특히 선거에서 예비후보자나 후보자에게 정치자금과 선거비용은 불가분의 관계가 있다고 할 것이나 양자가 동일한 것은 아니다.

여기서 '정치자금'이란 무엇일까?

정치자금이란 당비, 후원금, 기탁금, 보조금과 정당의 당헌·당규 등에서 정한 부대 수입, 그 밖의 정치 활동을 위해 정당(중앙당창당준비위원회를 포함함), 공직선거의 후보자가 되려는 사람, 후보자 또는 당선된 사람, 후원회·정당의 간부 또는 유급 사무직원, 그 밖에 정치 활동을 하는 사람에게 제공되는 금전이나 유가증권 또는 그 밖의 물건과 상기에 열거된 사람(정당 및 중앙당창당준비위원회를 포함함)의 정치 활동에 소요되는 비용을 말한다(정치자금법 §3).

그러면 '선거비용'이란 무엇일까?

선거비용이란 해당 선거에서 선거운동을 위해 소요되는 금전·물품 및 채무, 그 밖에 모든 재산상의 가치가 있는 것으로서 해당 후보자(후보자가 되려는 사람 및 비례대표 국회의원 선거의 경우 그 추천 정당을 포함함)가 부담하는 비용 중에서 해당 선거에서 선거운동을 위해 소요되는 금품 등 그 후보자가 부담하는 비용, 후보자가 공선법에 위반되는 선거운동을 위해 지출한 비용과 기부 행위 제한규정을 위반하여 지출한 비용 등을 말한다(법 §119 ①).

이 경우 정치자금과 선거비용은 서로 어떤 관계일까?

선거비용은 정치자금에 포함되며, 후보자는 관할 선관위가 공고한 선거비용 제한액 범위 안에서 선거비용을 사용해야 한다. 이에 대한 구체적인 세부 내용은 제2부 제1장 4절의 '선거비용과 선거비용 외 정치자금' 부분의 구별을 참조하기 바란다.

정치자금과 선거비용의 상호 관계를 그림으로 표시하면 그림 2-3과 같다.

▶ 그림 2-3 정치자금과 선거비용의 상호 관계

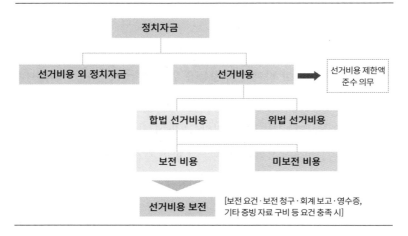

▶ 표 2-1 정치자금법의 주요 적용 대상

구분	적용 대상
정당 및 정당 선거 사무소	• 정당은 정당법 제3조(구성)에 따른 중앙당과 시도당을 말함. • 정당 선거 사무소는 공선법 제61조의2(정당 선거 사무소의 설치)에 따른 정당 선거 사무소를 말함.
선거 사무소·선거 연락소 및 후원회	• 선거 사무소 또는 선거 연락소는 공선법 제63조(선거운동기구 및 선거 사무 관계자의 신고)에 따른 선거 사무소 또는 선거 연락소를 말함. • 후원회는 정치자금법에 따라 정치자금의 기부를 목적으로 설립·운영되는 단체로서 관할 선관위에 등록된 단체를 말함.
후보자 및 예비후보자	• 후보자란 공선법 제49조(후보자 등록 등)에 따라 관할 선거구 선관위에 등록된 자를 말함. • 예비후보자란 공선법 제60조의2(예비후보자 등록)에 따라 관할 선거구 선관위에 등록된 자를 말함.
선거 사무장·선거 연락소장	• 공선법 제63조에 따라 관할 선관위에 신고된 선거 사무장 또는 선거 연락소장을 말함.
회계 책임자	• 정치자금법 제34조(회계 책임자의 선임·신고 등), 제35조(회계 책임자의 변경 신고 등) 및 정치자금사무관리규칙 제32조(회계 책임자의 선임 신고 등)에 따라 관할 선관위에 신고된 자를 말함.

(2) 정치자금법의 주요 적용 대상

정치자금과 관련해 정치자금법에서 적용되는 주요 적용 대상으로 표 2-1과 같이 정당 및 정당 선거 사무소, 선거 사무소·선거 연락소 및 후원회, 후보자 및 예비후보자, 선거 사무장·선거 연락소장, 회계 책임자 등이 있다.

정치자금의 수입 및 지출의 기본 원칙

정치자금의 수입 및 지출과 관련해 누구든지 정치자금법에 의하지 않고는 정치자금을 기부하거나 받을 수 없고, 정치자금의 회계는 공개되어야 하며, '사적 경비'나 '부정한 용도'로 지출할 수 없다. 또한 정치자금의 수입·지출은 실명 확인 방법에 의한 방법으로 기부 또는 지출을 해야 하며, 타인 명의 또는 가명에 의한 기부가 금지된다.

이에 대한 세부적인 내용은 표 2-2와 같다.

▶ 표 2-2 정치자금의 수입 및 지출의 기본 원칙

구분	수입 및 지출의 기본 원칙
정치자금의 포괄적 규제	• 누구든지 정치자금법에 의하지 않고는 정치자금을 기부하거나 받을 수 없음.
정치자금의 공개 원칙	• 정치자금은 국민의 의혹을 사는 일이 없도록 공명정대하게 운용되어야 하며, 그 회계는 공개되어야 함.
'사적 경비' 및 '부정한 용도' 지출 금지	• '사적 경비'는 가계의 지원·보조, 개인적인 채무의 변제 또는 대여, 향우회·동창회·종친회, 산악회 등 동호인회, 계모임 등 개인 간의 사적 모임의 회비, 그 밖의 지원 경비, 개인적인 여가 또는 취미 활동에 소요되는 비용을 말함. • '부정한 용도'는 사적 경비 이외의 경우로서 정치자금의 지출 목적이 위법한 것뿐만 아니라 사회 상규나 신의성실의 원칙에 위배되는 부당한 경우를 말함.

실명 확인 방법에 의한 기부·지출 원칙	• 1회 120만 원을 초과하여 정치자금을 기부하는 자는 수표나 신용(체크) 카드·예금계좌 입금, 그 밖의 실명이 확인되는 방법으로 기부해야 함. → 실명이 확인되는 방법이란 수표·신용(체크)카드·예금계좌 입금 등 정치자금의 흐름을 객관적으로 확인할 수 있는 방법을 말함. • 정치자금을 1회 50만 원 초과하여 지출하는 경우 수표나 체크카드 예 금계좌 입금, 그 밖의 실명이 확인되는 방법으로 지출해야 함. → 현금으로 연간 지출할 수 있는 정치자금은 연간 지출 총액의 100분의 20(선거비용은 선거비용 제한액의 100분의 10)을 초과할 수 없음.
타인 명의 또는 가명 에 의한 기부 금지	• 후원회는 후원인으로부터 타인의 명의나 가명으로 정치자금을 기부 받을 수 없음.

정치자금 수입 및 지출의 기본 원칙을 그림으로 표시하면 그림 2-4와
같다.

▶ **그림 2-4 정치자금 수입·지출의 기본 원칙**

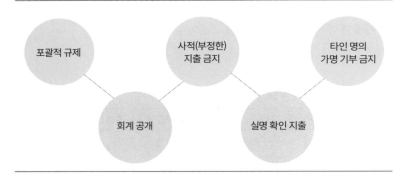

예비후보자 또는 후보자 등록 전의 회계 처리

예비후보자 또는 후보자 등록 전에는 회계 책임자를 선임할 수 없다. 따
라서 선거 준비와 관련해 선거 사무소 임차 등 불가피하게 정치자금을 지
출해야 하는 경우 예비후보자 또는 후보자가 되려는 사람은 다음의 표

2-3과 같이 정치자금법에 따라 회계 사무를 처리해야 한다.

따라서 예비후보자나 후보자가 되려는 사람은 다소 번거롭더라도 정확하게 기록과 증빙을 구비하여 예비후보 또는 후보 등록 후 선임된 회계 담당자에게 인계함으로써 회계 사무가 적정하게 처리되도록 해야 된다는 점에 유의해야 한다.

▶ 표 2-3 예비후보자 또는 후보자 등록 전의 회계 처리

구분		선거 준비 및 이와 관련한 회계 처리 방법
회계 사무 처리 책임자		• 예비후보자 또는 후보자가 되려는 사람인 본인이 담당
회계 처리 업무 범위	예금계좌 개설	• **예비후보자 또는 후보자가 되려는 사람의 명의로 예금계좌를 개설하고, 이를 통해 정치자금을 수입·지출해야 함.** → 신규로 하나의 계좌를 개설하고 그 계좌를 결제계좌로 하는 체크카드를 발급받아 사용
	계약의 체결 및 계약금 지출	• 가급적 예비후보자 또는 후보자 등록 후 회계 책임자를 선임·신고하여 계약 체결 및 지출하는 것이 바람직함. • 예비후보자 또는 후보자 등록 전에 계약 또는 지출하지 않으면 안 되는 선거 사무소 임차 계약, 예비후보자 홍보물 또는 후보자 홍보물 제작 계약 등 불가피한 때에만 지출하도록 함.
회계장부 비치·기재 및 증빙서류 구비		• **회계장부를 비치하거나 선관위에서 제공해주는 '정치자금 회계 관리 프로그램'을 사용하여 수입·지출 내역을 기재하고, 영수증 등 증빙서류를 구비해야 함.**
회계 책임자 선임에 따른 인계		• 관할 선관위에 등록한 예비후보자 또는 후보자는 등록하기 전에 자신이 회계 처리를 한 수입·지출 내역, 예금통장, 영수증 등 증빙서류 등에 대해 인계·인수서를 작성, 인계·인수자가 서명·날인한 후 관련 회계 서류 일체를 선임신고된 회계 책임자에게 인계해야 함. • 회계 책임자는 예비후보자 또는 후보자로부터 인계·인수된 회계장부에 이어서 정치자금을 수입·지출하도록 하고, 영수증 등 증빙서류는 증빙서류철에 관리한 후 회계 보고 시 첨부해야 함.

회계 책임자의 임무와 책임, 신고 절차

(1) 회계 책임자란?

국회의원 선거의 경우 예비후보자가 되려는 사람은 선거일 전 120일부터 관할 선거구 선관위에 예비후보자 등록을 할 수 있으며, 이 경우 지체 없이 회계 책임자 1명을 서면으로 신고해야 한다. 회계 책임자란 정치자금법에 따라 관할 선관위에 신고된 사람으로서 정치자금의 수입 및 지출 업무에 관한 권한과 책임을 가진 사람을 말한다.

이 경우 왜 회계 책임자 1명을 서면으로 신고해야 할까? 회계 책임자 1명을 별도로 선임하여 관할 선관위에 신고한 후 정치자금을 관리하게 하는 이유는 정치자금에 대한 통제를 회계 책임자가 전담하도록 함으로써 정치자금 수입 및 지출의 투명성을 확보하고, 그 책임 소재를 명확히 하기 위한 것이다. 특히 선거비용 회계 사무와 관련해 후보자의 선거 사무소의 회계 책임자가 징역형 또는 300만 원 이상 벌금형을 선고받게 되면 후보자의 당선이 무효가 된다.

그렇다면 이러한 불상사를 방지하기 위한 후보자의 준비 사항은 무엇일까? '사전에 준비된 현명한 후보자'는 선거비용 보전 업무 및 후원회 업무를 원활하게 수행하고 회계 업무와 관련한 위반 사항을 사전에 방지하기 위해 예비후보자 등록 시점 이전부터 후보자는 회계 책임자 2명 이상(예비후보자 선거 사무소 회계 책임자 1명, 후원회 회계 책임자 1명)을 사전에 확보해야 한다.[8]

이 경우 회계 책임자는, 첫째 공직선거에서 선거운동을 할 수 있는 자격이 있고, 둘째 선거비용과 관련된 회계 업무를 수행할 수 있는 업무 처리 능력이 있으며, 셋째 후보자가 신뢰할 수 있는 사람 중에서 2명 정도(예비후보자 선거 사무소 회계 책임자 1명, 예비후보자 후원회 회계 책임자 1명)의 선정이 필요하다. 이뿐만 아니라 회계 책임자 예정자는 선관위에서 사전에 실시하는 각종 교육 등을 빠짐없이 수강하여 이를 숙지한 후 본격 선거에 돌입했을 때 회계 업무를 실수 없이 원활하게 수행할 수 있도록 미리 준비해야 한다.

(2) 임무(역할) 및 책임

후보자의 정치자금 수입 및 지출 업무는 회계 책임자만이 할 수 있으며, 회계 책임자가 정치자금 수입 및 지출 업무를 총괄한다. 회계 책임자의 임무와 책임에 대해 살펴보면 표 2-4와 같다.

▶ 표 2-4 회계 책임자의 임무(역할) 및 책임

구분	임무(역할) 및 책임
회계 책임자의 임무 (역할)	• 정치자금 수입 및 지출 업무 총괄 • 정치자금 수입·지출부를 비치하고 모든 정치자금의 수입 및 지출이 있는 때마다 그 사항을 기재해야 함. → 비치해야 할 회계 관련 장부 　- 정치자금 수입·지출부 　- 재산명세서(후원금 및 소속 정당의 지원금으로 구입·취득한 재산 상황) 　- 정치자금 수입·지출용 예금통장 　- 정치자금 지출 관련 영수증 등 증빙서류 등 • 영수증이나 그 밖의 증빙 자료 구비 및 회계 보고 • 회계 보고 종료 후 선임권자인 예비후보자나 후보자에게 회계장부 등 인계
	• **정치자금 및 선거비용과 관련해 공선법 또는 정치자금법을 위반한 경우 형사처벌 및 과태료가 부과됨.** • **선거 사무소의 회계 책임자가 아래와 같은 사유로 징역형 또는 300만 원 이상 벌금형 선고 시 후보자의 당선이 무효가 됨.** 　- 선거비용 제한액의 200분의 1 이상을 초과 지출한 경우 　- 정당한 사유 없이 선거비용과 관련해 정치자금법 제40조(회계 보고)에 따른 회계 보고를 하지 않거나 허위 기재·위조·변조 또는 누락한 경우 　- 정치자금법 제39조(영수증이나 그 밖의 증빙서류)에 따른 영수증 그 밖의 증빙서류를 허위 기재·위조·변조한 경우

	→ 위의 사유로 당선 무효 시(낙선자로서 선거 사무소의 회계 책임자에 관한 죄로 당선 무효형이 확정된 경우 포함) 후보자는 반환 또는 보전 받은 기탁금 및 선거비용을 관할 선관위에 반환해야 함.
회계 책임자의 책임	• **선거 사무소의 회계 책임자(선거 사무소의 회계 책임자로 선임·신고되지 않은 자로서 후보자와 통모하여 해당 후보자의 선거비용으로 지출한 금액이 선거비용 제한액의 3분의 1 이상에 해당되는 자 포함)가 다음과 같은 사유로 징역형 또는 300만 원 이상의 벌금형 선고 시(선거 사무소의 회계 책임자로 선임·신고되기 전의 행위로 인한 경우 포함) 후보자의 당선이 무효가 됨.**
	- 해당 선거에서 공선법의 매수 및 이해 유도죄, 기부 행위의 금지·제한 등 위반죄(법 §230부터 §234까지, §257 ①) 중 기부 행위 제한 규정을 위반한 경우
	- 해당 선거에서 정치자금법 제45조(정치자금 부정수수죄) 제1항의 정치자금 부정 수수죄를 위반한 경우
	→ 위의 사유로 당선 무효 시(낙선자로서 선거 사무소의 회계 책임자의 죄로 당선 무효형이 확정된 경우 포함) 후보자는 반환 또는 보전 받은 기탁금 및 선거비용을 관할 선관위에 반환해야 함.

(3) 선임 및 신고

예비후보자 또는 후보자는 본인의 정치자금을 수입 또는 지출하기 위해 회계 책임자를 선임하여 관할 선관위에 신고를 해야 한다. 회계 책임자의 신고 방법 및 유의 사항 등은 표 2-5와 같다.

▶ 표 2-5 회계 책임자 선임, 신고 방법 및 유의 사항

구분	선임, 신고 방법 및 유의 사항			
회계 책임자 직무 개시 및 임무	• 회계 책임자는 정치자금의 수입과 지출에 대한 권한과 책임이 있는 자로서 관할 선관위에 신고한 때부터 직무가 시작됨. • 신고된 회계 책임자에 의하지 않고 정치자금을 수입·지출한 자는 정치자금법에 따라 처벌받을 수 있음.			
선임·신고 방법	신고자 (선임권자)	신고 시기	신고처	구비 서류
선임·신고 방법	예비후보자 또는 후보자	예비후보자 또는 후보자 등록 신청 시	관할 선관위	① 회계 책임자 선임신고서 ② 회계 책임자 취임동의서 1부 ③ 수입·지출용 예금통장 사본 각 1부 ④ 선거비용 지출액 약정서 1부
선임·신고 방법	선거 연락소장	선거 연락소 설치 신고 시	관할 선관위	위 ①, ②, ③

유의 사항	• 회계 책임자는 1인을 선임해야 하며, 누구든지 2 이상의 회계 책임자가 될 수 없음.
	  → 정당(정당 선거 사무소 포함)의 회계 책임자가 후보자(비례대표 국회의원 선거 제외)의 회계 책임자를 겸하거나 예비후보자 또는 후보자의 회계 책임자가 예비후보자 후원회 또는 후보자 후원회의 회계 책임자를 겸임할 수 없음.
	• 다만, 예비후보자·후보자 또는 그 선거 사무장이나 선거 연락소장은 회계 책임자를 별도 선임하지 않고 그 본인이 겸임할 수 있음.
	  → 회계 책임자를 겸임하기 위해서는 회계 책임자 겸임 신고서에 그 뜻을 기재하여 관할 선관위에 서면으로 신고해야 함.
	• 예비후보자가 후보자 등록 신청 시 회계 책임자 선임·신고를 하지 않는 경우 예비후보자의 회계 책임자를 선거 사무소의 회계 책임자로 봄.			

(4) 예금계좌 개설 및 신고 또는 변경 신고

선거회계와 관련해 예금계좌의 개설 명의는 예비후보자·후보자 또는 회계 책임자 명의로 해야 한다. 이 경우 예금계좌의 개설 방법, 개설 및 신고, 변경 신고는 다음의 표 2-6과 같이 해야 한다.

► 표 2-6 예금계좌 개설 및 신고 또는 변경 신고

구분	예금계좌 개설 및 신고 또는 변경 신고 방법			
예금계좌 개설	• 개설 명의: 예비후보자·후보자 또는 회계 책임자 명의 → 회계 책임자 변경 시 예금계좌 변경 신고를 해야 하는 등 번거로움이 있을 수 있으므로 가급적 예비후보자 또는 후보자 명의로 개설하는 것이 바람직함. • 개설 방법 - 정치자금 수입용과 지출용을 각각 개설하거나 1개의 예금계좌를 개설하여 수입과 지출 겸용으로 사용 가능함. → 정치자금 수입용과 지출용 계좌를 각각 개설하는 경우에는 수입용 계좌로 입금된 정치자금을 지출용 계좌로 이체한 후 지출해야 함. - 수입용 예금계좌는 2개 이상 개설하여 사용할 수 있으나, 지출용 예금계좌는 반드시 1개만 사용해야 함. - 예비후보자 또는 후보자가 회계 책임자 선임 전에 사용해온 정치자금 수입·지출용 예금계좌가 있는 때에는 그 예금통장을 신고하여 계속 사용할 수 있음.			
개설 신고	신고자	신고 시기	신고처	구비 서류
	예비후보자 또는 후보자	회계 책임자 신고 시	관할 선거관리 위원회	① 예금계좌 신고서 ② 예금통장 사본 각 1부
	선거 연락소장			
	→ 예금통장 사본을 첨부하여 회계 책임자 선임·신고를 하는 경우 별도의 예금계좌 개설 신고를 생략할 수 있음.			
예금계좌 변경 신고	- 예금계좌의 변경이 있는 때에는 지체 없이 관할 선관위에 변경 신고를 해야 함. - 회계 책임자 변경 신고와 함께 예금계좌 변경을 하고자 하는 경우 회계 책임자 변경신고서에 변경하고자 하는 예금통장 사본을 첨부하는 것으로 갈음할 수 있음. → 예금계좌 신고(변경 신고)서는 회계 책임자의 변경 없이 예금계좌만을 신고(변경)하고자 하는 때에 사용하면 편리함.			

정치자금 수입 및 지출의 회계 처리

무엇이 수입원(수입 계정)인가

예비후보자 또는 후보자의 정치자금 수입원(수입 계정)은 예비후보자 또는 후보자의 자산, 정당 지원금, 후원회 기부금 등으로 표 2-7과 같다.

▶ **표 2-7 정치자금 수입원(수입 계정)**

구분	수입원(수입 계정)
예비후보자 또는 후보자의 자산	• 예비후보자 또는 후보자 본인의 금전·차량·장비 물품 등 • 예비후보자 또는 후보자가 제3자로부터 차용증서 등을 작성하고 빌리는 차입금 　→ 타인으로부터 금전을 차입하는 경우에도 예비후보자 또는 후보자 자신의 자산을 수입 처리하는 것과 회계 처리 방법은 같음. • 예비후보자 또는 후보자가 친족(8촌 이내 혈족, 4촌 이내 인척, 배우자)으로부터 기부 받은 금전·차량·장비·물품 등
소속 정당의 지원금(정당 추천 후보자에 한함)	• 정당이 소속 정당의 예비후보자 또는 후보자에게 제공하는 지원금 • 소속 정당에서 제작·지원하는 선거운동용 물품·장비 등
후원회를 통한 기부금	• 예비후보자 또는 후보자가 후원회를 통해 제3자로부터 기부 받은 후원금

정치자금 수입 및 지출 시 준수 사항

예비후보자 또는 후보자의 회계 책임자가 정치자금 수입 및 지출 시에는
표 2-8과 같이 정치자금법에 따른 회계 처리 방법을 준수해야 한다.

▶ 표 2-8 정치자금 수입 및 지출 시 준수 사항

구분	정치자금 수입 및 지출 시 준수 사항
회계 책임자에 의한 수입·지출	• 정치자금 수입·지출은 원칙적으로 관할 선관위에 신고된 '회계 책임자' 만이 할 수 있음. → 예비후보자 또는 후보자가 자신의 재산으로 정치자금을 지출하는 경우에도 회계 책임자를 통해 지출해야 함. → 예비후보자 또는 후보자 등록 전에 불가피하게 정치자금을 지출하는 경 우에는 신고된 정치자금 수입·지출 계좌가 없으므로 예비후보자 또는 후 보자가 되려는 사람의 명의로 예금계좌를 개설하여 수입·지출해야 함.
신고된 예금계좌를 통한 수입·지출	• 회계 책임자를 선임·신고하는 때에는 정치자금 수입·지출을 위한 예금 계좌 사본을 첨부하여 신고해야 함. • 회계 책임자는 관할 선관위에 신고된 예금계좌를 통해 정치자금을 수입· 지출해야 함. • 정치자금 수입용 예금계좌의 수는 제한이 없으나 정치자금의 지출을 위 한 예금계좌는 1개만 사용해야 함. • 수입용 지출계좌에 입금된 정치자금을 지출하고자 하는 경우에는 지출 용 예금계좌로 이체하여 지출해야 함. → 1개의 예금계좌를 수입 및 지출 겸용으로 신고하면 사용하기 편리함. → 계좌 명의는 선임권자인 예비후보자 또는 후보자의 명의로 개설하 되, 회계 책임자 명의로 개설할 수 있음.

정치자금 회계 처리 원칙을 그림으로 표시하면 그림 2-5와 같다.

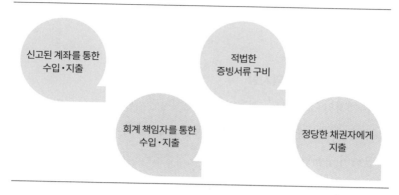

회계장부의 계정 및 과목 구분

(1) 수입·지출 계정 및 과목 구분 방법

정치자금의 수입·지출 계정 및 과목 구분 방법은 그림 2-6과 같다.

▶ 그림 2-6 수입·지출 계정 및 과목 구분 방법

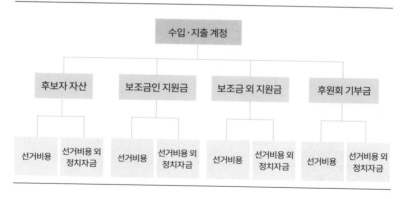

보조금은 국가가 정당에 제공하는 것이므로 '보조금인 지원금'과 '보

조금 외 지원금' 계정의 경우 무소속 후보자의 선거 사무소 및 선거 연락소는 해당하지 않음.

(2) 과목 구분 시 유의 사항

각 계정의 '선거비용', '선거비용 외 정치자금' 과목에 각각 얼마의 금액을 수입 처리할 것인지는 회계 책임자가 정치자금의 성격, 지출 규모 등을 감안하여 구분한다. 이 경우 각 계정별 지출할 수 있는 항목이 구분·제한돼 있는 것은 아니므로 임의로 지출할 계정을 정할 수 있으나 지출 내용에 따라 선거비용인 경우 '선거비용' 과목에, 선거비용 외 정치자금인 경우 '선거비용 외 정치자금' 과목에 구분하여 기재해야 한다.

▶ 표 2-9 회계 보고 기한

구분 (주체)	보고 사유	보고 대상 기간	회계 마감일	보고 기한	보고처
예비 후보자	선거 기간 개시일 30일 전까지 사망·사퇴 또는 등록 무효 그 밖의 사유로 그 자격을 상실한 경우	예비후보자 등록일부터 사유 발생일 후 14일까지	사유 발생일부터 14일 이내	사유 발생일부터 14일이내	관할 선관위
	선거 기간 개시일 전 30일 이후 사망·사퇴 또는 등록 무효 그 밖의 사유로 그 자격을 상실한 경우	예비후보자 등록일부터 선거일 후 20일까지	선거일 후 20일 현재	선거일 후 30일까지	
	후보자로 등록한 경우	후보자 회계 보고에 포함하여 보고			
후보자	후보자의 사망·사퇴, 등록 무효 또는 선거 종료	(예비)후보자 등록일부터 선거일 후 20일까지	선거일 후 20일 현재	선거일 후 30일까지	

회계 보고서 작성·보고·열람

보고 기한

예비후보자 또는 후보자의 회계 책임자는 정치자금 수입·지출 후 예비후보자가 사망·사퇴 또는 등록 무효, 그 밖의 사유로 그 자격을 상실한 경우나 후보자가 사망·사퇴, 등록 무효 또는 선거 종료되는 경우에는 회계보고서를 작성하여 관할 선관위에 제출해야 하는바, 이때의 보고 기한은 표 2-9와 같다.

회계 보고 내역 열람 및 사본 교부

예비후보자 또는 후보자의 회계 책임자가 회계 보고서를 작성하여 관할 선관위에 제출 하면 누구든지 표 2-10과 같이 회계 보고서를 열람하거나 사본 교부를 신청할 수 있다.

▶ **표 2-10 회계 보고 내역 열람 및 사본 교부**

구분		내용
열람 및 사본 교부 기간		•회계 보고서의 열람 기간은 관할 선관위가 수입·지출보고서 사본을 공고한 날부터 3월간이며, 사본 교부 기간은 공고한 이후 제한 기간이 없음. •누구든지 관할 선관위에 열람 및 사본 교부를 서면으로 신청할 수 있음.
열람 및 사본 교부 대상 서류	열람 대상	•재산 상황, 정치자금의 수입·지출 내역, 첨부 서류
	사본 교부 대상	•영수증이나 그 밖의 증빙서류와 정치자금의 수입·지출 예금통장 사본을 제외한 위 열람 대상 서류
사본 교부 비용의 부담		•사본 교부 비용은 사본 교부 신청자가 부담하며 해당 금액을 신청서에 수입 인지를 첩부하는 방법으로 납부함. → 정보 공개 청구를 이용하여 회계 보고 사본을 교부 받을 수 있음. •사본 교부 비용은 선관위 정보 공개 규칙에 따름.

다만, 선거비용에 한해 열람 대상 서류 중 정치자금법 제40조(회계 보고) 제4항 제1호의 수입과 지출 명세서를 선관위의 인터넷 홈페이지를 통해 공개할 수 있으나, 열람 기간이 아닌 때에는 이를 공개해서는 아니 된다 [정치자금법 §42(회계 보고서 등의 열람 및 사본교부) 단서].

회계 보고 내역에 대한 이의신청

선관위에 보고된 후보자 등의 재산 상황 정치자금의 수입·지출 내역 및 첨부 서류에 관해 이의가 있는 사람은 이의에 대한 증빙서류를 첨부하여 열람 기간 중에 관할 선관위에 서면으로 이의신청을 할 수 있다. 이 경우 이의신청을 받은 관할 선관위는 이의신청을 받은 날부터 60일 이내에 이의신청 사항을 조사·확인하고 그 결과를 신청인에게 통보해야 한다.

04 | 선거비용 보전

선거비용과 선거비용 외 정치자금

무엇이 '선거비용'인가

선거비용이란 당해 선거에서 선거운동을 위해 소요되는 금전·물품 및 채무, 그 밖에 모든 재산상의 가치가 있는 것으로서 당해 정당 또는 후보자(후보자가 되려는 사람을 포함하며, 비례대표 국회의원 선거에 있어서는 그 추천 정당을 말함)가 부담하는 비용을 말한다. 이는 다음의 표 2-11과 같이 적법한 선거운동을 위해 지출한 비용과 위법한 선거운동을 위하여 또는 기부행위 제한규정을 위반하여 지출한 비용[9]으로 나누어볼 수 있다.

무엇이 '선거비용 외 정치자금'인가

정치자금은 정치 활동을 위해 정당, 공직선거의 후보자가 되려는 사람, 후보자 또는 당선된 사람, 후원회·정당의 간부 또는 유급 사무직원, 그 밖

▶ 표 2-11 선거비용

구분	선거비용
적법한 선거운동을 위하여 지출한 비용	• 선거 사무소(예비후보자의 선거 사무소를 포함)나 선거 연락소에 설치·게시하는 간판·현판 또는 현수막의 제작 및 설치·철거에 소요되는 비용 • 선거 사무장 등 선거 사무 관계자에게 지급한 수당·실비 • 선거 벽보·선거 공보·후보자 사진의 작성 비용과 선거 벽보의 보완 첩부 비용 • 거리 게시용 현수막의 제작 및 설치·철거에 소요되는 비용 • 어깨띠, 표찰·수기 등 선거운동용 소품 등의 구입·제작 등 비용 • 신문·방송·인터넷 광고 및 방송 연설에 소요되는 비용 • 공개 장소에서의 연설·대담에 소요되는 비용 • 선거운동을 위한 전화의 설치비 및 통화료 • 선거운동용 명함(점자형 포함) 제작 비용 • 전자우편, 인터넷 홈페이지를 이용한 선거운동에 소요되는 비용 • 예비후보자의 선거운동에 소요된 비용 • 그 밖에 공선법에 위반되지 않는 선거운동을 위해 지출한 비용
위법한 선거운동을 위해 또는 기부 행위 제한 규정을 위반하여 지출한 비용	• 후보자가 공선법에 위반되는 선거운동을 위해 지출한 비용과 기부 행위 제한 규정을 위반하여 지출한 비용 • 정당, 정당 선거 사무소의 소장, 후보자의 배우자 및 직계존비속, 선거 사무장·선거 연락소장·회계 책임자가 해당 후보자의 선거운동(위법 선거운동 포함)을 위해 지출한 비용과 기부 행위 제한 규정을 위반하여 지출한 비용 • 선거 사무장·선거 연락소장·회계 책임자로 선임된 사람이 선임·신고되기 전까지 해당 후보자의 선거운동(위법 선거운동 포함)을 위해 지출한 비용과 기부 행위 제한 규정을 위반하여 지출한 비용 • 누구든지 후보자, 정당, 정당 선거 사무소의 소장, 후보자의 배우자 및 직계존비속, 선거 사무장·선거 연락소장·회계 책임자(선임·신고되기 전의 경우도 포함)와 통모하여 해당 후보자의 선거운동(위법 선거운동 포함)을 위해 지출한 비용과 기부 행위 제한 규정을 위반하여 지출한 비용

의 정치 활동을 하는 사람에게 제공되는 금전 등과 그 사람의 정치 활동에 소요되는 비용을 말하며, 이는 '선거비용'과 '선거비용 외 정치자금'으로 구분되는바, 이에 대해서는 앞에서 살펴보았다.

그렇다면 여기서 '선거비용 외 정치자금'은 무엇일까? 선거비용 외 정치자금은 선거비용으로 지출되는 비용이 아닌 비용을 말하고, 정치 활동에 소요되는 비용 중 선거비용인 정치자금이 아닌 비용은 모두 선거비용 외 정치자금에 해당된다. 따라서 이는 선거비용 보전의 대상이 아니라는 점에서 유의해야 한다.

실무상 선거비용인지, 선거비용 외 정치자금인지 구분이 애매한 경우도 적지 않다. 선거비용 외 정치자금에 해당되는 비용을 구체적으로 살펴보면 표 2-12와 같다.

▶ 표 2-12 선거비용 외 정치자금

구분	선거비용 외 정치자금
정당·후보자가 부담하는 비용으로 '선거비용 외 정치자금에 해당되는 비용'	• 선거권자의 추천을 받는 데 소요된 비용 등 선거운동을 위한 준비 행위에 소요되는 비용 • 정당의 후보자 선출대회 비용 기타 선거와 관련된 정당 활동에 소요되는 정당 비용 • 선거에 관해 국가·지방자치단체 또는 선관위에 납부하거나 지급하는 기탁금과 모든 납부금 및 수수료 • 선거 사무소와 선거 연락소의 전화료·전기료 및 수도료 기타의 유지비로서 선거 기간 전부터 정당 또는 후보자가 지출해온 경비 　→ 선거 사무소와 선거 연락소의 전화료·전기료 및 수도료 기타의 유지비로서 선거 기간 전부터 정당 또는 후보자가 지출해온 경비라 함은 선거 사무소·선거 연락소 설치 이전부터 정당 사무소 또는 직업상·직무상의 사무소 등 선거운동과 관련 없이 정당 활동·직업 활동 등 통상적인 사무를 위해 지출해온 경비를 말함. • 선거 사무소와 선거 연락소의 설치 및 유지 비용 　→ 선거 사무소·선거 연락소의 설치 및 유지비는 선거 사무소 등의 설치를 위한 임대료·집기 구입비 등과 유지를 위한 사무소 등의 개·보수비, 집기 수선비, 선거운동을 위한 사무용품 외의 일반 사무용품 구입비 등을 말하며, 선거운동을 위한 컴퓨터 등 기계장치 설치·운영비, 선거운동 용품 구입비, 선거 사무원의 수당·실비 등 선거운동을 위해 소요되는 비용은 선거비용에 포함됨.

	• 정당, 후보자, 선거 사무장, 선거 연락소장, 선거 사무원, 회계 책임자, 연설원 및 대담·토론자가 승용하는 자동차[공선법 제91조(확성 장치와 자동차 등의 사용 제한) 제4항에 따른 선거 벽보 등 첨부용 자동차·선박을 말함]의 운영 비용
	→ 공선법 제91조 제4항에 따른 선거 벽보 등 첨부용 자동차를 운행하는 데 소요되는 비용은 정치 활동을 위해 소요되는 비용으로 볼 수 있으므로 그 후보자의 정치자금에서 지출할 수 있음.
	→ 공선법 제91조 제4항의 규정에 의한 선거 벽보 등 첨부용 자동차를 운행하기 위해 운전기사를 고용하고 그 역무에 대한 정당한 대가로서 인건비를 지급하는 것은 공선법 제112조(기부 행위의 정의 등) 제2항 제4호 차목에 따라 무방할 것이나, 그 역무에 대한 정당한 대가의 범위를 벗어나 금품이나 기타 이익을 제공하는 것은 사례금 등 명목 여하를 불구하고 같은 법 제113조(후보자 등의 기부 행위 제한)에 위반될 것임.
	• 제3자가 정당·후보자·선거 사무장·선거 연락소장 또는 회계 책임자와 통모함이 없이 특정 후보자의 선거운동을 위해 지출한 전신료 등의 비용
	• 공선법 제112조 제2항에 따라 기부 행위로 보지 않는 행위에 소요되는 비용.
	→ 다만, 정당의 사무소 외 선거 사무소와 선거 연락소를 방문하는 사람에게 다과·떡·김밥·음료 등 다과류의 음식물을 제공하는 행위와 국회의원을 제외한 후보자 및 예비후보자가 관할 구역안의 지역을 방문하는 때에 함께 다니는 자에게 통상적인 범위 안에서 식사류의 음식물을 제공하는 행위에 소요되는 비용은 선거비용으로 봄.
	• 선거일 후에 지출원인이 발생한 잔무 정리 비용
	→ 선거일 후에 회계 보고를 담당하는 회계 책임자에게 그 노무에 대한 대가를 제공하는 행위 등을 말함.
	• 후보자(후보자가 되려는 사람을 포함)가 선거에 관한 여론조사의 실시를 위하여 지출한 비용
	→ 다만, 예비후보자 등록 신청 개시일부터 선거일까지의 기간 동안 4회를 초과하여 실시하는 선거에 관한 여론조사 비용은 선거비용으로 봄.
국가가 부담하는 비용으로 '선거비용 외 정치자금에 해당되는 비용'	• 점자형 선거 공보 작성·운반 비용 • 점자형 선거 공약서 작성 비용(대통령 선거와 지방자치단체의 장 선거의 후보자만 해당됨) • 활동 보조인(후보자가 예비후보자로서 선임했던 활동 보조인을 포함함)의 수당과 실비

보전 대상 선거비용과 미보전 대상 선거비용

무엇이 '보전 대상 선거비용'인가

여기서 '보전 대상 선거비용'이란 무엇일까? 보전 대상 선거비용은 선거가 종료되고 나서 정당 또는 후보자가 사용한 적법한 선거비용 중에서 후보자의 청구에 의해 선관위가 미리 공고한 선거비용 제한액 범위 내에서 후보자에게 보전해주는 선거비용을 말한다. 보전 대상 선거비용은 표 2-13과 같이 선거운동 관련 인쇄물 작성, 선거운동 관련 시설물 등 제작, 공개 장소 연설·대담, 선거 사무 관계자 수당과 실비, 기타 선거운동 관련 비용 등으로 구분할 수 있다.

▶ **표 2-13 보전 대상 선거비용 내용**

구분	보전 대상 선거비용 내용
선거운동 관련 인쇄물 작성	• 선거 벽보, 선거 공보, 후보자 사진 작성 비용 • 후보자 명함 작성 비용 등
선거운동 관련 시설물 등 제작	• 거리 현수막 또는 선거 사무소·선거 연락소 간판·현판·현수막 등의 제작·게시·철거 비용 • 어깨띠, 윗옷·표찰·수기 등 선거운동용 소품 구입·제작 비용 등
공개 장소 연설·대담	• 연설·대담 차량(발전기 포함) 임차 비용 • 연설·대담 차량의 연단 제작 및 각종 홍보물 설치·철거 비용 • 연설·대담 차량의 확성 장치 및 녹화기 임차 비용 • 연설·대담 차량의 로고송 제작 비용 등
선거 사무 관계자 수당과 실비	• 선거 사무 관계자에게 지급한 수당·실비(숙박비 제외) • 후보자와 함께 다니는 자에게 제공한 식사 비용 등
기타 선거운동 관련 비용	• 후보자 등의 방송 연설 관련 소요 비용 • 인터넷 광고 관련 소요 비용 등

▶ 표 2-14 미보전 대상 선거비용

구분	미보전 대상 선거비용

적법하게
지출한 비용
	• 예비후보자의 선거비용
	
	• 선거 벽보와 선거 공보를 관할 선관위에 제출한 후 그 내용을 정정하거나 삭제하는 데 소요되는 비용
	
	• 후보자가 자신의 차량·장비·물품 등을 사용하거나 후보자의 가족·소속 정당 또는 제3자의 차량·장비·물품 등을 무상으로 제공 또는 대여받는 등 정당또는 후보자가 실제로 지출하지 않은 비용
	
	• 휴대전화 통화료와 정보 이용 요금
	
	   → 다만, 후보자와 그 배우자, 선거 사무장, 선거 연락소장과 회계 책임자가 선거운동 기간에 선거운동을 위해 사용한 휴대전화 통화료 중 후보자가 부담하는 통화료는 보전 대상임.
	
	• 인터넷 홈페이지 또는 그 게시판·대화방 등에 글이나 동영상 등을 게시하는방법의 선거운동에 소요되는 비용과 선거운동 기간이 아닌 때에 문자메시지·전자우편 전송에 의한 선거운동에 소요된 비용
	
	   → 선거일에 문자메시지를 전송하는 것은 가능하나 선거운동 기간이 아닌때에 문자메시지를 전송하는 데 소요된 비용은 보전되지 않음.
	
	• 선거 사무소·선거 연락소 방문자에게 통상적인 범위에서 제공하는 다과류의음식물 제공 비용
	
	• 그 밖에 위의 어느 하나에 준하는 비용으로서 중앙선관위가 정하는 비용

위법하게 지출한 비용	• 회계 보고서에 보고되지 않거나 허위로 보고된 비용 • 공선법에 위반되는 선거운동을 위해 또는 기부 행위 제한 규정을 위반하여 지출된 비용 • 공선법에 따라 제공하는 경우 외에 선거운동과 관련하여 지출된 수당·실비,그 밖의 비용 • 정당한 사유 없이 지출을 증빙하는 적법한 영수증 그 밖의 지출 증빙서류가 첨부되지 않은 비용 • 청구금액이 공직선거관리규칙 제51조의2 제2항의 기준에 따라 산정한 통상적인 거래 가격 또는 임차 가격과 비교하여 정당한 사유 없이 현저하게 비싸다고 인정되는 경우 그 초과하는 가액의 비용 • 선거운동에 사용하지 않은 차량·장비·물품 등의 임차·구입·제작 비용 • 공선법 제60조의2 제1항에 따른 예비후보자 등록 신청 개시일부터 선거일까지의 기간 동안 4회를 초과하여 실시한 선거에 관한 여론조사 비용 → 4회까지의 여론조사 비용도 '선거비용 외 정치자금'으로 보전되지 않음. • 정치자금법에 따라 신고된 예금계좌를 통하지 않고 지출한 비용

무엇이 '미보전 대상 선거비용'인가

여기서 '미보전 대상 선거비용'이란 무엇일까? 미보전 대상 선거비용은 정당 또는 후보자가 사용한 선거비용 중에서 선관위가 보전해주지 않는 선거비용을 말한다. 미보전 대상 선거비용은 표 2-14와 같이 적법하게 지출한 비용과 위법하게 지출한 비용으로 구분된다.

　보전 대상 선거비용, 미보전 대상 선거비용 및 선거비용 외 정치자금의 상호 관계를 그림으로 표시하면 그림 2-7과 같다.

▶ **그림 2-7 보전 대상 선거비용, 미보전 대상 선거비용 및 선거비용 외 정치자금의 상호 관계**

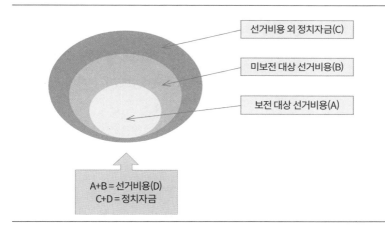

선거비용 보전 및 부담 비용 청구

'선거비용 보전'과 '부담 비용'의 차이점

여기서 '선거비용 보전'과 '부담 비용'의 차이점을 살펴보려고 한다. 먼저

'선거비용 보전'이란 무엇일까? 선거비용 보전은 국회의원 선거의 경우 후보자(비례대표 국회의원 선거에 있어서는 후보자를 추천한 정당을 말함)가 공선법에 따른 합법적인 선거운동을 위해 지출한 선거비용을 관할 선거구 선관위가 미리 공고한 선거비용 제한액 범위 내에서 선거일 후 후보자의 청구에 의해 관할 선거구 선관위가 보전하는 것을 말한다.

그러면 '부담비용'이란 무엇일까? 부담비용은 장애인의 선거 참여를 보장하기 위해 국가가 정책적으로 부담하는 비용이라는 점에서 선관위가 선거비용을 보전하는 것과 다르다. 부담비용은 국회의원 선거의 경우 후보자가 공선법 제122조의2(선거비용의 보전 등) 제3항에 따른 점자형 선거 공보 작성 비용 및 장애인 예비후보자 또는 후보자의 활동 보조인(예비후보자로서 선임했던 활동 보조인을 포함함)의 수당과 실비 등을 선거일 후 후보자의 청구에 의해 국가가 부담하는 것을 말한다. 이 경우 부담비용은 '선거비용 외 정치자금' 과목에서 지출 처리해야 함을 유의해야 한다.

선거비용 보전 청구는 어떻게 하는가[10]

(1) 보전 요건

선거비용 보전과 관련해 정당 또는 후보자가 지출한 보전 대상 선거비용의 전액을 보전하는 경우와 후보자가 지출한 보전 대상 선거비용의 100분의 50에 해당하는 금액을 보전해주는 경우로 나누어져 있다. 이에 대한 구체적인 내용은 표 2-15와 같다.

(2) 청구 기한

선거일로부터 10일까지 청구해야 한다.

구분		보전 요건
정당·후보자가 지출한 보전 대상 선거비용의 전액 보전	지역구 국회의원 선거	• 후보자가 당선되거나 사망한 경우 • 후보자의 득표수가 유효투표 총수의 100분의 15 이상인 경우
	비례대표 국회의원 선거	• 후보자 명부에 올라 있는 후보자 중 당선인이 있는 경우
후보자가 지출한 보전 대상 선거비용의 100분의 50에 해당하는 금액 보전		• 후보자의 득표수가 유효투표 총수의 100분의 10 이상 100분의 15 미만인 경우

(3) 보전 청구의 방식

후보자(비례대표 국회의원 선거에 있어서는 정당)는 객관적 증빙 자료가 포함된 선거비용 보전 청구 증빙 자료를 첨부한 선거비용 보전청구서를 작성하여 관할 선거구 선관위에 청구한다.

(4) 보전비용 지급 기한

선거일로부터 60일 까지 보전청구서에 기재된 예금계좌에 입금한다.

선거비용 보전의 제한

선거비용은 선거가 종료되고 나서 정당 또는 후보자가 사용한 적법한 선거비용 중에서 후보자의 청구에 의해 선관위가 정당 또는 후보자에게 보전해주고 있다. 이 경우 후보자가 사용한 선거비용 전액을 청구하면 모두 보전해줄까?

그렇지 않다. 선거 종료 후 정당 또는 후보자가 사용한 적법한 선거비용 중에서 후보자의 청구에 의해 선관위가 미리 공고한 선거비용 제한액 범위 내에서 정당 또는 후보자에게 보전해주는 것이 원칙이지만, 예외적으로 정당 또는 후보자가 선거비용을 위법하게 집행하거나 선관위에 정당한 사유 없이 보고하지 않은 경우 등에는 선거비용 보전을 다음과 같이 제한하거나, 유예하는 제도가 있다.

선거비용 보전이 제한될 수 있다

'선거비용 보전 제한'이란 보전비용 지급 전에 공선법 제135조의2(선거비용 보전의 제한) 제1항부터 제3항까지의 규정에 따라 표 2-16과 같이 선거비용 보전액 전부 또는 일부를 보전하지 않는 것을 말한다. 한편 선거비용 보전 후 위법 보전비용이 발견될 경우에는 반환해야 한다.

선거비용 보전이 유예될 수 있다

'선거비용 보전 유예'란 보전비용 지급 전에 공선법 제135조의2(선거비용 보전의 제한) 제4항에 따라 선거비용 보전액 전부 또는 일부를 보전하지 않은 채 판결이 확정될 때까지 선거구 선관위에서 보관하는 것을 말한다. 후보자, 예비후보자, 선거 사무장, 선거 사무소의 회계 책임자가 당해 선거와 관련해 공선법 또는 정치자금법 제49조(선거비용 관련 위반 행위에 관한 벌칙)에 규정된 죄를 범함으로 인해 기소되거나 선관위에 의해 고발된 때에는 판결이 확정될 때까지 그 위법행위에 소요된 비용의 2배에 해당하는 금액의 보전을 유예한다.

구분		보전 제한 대상 및 반환
보전 제한 대상	전액 보전 제한	• 선거 사무소의 회계 책임자가 정당한 사유 없이 정치자금법 제40조에 따른 회계 보고서를 그 제출 마감일까지 제출하지 않은 때에는 보전 청구금액 전액을 보전하지 않음.
	2배 보전 제한	• 후보자, 예비후보자, 선거 사무장, 선거 사무소의 회계 책임자가 당해 선거와 관련해 공선법 또는 정치자금법 제49조에 규정된 죄를 범함으로 인해 유죄의 판결이 확정되거나 선거비용 제한액을 초과 지출한 경우 공선법의 규정에 의해 보전할 비용 중 그 위법행위에 소요된 비용 또는 선거비용 제한액을 초과하여 지출한 비용의 2배에 해당하는 금액을 보전하지 않음.
	5배 보전 제한	• 정당, 후보자(예비후보자 포함) 및 그 가족, 선거 사무장, 선거 연락소장, 선거 사무원, 회계 책임자, 연설원으로부터 기부를 받은 자가 공선법 제261조 제9항에 따른 과태료를 부과받은 경우 공선법에 따라 보전할 비용 중 그 기부 행위에 사용된 비용의 5배에 해당하는 금액을 보전하지 않음.
선거비용 보전 후 위법 보전비용 발견 시 반환		• 선거비용을 보전한 후 공선법 제135조의2 제1항부터 제3항까지의 규정에 따라 보전하지 아니할 사유가 발견되어 선거구 선관위로부터 반환명령을 받은 경우 정당 또는 후보자는 그 반환명령을 받은 날로부터 30일 이내에 이를 반환해야 함. • 반환 기한 내에 해당 금액을 반환하지 아니한 때에는 관할 세무서장에게 징수 위탁함.

후보자의 당선 무효 관련 비용 반환

선거비용을 보전한 후 공선법 제263조(선거비용의 초과 지출로 인한 당선 무효)부터 제265조(선거 사무장 등의 선거범죄로 인한 당선 무효)까지의 규정에 따라 당선이 무효로 된 사람(그 기소 후 확정판결 전에 사직한 사람을 포함함)과 당선되지 아니한 사람으로서 같은 법 제263조부터 제265조까지 규정된 자신 또는 선거 사무장 등의 죄로 당선 무효에 해당하는 형이 확정된 사람은 같은 법 제57조(기탁금의 반환 등)와 제122조의2에 따라 반환·보전받은 금액을 반환해야 한다. 이 경우 비례대표 국회의원 선거의 경우 후보자의 당선이 모두 무효로 된 때에 그 추천 정당이 반환한다. 정당 또는 후보자는 반환 고지를 받은 날부터 30일 이내에 선거구 선관위에 납부해야 하며, 반환 기한 내에 해당 금액을 반환하지 아니한 때에는 선거구 선관위가 당해 후보자의 주소지(정당에 있어서는 중앙당의 사무소 소재지를 말함)를 관할하는 세무서장에게 징수 위탁한다.

05 | 후원회 설치 및 관련 업무 수행 방법

공직선거에 후보자가 되고자 하는 사람, 예비후보자 및 후보자 등 정치인이 정치자금 또는 선거비용을 동창생·직장 동료·친구·친척, 기타 평소 지면이나 친교가 있는 사람들로부터 모금할 수 있을까?

그렇지 않다. 정치자금법에 의해 후원회를 통하지 않거나 민법 제777조(친족의 범위)의 규정에 의한 친족이 아닌 사람으로부터 정치자금을 기부하거나 기부 받은 자는 5년 이하의 징역 또는 1천만 원 이하의 벌금에 처한다(정치자금법 §45).

그러면 앞에서 언급한 '후원회'란 무엇일까? 후원회란 정치자금법의 규정에 따라 정치자금의 기부를 목적으로 설립·운영되는 단체로서 관할 선거구 선관위에 등록된 단체를 말한다[정치자금법 §3(정의)]. 후원회는 해당 후원회의 회원 또는 회원이 아닌 자로부터 후원금을 모금하여 해당 후원회의 지정권자인 예비후보자나 후보자에게 정치자금을 기부하는 역할을 한다. 한편 국회의원(국회의원 선거의 당선인 포함)과 지역구 국회의원 선거

의 후보자 및 예비후보자는 후원회를 지정해둘 수 있는 '후원회 지정권
자'이다. 따라서 지역구 국회의원 선거의 후보자 또는 예비후보자는 후원
회를 둘 수 있다.

이 경우 '국회의원 예비후보자 후원회'라 함은 정치자금법에 따라 지
역구 국회의원 선거의 예비후보자에 대한 정치자금의 기부를 목적으로
설립·운영되는 단체로서 관할 선거구 선관위에 등록된 단체를 말하고,
'국회의원 후보자 후원회'라 함은 같은 법에 따라 지역구 국회의원 선거
의 후보자에 대한 정치자금의 기부를 목적으로 설립·운영되는 단체로서
관할 선거구 선관위에 등록된 단체를 말하며, '국회의원 후원회'라 함은
같은 법에 따라 국회의원에 대한 정치자금의 기부를 목적으로 설립·운영
되는 단체로서 관할 선거구 선관위에 등록된 단체를 말한다.

지역구 국회의원 선거의 경우 예비후보자가 되려는 사람은 선거일 전
120일부터 관할 선거구 선관위에 예비후보자 등록을 할 수 있고, 예비후
보자가 되면 '예비후보자 후원회'를 둘 수 있기 때문에 여기서는 '국회의
원 예비후보자 후원회'에 대해 기술하고자 한다.

후원회 등록절차를 그림으로 표시하면 그림 2-8과 같다.

▶ 그림 2-8 후원회 등록 절차

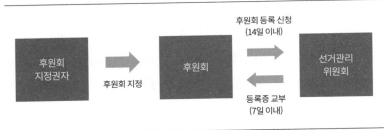

후원회 등록 및 후원금 모금

후원회 등록

후원회 등록은 ① 국회의원이 후원회를 등록하는 경우, ② 예비후보자가 후원회를 등록하는 경우, ③ 후보자가 후원회를 등록하는 경우가 있다. 이때 지역구 국회의원 예비후보자 후원회가 지역구 국회의원 후보자 후원회로 되는 경우에 별도로 다시 선관위에 신고해야 할까?

그렇지 않다. 이 경우 정치자금사무관리규칙 제11조(후원회의 변경등록 신청 등) 제4항의 규정에 의해 관할 선관위가 직권으로 '지역구 국회의원 예비후보자 후원회'를 '지역구 국회의원 후보자 후원회'로 변경등록하도록 규정돼 있다. 따라서 별도로 변경등록 신고를 할 필요가 없다. 이에 따라 국회의원 선거의 경우 예비후보자가 후원회를 등록하는 경우가 대부분이다. 예비후보자가 후원회를 등록하는 절차는 표 2-17과 같다.

▶ **표 2-17 후원회 등록 절차**

구분	후원회 등록 절차
후원회 등록 신청 시기	• 후원회의 대표자는 해당 후원회 지정권자의 지정을 받은 날부터 14일 이내에 그 지정서를 첨부하여 관할 선거구 선관위에 등록을 신청해야 함.
후원회의 등록 신청 사항	• 후원회의 명칭, 후원회의 소재지, 정관 또는 규약, 대표자의 성명·주민등록번호·주소· 회인 및 그 대표자 직인의 인영
구비 서류	• 등록신청서, 정관 또는 규약, 대표자의 취임동의서, 인영서, 후원회지정서, 후원회 결성 회의록 사본, 사무소의 소재지 약도

후원회 등록 신청 작성상의 주의 사항

후원회 등록은 후원회 지정권자인 지역구 국회의원 예비후보자로부터 후원회 지정을 받아 다음의 표 2-18과 같이 ① 정관 또는 규약, ② 취임동

▶ **표 2-18 후원회 등록 신청 작성상의 주의 사항**

구분	내용
후원회 지정	• 후보자는 후원회가 창립 총회를 거쳐 후원회의 정관 또는 규약의 제정, 대표자 선임 등 내부 기구를 구성하고 후원회로서의 제반 구성 요건(등록 요건)을 갖춘 상태에서 후원회 지정을 해야 함.

정관
또는
규약
	• 후원회의 정관 또는 규약에는 정치자금사무관리규칙 제9조(후원회의 정관 또는 규약)에서 규정한 사항을 포함해야 함.
	  - 명칭·목적 및 소재지
	  - 회원의 가입과 탈퇴 등 신분에 관한 사항
	  - 후원금의 모금 및 기부에 관한 사항
	  - 대표자·회계 책임자의 선임 및 해임에 관한 사항
	  - 대표자가 사고가 있을 때의 직무 대리에 관한 사항
	  - 해산에 관한 사항
	  - 정관 또는 규약의 변경에 관한 사항
	  - 후원회의 대의기관 또는 그 수임기관에 관한 사항
	  - 후원회의 감사기관에 관한 사항
	  - 그 밖의 후원회의 운영에 관한 사항
	• 정관·규약은 후원회 결성 회의 시 그 대의기관의 의결에 따라 결정함.

취임 동의서	• 후원회의 대표자는 해당 후원회의 회원으로서 후원회 결성 회의 시 선출해야 함. • 후원회의 대표자는 해당 후원회의 회계 책임자를 겸임할 수 없음.

인영서	• 명칭은 해당 후원회의 명칭을 기재함.
	• 회인은 해당 후원회의 명칭에 '인'자를 붙여 조각하여 날인함.
	  (예: △△선거구 국회의원 예비후보자 ○○○ 후원회인)
	• 대표자 직인은 후원회 명칭에 '대표자인'을 붙여 조각하여 날인함.
	  (예: △△선거구 국회의원 예비후보자 ○○○ 후원회 대표자인)

후원회 결성 회의록	• 후원회의 성립·소멸과 변경에 관한 중요한 사항은 해당 후원회의 정관이나 규약에 정한 바에 따라 후원회의 구성원인 회원의 총의를 반영할 수 있는 회의를 개최·결정해야 함. • 후원회가 등록·변경등록 신청 및 해산 신고와 관련해 첨부 서류로 제출해야 하는 회의록에는 회의 개최 일시·장소, 성원 상황과 부의 안건 처리 등 회의 진행 상황이 자세히 기록되어야 하며 기록자와 확인자의 서명·날인이 있어야 함. • 회의록 사본을 제출하는 때에는 해당 후원회의 관계자가 원본과 대조하여 틀림이 없음을 확인한 후 '원본 대조필' 표시와 대표자의 인장을 날인해야 함.

의서, ③ 인영서, ④ 후원회 결성 회의록 등을 작성해야 한다.

후원회의 회원 자격

개인은 국회의원 선거권이 없는 사람과 공무원·교사 등을 제외하고는 표
2-19와 같이 후원회 회원이 될 수 있다. 이뿐만 아니라 개인은 자유의사

▶ **표 2-19 후원회의 회원 자격**

구분	내용
회원이 될 수 없는 사람	• 외국인, 국내외의 법인 또는 단체와 정당의 당원이 될 수 없는 다음의 사람은 후원회의 회원이 될 수 없음. 　- 국회의원 선거권이 없는 자 　- 국가공무원법 제2조 또는 지방공무원법 제2조에 규정된 공무원 　- 사립학교인 초·중·고등학교의 교원(총장·학장·교수·부교수·조교수·강사 제외) 　- 법령에 따라 공무원의 신분을 가진 자
회원이 될 수 있는 사람	• 위의 회원이 될 수 없는 사람을 제외한 개인은 누구든지 자유의사로 하나 또는 둘 이상의 후원회의 회원이 될 수 있음. 　→ 공무원 및 교원 중 정당의 당원이 될 수 있는 다음의 사람은 공무원 및 교원이라 하더라도 후원회의 회원이 될 수 있음. 　→ 대통령, 국무총리, 국무위원, 국회의원, 지방의회의원, 선거에 따라 취임하는 지방자치단체의 장, 국회 부의장의 수석비서관·비서관·비서·행정보조요원, 국회 상임위원회·예산결산특별위원회·윤리특별위원회 위원장의 행정보조요원, 국회의원의 보좌관·비서관·비서, 국회 교섭단체 대표의원의 행정비서관, 국회 교섭단체의 정책 연구위원·행정보조요원 • 고등교육법 제14조(교직원의 구분) 제1항 및 제2항에 따른 총장·학장·교수·부교수·조교수인 교원
회원 관리	• 후원회 회원으로 가입하거나 회원이 후원회를 탈퇴하고자 하는 때에는 정관에 정한 절차에 따라 가입 원서나 탈퇴 원서를 제출해야 함. • 후원회는 회원의 가입과 탈퇴에 관한 사항을 회원 명부에 정리해야 하며, 회원 명부·가입 원서·탈퇴 원서 등 회원의 가입과 탈퇴 등에 관한 서류를 보관해야 함.

로 하나 또는 둘 이상의 후원회 회원이 될 수 있다.

후원금 기부 관련 제한 사항

후원금 기부와 관련하여 표 2-20과 같이 외국인, 법인 및 단체는 후원금을 기부할 수 없고, 특정 행위와 관련한 기부도 제한이 된다.

▶ **표 2-20 후원금 기부 관련 제한 사항**

구분	내용
후원금을 기부할 수 없는 사람	• 외국인, 국내외의 법인 또는 단체는 후원금을 기부할 수 없음. • 누구든지 국내외의 법인 또는 단체와 관련된 자금으로 후원금을 기부할 수 없음. → 당원이 될 수 없는 공무원의 후원금 기부 금지 • 정치자금법에는 이를 금지하는 규정은 없으나 국가공무원법, 지방공무원법 및 공무원 복무 규정 등에 따라 후원금 기부가 제한됨.

특정 행위와 관련한 기부의 제한	• 다음에 해당하는 행위와 관련해 후원금을 기부하거나 받을 수 없음.
	  - 공직선거에 있어서 특정인을 후보자로 추천하는 일
	  - 지방의회 의장·부의장 선거와 교육감을 선출하는 일
	  - 공무원이 담당·처리하는 사무에 관하여 청탁 또는 알선하는 일
	  - 국가·공공단체 또는 특별법의 규정에 따라 설립된 법인, 국가 또는 지방자치단체가 주식 또는 지분의 과반수를 소유하는 법인, 국가나 공공단체로부터 직접 또는 간접으로 보조금을 받는 법인, 정부가 지급보증 또는 투자한 법인과의 계약이나 그 처분에 따라 재산상의 권리·이익 또는 직위를 취득하거나 이를 알선하는 일

기부의 알선 금지	• 누구든지 업무·고용, 그 밖의 관계를 이용하여 부당하게 타인의 의사를 억압하는 방법으로 후원금의 기부를 알선할 수 없음.

후원인(회원, 비회원 포함)의 연간 기부 한도액

후원인은 표 2-21과 같이 연간 기부 한도액과 익명기부가 제한될 뿐만 아니라 회원의 의무 규정이 있다.

▶ 표 2-21 후원인(회원, 비회원 포함)의 연간 기부 한도액

구분	내용
후원인 기부 한도액	• 후원인이 후원회에 기부할 수 있는 총 후원금은 연간 2,000만 원을 초과할 수 없으며, 하나의 후원회에 기부할 수 있는 후원금은 연간 500만 원을 초과할 수 없음. → 후원인의 기부 한도액은 공직선거 실시 연도 여부에 관계없이 연간 2,000만 원을 초과할 수 없음.
익명 기부 및 처리 방법	• 1회 10만 원 이하, 연간 120만 원 이하의 후원금은 익명으로 기부할 수 있음. • 후원회의 회계 책임자는 익명기부 한도액을 초과하거나 타인의 명의 또는 가명으로 후원금을 기부 받은 경우 그 초과분 또는 타인의 명의나 가명으로 기부 받은 금액은 국고에 귀속시켜야 함.
회원의 의무	• 후원회의 회원은 연간 1만 원 또는 그에 상당하는 가액 이상의 후원금을 기부해야 함.

후원회의 후원금 모금 방법

후원회의 모금 주체, 모금 기간, 모금·기부 한도액, 후원금 모금 방법은 다음의 표 2-22와 같다.

예비후보자 및 후보자에 대한 후원금 기부

후원회가 후원금을 모금한 때에는 모금에 직접 소요된 경비를 공제하고 지체 없이 이를 후보자에게 기부해야 한다. 다만 부득이하게 해당 후원회를 둘 수 있는 기간에 후보자에게 기부하지 못한 때에는 정치자금법 제40조(회계 보고)에 따른 회계 보고를 하는 때까지 기부할 수 있다. 후원금 기부는 후원회의 회계 책임자가 후원회의 후원금 지출계좌에서 후보자의 수입계좌로 이체하는 방식으로 해야 한다.

후원인이 후보자에게 직접 후원금을 기부한 경우 해당 후보자는 기부 받은 날부터 30일(기부 받은 날부터 30일이 경과하기 전에 후원회를 둘 수 있는 자

▶ 표 2-22 후원회의 후원금 모금 방법

구분	내용
모금 주체	• 예비후보자 후원회 또는 후보자 후원회
모금 기간	• 후원회 등록일부터 선거일(후보자 사퇴 시 사퇴 당일)까지
모금·기부 한도액	• 1억 5,000만 원
후원금 모금 방법	• 우편·통신(전화, 인터넷전자결제시스템 등을 말함)에 의한 모금 • 정치자금 영수증과의 교환에 의한 모금 • 신용카드·예금계좌 등에 의한 모금 • 그 밖에 정치자금법, 정당법 및 공선법에 위반되지 아니하는 방법에 의한 모금 → 집회에 의한 방법으로는 후원금을 모금할 수 없음.
후원금 모금 등의 고지 및 광고	• 후원금 모금 등의 고지 및 광고 방법은 '후원금 모금 및 기부 시 유의 사항' 부분 참조

격을 상실한 경우에는 그 자격을 상실한 날) 이내에 기부 받은 후원금과 기부자의 인적 사항을 자신이 지정한 후원회의 회계 책임자에게 전달한 경우에는 해당 후원회가 기부 받은 것으로 본다(정치자금법 §10 ③)

그러면 후원회가 모금한 후원금 외의 차입금을 후원회 지정권자인 예비후보자 또는 후보자에게 기부할 수 있을까? 그렇지 않다. 이 경우 후원회가 모금한 후원금 외의 차입금 등 금품은 후원회 지정권자인 예비후보자 또는 후보자에게 기부할 수 없다(같은 법 §10 ①).

모금한 후원금의 흐름도는 그림 2-9와 같다.

불법 후원금의 반환 및 국고 귀속

후원회의 회계 책임자는 후원인으로부터 기부 받은 후원금이 정치자금법 또는 다른 법률에 위반되는 청탁 또는 불법의 후원금이라는 사실을

▶ 그림 2-9 후원금 흐름도

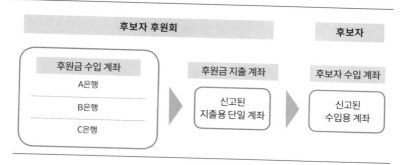

안 날부터 30일 이내에 표 2-23과 같이 후원인에게 반환해야 하며, 불법 후원금을 반환해야 할 사유가 발생했으나 후원인의 주소 등 연락처를 알지 못하여 반환할 수 없거나 후원인이 수령을 거절할 때에는 관할 선관위를 통해 이를 국고에 귀속시켜야 한다.

▶ 표 2-23 불법 후원금의 반환 및 국고 귀속 절차

구분	내용
반환 대상 및 반환 방법	• 후원회의 회계 책임자는 후원인으로부터 기부 받은 후원금이 정치자금법 또는 다른 법률에 위반되는 청탁 또는 불법의 후원금이라는 사실을 안 날부터 30일 이내에 후원인에게 반환해야 함. • 반환할 경우 이미 정치자금 영수증을 교부했을 때에는 후원인에게 교부한 영수증을 반드시 회수해야 함. • 반환된 후원금에 대해서는 '수입 계정-후원금' 과목에서 '감(-)처리'하되, '불법 후원금 반환' 등으로 그 사유를 기재하고 반환 받은 정치자금 영수증과 입금 영수증을 합본하여 증빙서류로 보관해야 함. → 정치자금 영수증 회수가 불가능한 경우 회계 보고 시 소명서 제출
국고 귀속 사유 및 절차	• 불법 후원금을 반환해야 할 사유가 발생했으나 후원인의 주소 등 연락처를 알지 못하여 반환할 수 없거나 후원인이 수령을 거절하는 때에는 관할 선관위를 통해 이를 국고에 귀속해야 함. • 후원회가 해산된 후에 기부된 후원금은 지체 없이 후원인에게 반환하고, 회계 보고 전까지 반환하지 아니하는 때에는 이를 국고에 귀속함.

후원회 회계 책임자의 임무와 책임

회계 책임자란 정치자금법에 따라 관할 선관위에 신고된 자로서 정치자금의 수입·지출 업무에 관한 권한과 책임을 가진 사람을 말한다. 후원회에 회계 책임자를 별도로 두어 정치자금을 관리하게 하는 이유는 정치자금에 대한 통제를 회계 책임자가 전담하도록 함으로써 정치자금 수입·지출의 투명성을 확보하고, 그 책임 소재를 명확하게 하기 위한 것이라는 건 이미 앞에서 살펴보았다.

예비후보자 또는 후보자의 회계 책임자가 예비후보자 후원회 또는 후보자 후원회의 회계 책임자를 겸임할 수 없으므로 후원회에 별도의 회계 책임자를 선정해야 하며, 회계 책임자로서의 임무와 책임 등에 대한 세부적인 내용은 제2부 제1장 3절의 '회계 책임자의 임무와 책임, 신고 절차' 부분을 참조하기 바란다.

후원회의 정치자금 수입 및 지출

정치자금 수입 및 지출의 기본 원칙

정치자금 수입 및 지출을 함에 있어 누구든지 정치자금법에 의하지 않고는 정치자금을 기부하거나 받을 수 없고, 정치자금의 회계는 공개되어야 하며, '사적 경비'나 '부정한 용도'로 지출할 수 없다. 또한 후원회의 정치자금 수입·지출은 실명 확인 방법에 의한 방법으로 기부 또는 지출을 해야 하며, 타인의 명의 또는 가명에 의한 기부가 금지되고 있음은 이미 앞에서 살펴보았다. 또한 정치자금 수입·지출 시 준수 사항 역시 마찬가지다. 정치자금 수입 및 지출에 대한 세부적인 내용은 앞서 설명한 내용을 참조하기 바란다.

후원회 회계장부의 계정 구분 및 과목

정치자금을 지출하려면 회계 책임자가 후원회의 수입·지출부 등 회계장부를 비치하고 그림 2-10 및 표 2-24와 같이 수입 계정과 지출 계정으로 구분하여 과목을 설정하고, '수입 계정'에는 ① 후원금, ② 그 밖의 수입으로 구분하고, '지출 계정'에는 ① 기부금, ② 후원금 모금 경비, ③ 인건비, ④ 사무소 설치·운영비, ⑤ 그 밖의 경비로 구분하여 기재해야 한다.

후원금 모금 및 기부 시 유의 사항

후원회는 인쇄물·시설물 등을 이용하여 후원회명, 후원금 모금의 목적, 기부처, 기부 방법, 해당 후보자의 사진·학력(정규 학력과 이에 준하는 외국의

▶ **그림 2-10 수입·지출 총괄 계정**

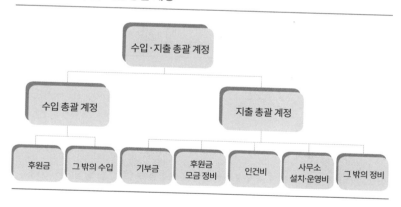

▶ **표 2-24 후원회 회계 장부의 계정 구분 및 과목**

구분		내용
수입 계정	후원금	• 후원인(후원회의 회원이나 회원이 아닌 자)이 후원회에 기부하는 금전이나 유가증권 기타 물건으로서 매 건별로 연월일, 납입자의 성명·생년월일·주소·직업·전화번호 및 금액을 기재함. • 후원회로부터 위임받은 자가 정치자금 영수증과의 교환에 의한 방법으로 모금한 후원금에 대해서도 기부자별로 기재함. • 1회 30만 원 이하의 후원금은 일자별 건수 및 금액을 기재함. • 익명 기부의 경우에는 일자, 금액 및 기부 방법을 기재함.
	그 밖의 수입	• 이자수입 등으로서 연월일과 금액 및 그 원인이 된 사실을 기재함.
지출 계정	기부금	• 후보자에게 기부한 금전 등을 기부 일자별로 기재함. → 후원회가 모금한 후원금 외의 차입금 등 금품을 기부할 수 없음.
	후원금 모금 경비	• 후원금 모금을 위하여 직접 소요된 경비로서 광고료, 안내장 발송비, 정치자금 영수증 발송 비용, 정치자금 영수증 발급용 인지 구입비 등을 기재함.
	인건비	• 후원회의 유급 사무직원에게 지급하는 봉급, 수당, 여비, 활동비, 격려금과 일반 사무에 소요되는 여비와 그 밖의 인건비 등을 일자별·수령자별로 기재함.
	사무소 설치· 운영비	• 후원회 사무소 임차 비용 • 후원회 사무소에 필요한 물품 구입비 • 후원회 사무소 운영에 필요한 수수료 및 수선비 • 각종 보험료, 연료비, 자동차 유지비(후원회 사무용에 한함) • 전신전화 기타 공공요금 일체 • 그 밖의 후원회 사무소 설치·운영비로 지출 일자별·수령자별로 기재함.
	그 밖의 경비	• 후원회가 후원금을 모금하는 등 후원회 사무를 위해 사용한 상기 이외의 지출로서 일자별·건별로 기재함.

교육과정을 이수한 학력에 한함)·경력·업적·공약과 그 밖에 홍보에 필요한 사항(다만, 다른 정당·다른 후보자에 관한 사항을 포함할 수 없음)을 알릴 수 있다.

또한 후원회는 신문 등의 진흥에 관한 법률 제2조(정의)에 따른 신문 및 잡지 등 정기간행물의 진흥에 관한 법률 제2조(정의)에 따른 정기간행물을 이용하여 분기별 4회 이내에서 후원금의 모금과 회원의 모집 등을 위해 광고할 수 있다.

한편 후원회는 안내장(지로용지 포함)에 이용한 후원금 모금 내용을 안내할 수 있으나, 후원회의 지정권자인 예비후보자 또는 후보자는 안내장에 의한 후원금 모금 내용을 안내할 수는 없다는 점에 유의해야 한다.[11]

후원회의 대표자·회계 책임자 및 유급 사무직원, 후원회의 지정권자인 예비후보자 또는 후보자와 그의 회계 책임자, 그리고 후원회를 둔 국회의원의 보좌관·비서관 및 비서는 의례적으로 교부하는 명함에 후원회의 모금 또는 회원의 모집 등의 게재하여 알릴 수 있다.

후원금을 모금한 경우 정치자금 영수증을 발급, 교부해야 한다.

▶ 표 2-25 후원회 회계 보고 대상 및 기한

회계 보고 사유	회계 보고 대상 기간	회계 마감일	회계 보고 기간
후원회 지정권자가 당선된 경우 또는 낙선하여 해산한 경우	후원회 등록일부터 선거일 후 20일까지	선거일 후 20일 현재	선거일 후 30일까지
당해 후원회 지정권자가 후원회를 둘 수 있는 자격을 상실하거나 후원회의 지정 철회 또는 정관 등에 정한 해산 사유가 발생하여 해산하는 경우	후원회 등록일부터 사유 발생일 후 14일 이내까지	해산한 날부터 14일 이내까지	해산한 날부터 14일 이내까지

후원회의 회계 보고 및 공개

보고 대상 및 기한

후원회의 회계 책임자는 다음에서 정하는 기한까지 관할 선관위에 정치 자금 수입과 지출에 관한 회계 보고를 앞의 표 2-25와 같이 해야 한다.

▶ 표 2-26 후원회의 회계 보고 내역의 공개

구분		내용
공개 방법·대상		• 회계 보고를 받은 관할 선거구 선관위는 회계 보고 마감일부터 7일 이내에 그 사실과 열람·사본 기간 및 사본 교부에 필요한 비용을 공고함. • 관할 선거구 선관위는 회계 책임자가 보고한 재산 상황, 정치자금의 수입·지출 내역 및 첨부 서류를 그 사무소에 비치하고 공고일부터 3월간(이하 '열람 기간') 누구든지 볼 수 있도록 공개함.
공개 대상 기부자의 명단 공개		• 관할 선거구 선관위가 정치자금의 수입 내역을 공개하는 때에 후원회에 연간 300만 원을 초과하여 기부한 자의 인적 사항과 금액도 함께 공개함.
공개된 정치자금 기부 내역의 정치적 목적 이용 금지		• 누구든지 공개된 정치자금 기부 내역을 인터넷에 게시하여 정치적 목적에 이용해서는 안 됨.
회계 보고 내역의 열람 및 사본 교부	열람 및 사본 교부 기간	• 회계 보고서의 열람 기간은 관할 선거구 선관위가 수입·지출 보고서 사본을 공고한 날부터 3월간이며, 사본 교부 기간은 공고한 이후 제한 기간이 없음. • 누구든지 관할 선거구 선관위에 열람 및 사본 교부를 서면으로 신청할 수 있음.
	열람 및 사본 교부 대상 서류	• 열람 대상: 재산 상황, 정치자금의 수입·지출 내역, 첨부 서류 • 사본 교부 대상: 영수증 그 밖의 증빙서류와 정치자금의 수입·지출 예금통장 사본을 제외한 위 열람 대상 서류 • 열람 및 사본 교부 대상이 아닌 서류: 후원회에 연간 300만 원 이하를 기부한 자의 인적 사항과 금액

회계 보고 내역의 공개

후원회의 회계 책임자가 정치자금 수입과 지출에 관한 회계 보고를 하면 관할 선거구 선관위는 표 2-26과 같이 회계 보고 내역을 공개한다.

회계 보고 내역에 대한 이의신청

선관위에 보고된 후원회의 재산 상황, 정치자금의 수입·지출 내역 및 첨부 서류에 관해 이의가 있는 사람은 그 이의에게 대한 증빙서류를 첨부하여 열람 기간 중에 관할 선관위에 서면으로 이의신청을 할 수 있다. 이 경우 이의신청을 받은 관할 선거구 선관위는 이의신청을 받은 날부터 60일 이내에 이의신청 사항을 조사·확인하고 그 결과를 신청인에게 통보해야 한다.

제2장

선거운동의 트렌드,
온라인 선거운동

의사소통 능력이 관건이다.

고대 로마에서 정치 경력을 쌓으려는 사람들은 모두 대중연설 기술을 연마하기 위해 공을 들였다. 새롭고 다양한 미디어들이 출현한 오늘날에도 의사소통 능력이 형편없는 사람이라면 마찬가지로 선거에서 승리하지 못할 것이다.

−퀸투스 툴리우스 키케로, 《선거에서 이기는 법》중에서

01 | 온라인 선거운동의 정의

선거운동이란 각종 선거에서 당선을 목적으로 행하는 일련의 활동이다. 공선법은 선거운동을 "당선되거나 되게 하거나 되지 못하게 하기 위한 행위"라고 정의(법 §58)하고 있는바, 특정인의 당선 또는 낙선을 목적으로 하는 일체의 행위를 모두 선거운동으로 보고 있다.

이러한 선거운동을 할 수 있는 방법은 구체적으로 한정돼 있지 않다. 공선법은 "누구든지 자유롭게 선거운동을 할 수 있다. 그러나 이 법 또는 다른 법률의 규정에 의하여 금지 또는 제한되는 경우에는 그러하지 아니하다"라고 규정(법 §58 ②)하고 있을 뿐이므로, 법률에 위반하지 않는 이상 어떠한 방법으로도 선거운동을 할 수 있음을 분명히 하고 있다.

따라서 선거운동을 할 수 있는 자는 스스로의 판단에 따라 자신에게 가장 유리하고 효과적인 방법으로 선거운동을 할 수 있는데, 과거에는 직접 사람을 대면하여 하는 선거운동 방법이 주를 이루었다면, 오늘날과 같이 변화된 사회에 있어서는 종전에 예상하지 못했던 다양한 선거운동의 방법들이 등장하고 있다.

이처럼 다양하게 전개되는 선거운동 방법 가운데 '온라인 선거운동'이라 함은 주로 문자메시지, 인터넷, 전자우편 등의 전기 통신망을 이용한 선거운동 방법을 가리킨다. 온라인On-line은 컴퓨터의 단말기가 중앙처리 장치와 통신 회선으로 연결되어 정보를 전송하고, 중앙처리 장치의 직접적인 제어를 받는 상태를 말한다. 반대로 오프라인Off-line은 컴퓨터 단말기의 입출력 장치 따위가 연결돼 있지 않아 중앙처리 장치의 직접적인 제어를 받지 않는 상태를 가리키는 것인데, 온라인에 상대하여 인터넷과 같은 가상공간이 아닌 실재하는 공간 또는 사람들이 실제로 경험하는 현실의 세계를 의미한다.

정보통신의 발달은 사회의 변화와 함께 그 구성원의 행동 양식까지도 변화하게 만들었고, 선거에 출마하는 후보자들은 이와 같이 변화된 환경을 선거운동에 활용할 필요성이 대두되었다. 이로 인해 온라인 선거운동은 오늘날 다양한 선거운동 방법 중 가장 중요한 위치를 차지하게 되었다.

02 온라인 선거운동과 관련한 규제의 변화

공선법 제정 당시부터 2011년 헌재 결정 이전

1993년 5월 국회 정치관계법심의특별위원회가 새로운 선거법 제정을 위한 논의를 시작하여 오랜 협의 끝에 1994년 3월 16일 법률 제4739호 공직선거 및 선거부정방지법으로 공포되었다. 그런데 위 법률 제4739호 공직선거 및 선거부정방지법은 온라인 선거운동과 관련한 별도의 규정을 마련하고 있지는 않았다. 따라서 온라인 선거운동의 경우에도 다른 일반적인 선거운동 방법과 동일한 방식으로 규율되었다. 하지만 사회 전반에 컴퓨터 통신이 보급되어 정보통신 사회가 구현됨에 따라 선거운동의 양상도 급변하기 시작했다.

이러한 변화를 반영하여 1997년, 2004년, 2005년, 2008년 공선법의 개정 시마다 온라인 선거운동에 대한 허용 규정을 추가함과 동시에 부작용을 통제하는 규정을 추가해왔다.

2011년 헌재의 한정위헌 결정

이러한 온라인상의 선거운동을 폭발적으로 확대하는 계기가 된 것은 2011년 12월 29일에 있었던 헌법재판소의 2007헌마1001, 2010헌바 88, 2010헌마173·191병합 사건이다.

(1) 위 사건은 청구인들이 UCCUser-Created Contents(이용자 제작 콘텐츠)에 지지·추천·반대 등의 내용을 담아 각종 포털 사이트 또는 미니 홈페이지, 블로그 등 인터넷상에 게시하거나, 자신이 운영하는 인터넷 사이트에 특정 후보자를 비판하는 내용의 글을 게재하거나, 특정 후보자에 관련된 글을 자신의 블로그에 게재하거나, 선거와 관련해 정당 및 후보자에 관한 트윗을 작성한 후 트위터 서비스를 이용하여 팔로워들과 공람하거나, 그가 팔로잉하고 있는 사람들이 트윗한 글을 자신의 팔로워들과 돌려보는 리트윗을 한 사안들이 문제된 것이다.

(2) 이는 구 공선법 제93조 제1항이 "누구든지 선거일 전 180일(보궐선거 등에 있어서는 그 선거의 실시 사유가 확정된 때)부터 선거일까지 선거에 영향을 미치게 하기 위하여 이 법의 규정에 의하지 아니하고는 정당(창당준비위원회와 정당의 정강·정책 포함. 이하 이 조에서 같음) 또는 후보자(후보자가 되고자 하는 자 포함. 이하 이 조에서 같음)를 지지·추천하거나 반대하는 내용이 포함돼 있거나 정당의 명칭 또는 후보자의 성명을 나타내는 광고, 인사장, 벽보, 사진, 문서·도화, 인쇄물이나 녹음·녹화 테이프, 기타 이와 유사한 것을 배부·첩부·살포·상영 또는 게시할 수 없다"고 규정하고 있었는데, 위 행위들을 구 공선법 제93조 제1항이 열거한 '기타 이와 유사한 것'으로 보는 것이 표현의 자유와 선거운동 자유의 원칙을 침해하는지 여부를 다룬 것이다.

(3) 이와 관련해 헌법재판소는 "인터넷은 누구나 손쉽게 접근 가능한 매체이고, 이를 이용하는 비용이 거의 발생하지 아니하거나 또는 적어도 상대적으로 매우 저렴하여 선거운동 비용을 획기적으로 낮출 수 있는 정치 공간으로 평가받고 있고, 오히려 매체의 특성 자체가 '기회의 균형성·투명성·저비용성의 제고'라는 공선법의 목적에 부합하는 것이라고도 볼 수 있는 점, 후보자에 대한 인신공격적 비난이나 허위 사실 적시를 통한 비방 등을 직접적으로 금지하고 처벌하는 법률 규정은 이미 도입돼 있고 모두 이 사건 법률 조항보다 법정형이 높으므로, 결국 허위 사실, 비방 등이 포함되지 아니한 정치적 표현만 이 사건 법률 조항에 의하여 처벌되는 점, 인터넷의 경우에는 정보를 접하는 수용자 또는 수신자가 그 의사에 반하여 이를 수용하게 되는 것이 아니고 자발적·적극적으로 이를 선택(클릭)한 경우에 정보를 수용하게 되며, 선거 과정에서 발생하는 정치적 관심과 열정의 표출을 반드시 부정적으로 볼 것은 아니라는 점 등을 고려하면, 이 사건 법률 조항에서 선거일 전 180일부터 선거일까지 인터넷상 선거와 관련한 정치적 표현 및 선거운동을 금지하고 처벌하는 것은 후보자 간 경제력 차이에 따른 불균형 및 흑색선전을 통한 부당한 경쟁을 막고, 선거의 평온과 공정을 해하는 결과를 방지한다는 입법 목적 달성을 위하여 적합한 수단이라고 할 수 없다"고 보았다.

또한 "대통령 선거, 국회의원 선거, 지방선거가 순차적으로 맞물려 돌아가는 현실에 비추어보면, 기본권 제한의 기간이 지나치게 길고, 그 기간 '통상적 정당 활동'은 선거운동에서 제외됨으로써 정당의 정보 제공 및 홍보는 계속되는 가운데 정당의 정강·정책 등에 대한 지지, 반대 등 의사 표현을 금지하는 것은 일반 국민의 정당이나 정부의 정책에 대한 비판을 봉쇄하여 정당정치나 책임정치의 구현이라는 대의제도의 이념적 기반을 약화시킬 우려가 있다는 점, 사이버선거부정감시단의 상시적 운영, 선관위의 공선법 위반 정보 삭제 요청 등 인터넷상에서 선거운동을 할 수 없는 자의 선거운동, 비방이나 허위 사실 공표의 확산을 막기 위한 사전적 조치는 이미 별도로 입법화돼 있고, 선거관리의 주체인 중앙선관위도 인터넷상 선거운동의 상시화 방안을 지속적으로 제시해오고 있는 점, 일정한 정치적 표현 내지 선거운동 속에 비방·흑색선전 등의 부정적 요소가 개입될 여지가 있다 하여 일정한 기간 이를 일률적·전면적으로 금지하고 처벌하는 것은 과도하다고 볼 수밖에 없는 점 등을 감안하면 최소 침해성의 요건도 충족하지 못한 것"이라 판단했을 뿐만 아니라, 여기에 "이 사건 법률 조항에 대한 법익 균형성 판단에는 국민의 선거 참여를 통한 민주주의의 발전 및 민주적 정당성의 제고라는 공익 또한 감안해야 할 것인데, 인터넷상 정치적 표현 내지 선거운동을 금지함으로써 얻어지는 선거의 공정성은 명백하거나 구체적이지 못한 반면, 인터넷을 이용한 의사소통이 보편화되고 각종 선거가 빈번한 현실에서 선거일 전 180일부터 선거일까지 장기간 동안 인터넷상 정치적 표현의 자유 내지 선거운동의 자유를 전면적으로 제한함으로써 생기는 불이익 내지 피해는 매우 크다 할 것이므로, 이 사건 법률 조항은 법익 균형성의 요건도 갖추지 못한 것"으로 보았다. 그 결과 헌법재판소는 구 공선법 제93조 제1항에 대해 한정위헌 결정을 하기에 이르렀다.

2011년 헌재 결정 이후

2011년 12월 29일에 있었던 헌법재판소의 2007헌마1001 결정은 온라인 선거운동과 관련한 획기적인 변화를 가져왔다. 즉 헌법재판소가 온라인상의 정치 표현의 자유를 제한하고 있던 공선법의 관련 규정을 한정위헌 결정하면서 온라인상의 정치 표현의 자유가 대폭 확대되었는데, 2012년 2월 29일 개정 법률은 공선법 제93조 제1항에 대한 헌법재판소의 한정위헌 결정의 취지를 반영하여 정보통신망을 이용한 선거운동을 확대했다. 그 결과 인터넷 홈페이지 또는 그 게시판·대화방 등에 글이나 동영상 등을 게시하거나 전자우편·문자메시지 전송에 의한 사전선거운동을 허용하게 되었고, 후보자도 인터넷 홈페이지 관리·운영자 또는 정보통신 서비스 제공자에게 직접 공선법에 위반되는 게시물 등에 대한 삭제 요청 등을 할 수 있도록 했으며, 이에 대한 부작용을 우려하여 선거에 영향을 미치게 하기 위해 문자·음성·화상·동영상 등을 인터넷 홈페이지의 게시판·대화방 등에 게시하거나 전자우편·문자메시지로 전송하게 하고 그 대가를 제공 또는 그 제공의 의사 표시를 하거나 그 제공을 약속한 자는 5년 이하의 징역 또는 1천만 원 이하의 벌금(2014. 2. 13. 5년 이하의 징역 또는 3천만 원 이하의 벌금으로 법 개정)으로 처벌하고, 그 대가를 제공받은 자에게는 10배 이상 50배 이하의 과태료를 부과하도록 했다.

2017년 2월 8일 개정 법률은 선거 당일 후보자 등이 발송하는 투표 참여 독려 문자메시지와 선거운동 행위 사이의 구별이 모호한 측면이 있다는 점을 고려하여 선거일에도 문자메시지나 인터넷·전자우편 등의 방법으로 선거운동을 할 수 있도록 하였고, 문자메시지를 자동 동보통신의 방법으로 전송하는 경우 후보자와 예비후보자가 전송할 수 있는 횟수를 8회 이내로 하여 무분별한 문자메시지 전송으로 인한 유권자의 불편을 해소하였다(제59조 제2호, 제3호).

2018년 4월 6일 개정 법률은 선거부정감시단 및 사이버선거부정감시단의 명칭을 공정선거지원단 및 사이버공정선거지원단으로 각각 변경하고, 설치 목적에 공정 선거를 지원하기 위한 것임을 추가하도록 하였다(제10조의2, 제10조의3, 제244조, 제277조의2).

03 온라인 선거운동의
확대와 중요성

온라인 선거운동의 확대:
온라인 선거운동의 상시적 허용

온라인 선거운동이 최근 주목을 받는 가장 큰 이유 중 하나는 정보 전달 수단으로서 온라인 그 자체가 가지는 영향력뿐만 아니라 온라인을 이용한 일부 선거운동의 방법이 상시적으로 허용되기 때문이다. 공선법 제59조는 원칙적으로 선거운동을 선거 기간 개시일부터 선거일 전일까지만 할 수 있도록 허용하지만, ① 문자메시지를 전송하는 방법으로 선거운동을 하는 경우와 ② 인터넷 홈페이지 또는 그 게시판·대화방 등에 글이나 동영상 등을 게재하거나 전자우편(컴퓨터 이용자끼리 네트워크를 통해 문자·음성·화상 또는 동영상 등의 정보를 주고받는 통신 시스템을 말함)을 전송하는 방법으로 선거운동을 하는 경우에는 법이 정한 선거운동 기간과 상관없이 언제라도 선거운동을 할 수 있도록 허용하고 있다.

2011년 헌재 결정과 헌재 결정에 따른 2012년 이후 선거법 개정으로 이제는 선거운동 기간에 상관 없이 자유로운 정치적 의사소통이 가능하게 되었고, 후보자와 유권자, 그리고 정당과 시민들 간의 자유로운 정보 공유가 활성화되었다. 또한 SNS를 위시한 온라인 선거운동은 실제 총선이나 지방선거 등에 있어서 출마하는 모든 후보자들이 홈페이지를 비롯한 SNS, 블로그, 미니 홈피 등을 개설해 유권자와의 소통을 강화할 수 있게 되었다. 우리나라에서도 본격적으로 온라인 선거운동이 가능한 여건이 형성된 것이다.

앞에서도 설명한 바 있듯이 현역 의원에 비해 여러 가지로 불리한 정치 신인들의 경우 상시적으로 허용되는 선거운동 방법인 온라인 선거운동을 잘 활용하는 것이 중요하다. '돈은 묶고 입(말)은 푼다'라는 선거법의 기본 취지를 가장 잘 살릴 수 있는 선거운동 방법이기도 하다.

온라인 선거운동의 중요성

(1) 온라인 선거운동은 무선과 유선 통신이 가능한 전화 또는 PC 등을 활용하여 행해진다. 우리 사회에서 전화의 경우 2009년 유선 가입자가 2,009만 명에 달한 이후 매년 조금씩 줄어 2018년에는 1,433만 4,000명 수준을 유지하고 있다. 반면 이동전화는 2009년에 이미 4,794만 4,000명이 가입했고, 이후에도 꾸준히 증가하여 2018년에는 6,635만 6,000명이 이동전화에 가입하고 있는 것으로 집계되었다. 이러한 통계에 의하면 유선전화는 이미 전 가구 대비 포화 상태에 이른 것으로 보이고, 이동전화도 거의 100% 보급이 완성되었다고 평가된다. 한편 가구 인터

넷 보급률의 경우에도 2009년에 81.2%를 기록했고, 2018년에는 84.1%까지 상승했다. 반면 가구 컴퓨터 보유율의 경우에는 2009년 81.4%를 기록했다가 2018년에 72.4%로 감소하고 있다.[12] 이 같은 현상은 스마트폰 등 스마트 기기의 수요 증가로 인해 데스크톱 등의 컴퓨터 수요가 감소한 것으로 짐작된다. 위와 같은 통계에 의하면 이미 우리나라는 전 국민이 유선 및 무선 통신을 통해 의사 및 정보의 전달이 가능한 사회가 충족되었다고 평가할 수 있다.

(2) 이와 같은 전기통신의 발달과 스마트 기기의 보급은 선거운동의 패러다임을 완벽하게 변화시켰다. 전통적인 방식의 선거운동이 유세, 합동 토론회 등의 오프라인상의 활동이었다고 한다면, 이제는 전기통신망에 의해 구현되는 온라인 세상에서의 선거운동이 대세가 되었다. 선거에 출마하는 후보자들의 경우에도 이러한 사회의 변화에 점차 순응하는 모습을 보여주고 있는데, 2007년 이전 온라인 공간에서의 선거운동은 홈페이지와 블로그가 유일한 수단으로 이용되는 정도에 그치고 있었다. 그러다가 2008년부터 트위터 이용자들이 증가하기 시작하여 2010년에는 500만 명 이상이 이용하게 되었고, 2011년에는 하루 평균 270만 개 트윗이 업로드될 정도로 소셜 미디어의 영향력이 강해지기 시작했다. 그와 동시에 2010년대부터는 페이스북과 스마트폰의 이용도가 높게 나타났고, 카카오톡의 경우에도 2011년 이용자가 3,000만 명 수준에 도달한 이후 2018년 5월 조사에서는 가입자 3,528만 명, 모바일 메신저 사용 시간 중 카카오톡 점유율이 94.4%를 차지한 것으로 분석되어 이제는 국민 미디어로 등극하기에까지 이르렀다.

(3) 이러한 소셜 미디어의 활성화로 인해 온라인상의 선거운동도 보조를 같이하게 되었다. 홈페이지나 블로그의 단절성에 비해 트위터에서의

정치적 활용은 매우 역동적이고 연결성이 높다. 팔로우 맺기가 매우 활성화돼 있고, 그에 따라 네트워크 또한 간결해졌다. 특히 팔로잉의 경우 상호 팔로잉률에서 나타나듯 일방향을 탈피하여 쌍방향성이 두드러진다. 리트윗 발생률이 높을 뿐만 아니라 매우 신속하기 때문에 정보 공유의 폭도 매우 넓다. 현재는 트위터의 위력이 퇴조하고 있는 것으로 보이지만, 우리나라 온라인 선거운동 역사에서 적어도 2010년을 전후한 시기만큼은 트위터 선거운동 시기라고 할 정도로 영향력이 높았다.

이후 트위터의 위력이 다소 감소한 것은 사실인 것으로 보이지만, 이는 다른 소셜 미디어의 등장에 기인하는 측면도 크다. 페이스북, 카카오톡, 밴드와 같은 다른 소셜 미디어는 트위터와는 다소 구별되는 각자의 특성이 있지만, 트위터가 가지지 못하는 나름의 장점이 있다. 이러한 장점으로 인해 각각의 소셜 미디어들이 시장을 나누어 가지게 되었고, 오히려 전체적으로는 선거운동에서 소셜 미디어의 형향력을 확대하는 결과를 가져왔다. 여기에 동영상을 위주로 하는 유튜브까지 가세함에 따라, 이제는 이와 같은 매체들이 난공불락의 선거운동 방법이 되었다. 이와 같이 국내에서 유행한 미디어의 흐름을 살펴보면 홈페이지에서 블로그, 소셜 미디어, 모바일로의 변화가 나타나고 있고, 텍스트로부터 이미지, 동영상으로 유행이 확산되는 특징을 보여준다.

(4) 위와 같은 흐름에도 불구하고 각각의 소셜 미디어는 다른 소셜 미디어가 가지지 못하는 장점이 있기 때문에 선거운동에는 동시에 여러 가지 소셜 미디어가 중복 활용되고 있다. 홈페이지는 종합적인 정보 저장고로서 역할이 뛰어나고, 블로그는 일상적인 이야기를 다루기에 편리하며, 의제의 네트워크인 트위터는 속보를 생산하고 확산하기에 유리하다. 페이스북은 인적 관계를 중요시하고, 유튜브는 동영상을 통한 정보 제공을

통해, 인스타그램은 이미지를 통한 정보 제공을 통해 그 영향력을 높이고 있다. 반면 모바일 메신저인 카카오톡, 라인, 텔레그램은 일상적인 대화를 통해, 카카오 스토리나 밴드 같은 커뮤니티는 동질적인 인적 구성의 폐쇄적·목적적 성격을 통해, 앱은 실시간 정보제공을 통해 그 중요성을 더해가고 있다.

04 | 온라인 선거운동의 방법과 제한

선거운동

의의

앞에서도 설명한 바와 같이 선거운동이란 당선되거나 되게 하거나 되지 못하게 하기 위한 행위다. 이러한 선거운동이 되기 위해서는, 첫째 특정 선거에 관한 행위일 것, 둘째 특정 정당(창당준비위원회 포함) 또는 후보자(후보자가 되고자 하는 자 포함)를 위해 하는 행위일 것, 셋째 당선 또는 낙선에 직접·간접으로 필요한 행위일 것(행위의 주체에 대해서는 제한이 없음) 등의 요건을 충족해야 한다.

온라인 선거운동의 경우

다른 선거운동 방법의 경우도 마찬가지이지만, 공선법상의 선거운동에 관한 정의만으로는 과연 온라인상의 어떤 행위가 선거운동에 해당하고,

또 어떤 행위가 선거운동에 해당하지 않는지 여부를 쉽게 가늠하기 어려운 경우가 많다. 온라인 선거운동에 관한 법적 규제는 대개 그 사람의 행위가 선거운동에 해당한다는 것을 전제하여 이루어지는 것인데, 대부분의 경우 온라인에서 이루어지는 행위는 자신의 행위가 선거운동에 해당한다는 인식 없이 부주의하게 행해지는 경우가 많다.

이와 같이 온라인상에서 이루어지는 의식적·무의식적 행위가 선거운동에 해당하는지 여부는 결국 규범적 판단의 문제로 귀착될 것인데, 판례는 "특정 후보자의 당선 내지 득표나 낙선을 위하여 필요하고도 유리한 모든 행위로서 당선 또는 낙선을 도모한다는 목적 의사가 객관적으로 인정될 수 있는 능동적·계획적인 행위"를 말한다고 판시한다(대법원 2005. 10. 14. 선고 2005도301). 또한 구체적으로 어떠한 행위가 선거운동에 해당하는지 여부를 판단함에 있어서는 단순히 그 행위의 명목뿐만 아니라 그 행위의 태양, 즉 그 행위가 행해지는 시기·장소·방법 등을 종합적으로 관찰하여 그것이 특정 후보자의 당선 또는 낙선을 도모하는 목적 의지를 수반하는 행위인지 여부를 판단해야 한다고 하였다(대법원 2005. 10. 14. 선고 2005도301). 선거운동을 특정 선거에서 특정 후보자의 당선 또는 낙선을 도모한다는 목적 의사가 객관적으로 인정될 수 있는 행위라고 보는 점에서는 기존 판결과 동일하지만, 최근에는 이러한 행위에 해당하는지 여부를 판단할 때에는 당해 행위를 하는 주체 내부의 의사가 아니라 외부에 표시된 행위를 대상으로 객관적으로 판단해야 한다고 함으로써 선거운동의 범위를 다소 제한적으로 해석한 대법원 전원합의체 판결(대법원 2016. 8. 26. 선고 2015도11812)이 선고되기도 했다.

결국 온라인상의 선거운동의 경우에도 위와 같은 대법원 판례의 내용에 비추어 당해 행위가 선거운동에 해당하는지 여부를 가릴 수밖에 없을 것이다.

선거운동 기간 제한의 예외

선거운동의 상시적 허용

선거운동은 선거 기간 개시일부터 선거일 전일까지에 한해 할 수 있다. 다만, 문자메시지를 전송하는 방법으로 선거운동을 하는 경우 및 인터넷 홈페이지 또는 그 게시판·대화방 등에 글이나 동영상 등을 게시하거나 전자우편(컴퓨터 이용자끼리 네트워크를 통해 문자·음성·화상 또는 동영상 등의 정보를 주고받는 통신 시스템을 말함)을 전송하는 방법으로 선거운동을 하는 경우에는 그러한 선거운동 기간의 제한을 받지 아니한다(법 §59). 이처럼 온라인을 이용한 모든 선거운동 방법이 선거운동 기간의 제한 대상에서 제외되는 것은 아니지만 문자메시지, 인터넷 홈페이지 또는 그 게시판·대화방, 전자우편을 이용한 선거운동은 어떠한 시기의 제한도 없이 언제라도 가능하다.

문자메시지 전송

선거운동 기간의 제한 없이 문자메시지를 전송하는 방법으로 선거운동을 함에 있어서 자동 동보통신의 방법으로 문자메시지를 전송할 수 있는 자는 후보자와 예비후보자에 한정되고, 그 횟수는 8회를 넘을 수 없으며, 중앙선관위 규칙에 따라 신고한 1개의 전화번호만을 사용해야 한다. 여기서 '자동 동보통신'이라고 하는 것은 하나의 송신장치에서 여러 개의 수신장치로 동시에 같은 내용의 정보를 보내는 통신 방법을 말하는 것인데, 공선법은 ① 그 방법 여부를 불문하고 동시수신 대상자가 20명을 초과하는 경우와 ② 그 대상자가 20명 이하인 경우에도 프로그램을 이용하여 수신자를 자동으로 선택하여 전송하는 방식의 두 가지를 규제 대상으로 하고 있다.

선관위는 종전에 인터넷 전화기 프로그램을 이용하여 문자 발송 버튼을 한 번만 눌러 자동으로 동시에 20명씩 계속 문자메시지를 전송하는 방식은 공선법 제59조 제2호에 따른 자동 동보통신의 방법에 해당할 것이나, 문자메시지를 20명씩 매회 전송하는 때마다 버튼을 누르는 방식은 자동 동보통신의 방법에 해당하지 아니한다고 보았으나(2016. 1. 4. 회답), 2017년 2월 8일 법 제59조 제2호 개정으로 문자메시지의 동시수신 대상자가 20명 이하인 경우라 하더라도 프로그램을 이용하여 수신자를 자동으로 선택하여 전송하는 방식은 자동 동보통신의 방법에 해당하게 되었다.

또한 종전에는 인터넷의 문자메시지 유료 전송 서비스를 이용하여 동시에 같은 내용의 문자메시지를 전송하는 것은 (20건 이하라도) 전송 횟수가 제한되는 자동 동보통신 방법에 해당하나, 마일리지를 사용하는 등 무료 전송 서비스를 이용하여 20인 이하에게 전송하는 것은 자동 동보통신에 해당하지 아니하는 것으로 보았으나(2010. 2. 26. 회답), 2017년 2월 8일 법 제59조 제2호 개정으로 문자메시지의 동시수신 대상자가 20명 이하인 경우에도 프로그램을 이용하여 수신자를 자동으로 선택하여 전송하는 방식은 자동 동보통신의 방법에 해당하게 되었다.

국회의원이 전화기의 자체 프로그램을 이용하여 선거운동을 위한 문자메시지(문자 외의 음성·화상·동영상 등은 제외함)를 20인 이하에게 동시에 전송하는 것은 공선법 제59조 제2호 및 공직선거관리규칙 제25조의4 제1항 제1호(현행 제25조의10 제1항 제1호)에 따라 허용했고, 이 경우 그 수신 대상자 전체 인원이나 전송 횟수는 제한되지 아니하는 것으로 보았으나 (2013. 11. 4. 회답), 마찬가지로 2017년 2월 8일 법 제59조 제2호 개정으로 문자메시지의 동시수신 대상자가 20인 이하인 경우에도 프로그램을 이용하여 수신자를 자동으로 선택하여 전송하는 방식은 자동 동보통신의 방법에 해당하게 되었다.

반면 선거운동을 할 수 있는 자가 선거일이 아닌 때에 스마트폰 애플리케이션(상대방과 통화 종료 후 상대방에게 미리 설정해놓은 문자가 자동 발송되는 1:1 문자 발송 기능이 있으며 문자는 1통만 발송함)을 활용하여 선거운동에 이르지 아니하는 내용의 통화를 한 후 통화자에게 국회의원의 의정 활동 내용 또는 예비후보자의 선거 공약 등 지지를 호소하는 내용의 문자메시지(문자 외의 음성·화상·동영상 등은 제외함)를 한 통씩 전송하거나, 선거운동 기간 중에 통화를 한 후 지지를 호소하는 내용의 문자메시지를 한 통씩 전송하는 것은 공선법상 허용되는 것으로 보았다(2016. 1. 26. 회답).

그런데 문자메시지에는 문자 외의 음성, 화상, 동영상이 포함될 수 있는 것인가? 종전 공선법은 예비후보자의 선거운동(제60조의3)과 정보통신망을 이용한 선거운동(제82조의4)에서 문자메시지를 이용하여 선거운동 정보를 전송하는 행위를 규정하면서 문자 외의 음성·화상·동영상 등을 제외하는 명시적 규정을 두고 있었다. 이에 선관위는 문자메시지에 문자 외의 음성·화상·동영상을 포함할 수 없는 것으로 보았다.

하지만 2012년 2월 29일 개정된 공선법은 그와 같은 규정들을 모두 삭제했고, 2017년 2월 8일 개정된 공선법은 선거 당일 후보자 등이 발송하는 투표 참여 독려 문자메시지와 선거운동 행위 사이의 구별이 모호한 측면이 있다는 점을 고려하여 선거일에도 문자메시지나 인터넷·전자우편 등의 방법으로 선거운동을 할 수 있도록 했다. 그리하여 문자메시지에 문자와 음성·화상·동영상을 구별하는 것은 사실상 의미를 상실하게 되었고, 이에 선관위는 문자메시지를 전송하는 방법으로 선거운동을 하는 경우에 문자 외의 음성·화상·동영상을 포함하는 것으로 해석할 뿐만 아니라 이를 공선법에 명시하는 방안도 제기되고 있다.

또한 판례는 문자메시지에 포함된 인터넷 링크의 경우에도 문자메시지에 포함되어 허용되는 것으로 보고 있다. 인터넷 링크Internetlink는 인터넷에서 링크하고자 하는 웹페이지나 웹사이트 등의 서버에 저장된 개개의 게시물 등의 웹 위치 정보나 경로를 나타낸 것이고, 비록 인터넷 이용자가 링크 부분을 클릭함으로써 링크된 웹페이지나 개개의 게시물에 직접 연결된다 하더라도 위와 같은 링크를 하는 행위는 게시물의 전송에 해당하지 아니한다. 이는 휴대전화 문자메시지에 링크 글을 기재함으로써 수신자가 링크 부분을 클릭하면 링크된 게시물에 연결되도록 하였다고 하더라도 마찬가지다. 따라서 문자메시지를 휴대전화기로 전송 받은 사람들이 링크된 글을 클릭하여 동영상 등으로 연결되어 시청할 수 있다 하더라도 동영상을 첨부하여 전송한 것으로는 보지 아니한다(대법원 2015. 8. 18. 선고 2015도5789).

이러한 자동 동보통신으로 문자메시지를 보낼 수 있는 횟수는 8회를 넘을 수 없도록 규정했는데, 이와 같은 횟수는 하나의 선거를 기준으로 하고, 후보자의 경우에는 예비후보자로서 전송한 횟수를 포함한다.

인터넷을 이용한 선거운동

인터넷 홈페이지 또는 그 게시판·대화방 등에 글이나 동영상 등을 게시하거나 전자우편을 전송하는 방법으로 선거운동을 하는 경우에는 후보자와 예비후보자 스스로 글이나 동영상 등을 게시하거나 전자우편을 전송할 수 있는 것은 당연한 것이고, 이와 달리 전자우편 전송 대행업체에 위탁하여 전자우편을 전송할 수도 있다. 다만, 이 경우 전자우편 전송 대행업체에 위탁할 수 있는 사람은 후보자와 예비후보자에 한한다. 한편 후보자 또는 예비후보자가 카카오톡 플러스친구를 이용하여 선거구민들에게 선거운동 정보를 제공하는 경우는 전자우편을 전송 대행업체에 위탁하여 전송하는 행위에 해당하는 것으로 본다. 다만, 이 경우 공선법 제82조의5에 따른 선거운동 정보의 전송 제한 사항을 준수하도록 하고 있다(중앙선관위 2012. 9. 5. 회답).

선거운동을 할 수 있는 자는 선거운동 기간의 제한 없이 인터넷 언론사가 아닌 아프리카TV와 같은 인터넷 홈페이지를 이용하여 선거운동을 하는 것도 공선법상 가능하다. 다만, 선거운동을 할 수 없는 사람이 출연하여 선거운동을 하여서는 아니 된다(중앙선관위 2016. 2. 19. 회답).

자동 동보통신 방법의 문자메시지 발송을 다른 사람이 대신 할 수 있나?

공선법 제59조 제2호는 자동 동보통신의 방법으로 문자메시지를 전송할 수 있는 자는 후보자와 예비후보자에 한정되는 것으로 규정하고 있다. 그렇다면 자동 동보통신의 방법으로 문자메시지를 발송하는 경우에는 언제나 후보자와 예비후보자가 직접 문자메시지를 발송해야만 하는 것일까?

선거에 출마하는 당사자는 후보자 또는 예비후보자 자신이겠지만, 이들만으로 모든 선거운동을 감당한다는 것은 사실상 불가능하다. 컴퓨터 및 컴퓨터 이용 기술을 활용한 자동 동보통신의 방법으로 문자메시지를 이용하여 선거운동 정보를 전송하는 통상적인 과정을 살펴보더라도 문자메시지 발송 사이트 가입, 문자메시지 발송 사이트 접속, 문자메시지 내용 및 수신자 번호 입력, 전송 실행 등 일련의 사실 행위로 구성되는데, 이러한 일련의 사실 행위를 후보자 또는 예비후보자 자신이 직접 실행해야 한다고 보는 것은 현실적이지 못하다.

이와 관련해 대법원 2011년 3월 24일 선고 2010도5940 판결은 "종전 공선법이 변화된 정치·선거 환경을 제대로 반영하지 못하고 국민의 일상적인 행위와 선거운동의 자유를 포함한 정치적 자유를 지나치게 제약하고 있는 실정임을 감안하여 예비후보자·후보자의 선거운동의 자유를 보다 확대하는 취지에서 2010월 1월 25일 개정된 공선법에서 제60조의3 제1항 제7호를 신설한 점, 같은 항에서 예비후보자가 할 수 있는 선거운동으로 선거 사무소에 간판·현판 또는 현수막을 설치·게시하는 행위(제1호), 예비후보자 홍보물을 우편 발송하는 행위(제4호)를 규정하고 있는데, 그 사실 행위를 예비후보자 자신이 직접 실행해야만 한다고 해석하기 어려운 점, 예비후보자가 명함을 직접 주거나 지지를 호소하는 행위(같은 항 제2호), 전화를 이용하여 송·수화자 간 직접 통화하는 방식으로 지지를 호소하는 행위(같은 항 제6호)와는 달리 문자메시지를 이용하여 선거운동 정보를 전송하는 일련의 사실 행위 자체가 선거운동으로서 기능하는 것은 아닌 점, 반면 컴퓨터 및 컴퓨터 이용 기술을 활용한 자동 동보통신의 방법으로 문자메시지를 이용하여 선거운동 정보를 전송하는 행위는 일방적·편면적 행위로서 이를 엄격하게 제한하지 않으면 문자메시지의 대량 또는 무차별 전송으로 이어져 선거운동의 과열과 혼탁을 초래할 위험성이 높다는 점 등을 모두 모아보면, 예비후보자가 자동 동보통신의 방법으로 문자메시지를 전송하는 일련의 사실 행위를 자신의 지배하에 두어 자신이 직접 실행하는 것과 동일시할 수 있는 경우에 한하여 그 사실 행위를 다른 사람으로 하여금 대체하게 하더라도 예비후보자 자신의 선거운동으로 평가할 수 있을 것이다"라고 하였다.

따라서 자동 동보통신의 방법으로 문자메시지를 전송하는 일련의 사실 행위를 후보자 또는 예비후보자 자신이 직접 실행한 것과 동일하게 평가할 수 있는 경우에는 타인을 사용하여 자동 동보통신의 방법으로 문자메시지를 전송할 수 있다고 할 것인데, 위 언급한 판례 사안의 경우에는 ① 문자메시지를 전송한 자가 예비후보자의 선거 사무장인 사실, ② 선거 사무실에서 예비후보자의 지시를 받아 예비후보자가 지켜보는 가운데 컴퓨터를 조작하여 예비후보자의 아이디로 문자 발송 서비스 사이트에 접속하여 예비후보자의 지지를 호소하는 내용의 문자메시지를 발송한 사실, ③ 문자메시지 발송 행위는 공선법이 허용하는 문자메시지 발송 횟수 5회[13] 중에 4회째에 해당하는 사실, ④ 문자 발송 사이트는 예비후보자의 명의로 가입돼 있고, 문자메시지 발송 비용은 예비후보자의 선거비용 지출 통장에서 지출되었으며, 발신번호 표시는 예비후보자의 선거 사무소 번호로 하였으며, 수신 거부 시 발신자의 비용 부담이 없도록 080 번호를 부여한 사실을 인정하여 예비후보자 자신이 직접 실행한 것과 동일하게 평가할 수 있다고 보았다.

전화를 이용한 선거운동

공선법에서의 전화를 이용한 선거운동 규정

공선법 제82조의4 제1항은 선거운동을 할 수 있는 자는 선거운동 기간 중에 전화를 이용하여 송·수화자 간 직접 통화하는 방식으로 선거운동을 할 수 있는 것으로 규정하고 있다. 따라서 전화를 이용한 선거운동은 선거운동 기간에 한정하여 전화를 거는 사람과 받는 사람이 직접 통화하는 방식으로만 할 수 있다. 위와 같이 단순하게 이해하게 되면 전화를 이용한 선거운동 방법에 특별히 어려운 점은 없다고 볼 수 있다.

그런데 우리가 예전부터 알고 있던 전화의 개념은 송화자와 수화자 사이에 직접 음성을 교환하는 장치일 뿐이다. 하지만 정보통신의 발전은 기존의 전화에 대한 관념에서 벗어나 새로운 형태의 통신수단을 구축하고 있고, 이러한 통신수단은 다양한 방법으로 음성과 동영상을 통해 개인 또는 집단의 의사를 소통하게 할 수 있다. 이를 전화기에 국한해서 살펴보더라도 종전에는 음성 통화만 가능한 기계식의 집 전화기가 대부분을 차지했다고 한다면, 개인 휴대전화의 등장은 기존의 음성 통화에 더해 문자 메시지를 주고받는 기능이 추가되었고, 이후 무선통신 기술의 발달로 인해 등장한 스마트폰은 개인을 비롯한 사회 전체에 가히 혁명적 통신수단의 변화를 가져왔다.

따라서 요즘과 같은 사회에 있어서 전화라고 한다면 종전의 전화기보다는 오히려 스마트폰을 떠올릴 것이고, 이러한 상황에서 전화는 종전의 전화기뿐만 아니라 인터넷과 같은 정보통신망이 일체로 결합한 종합적 통신수단이라 할 것이다. 위와 같은 통신수단의 변화를 고려하면, 공선법의 전화를 이용한 선거운동 규정은 변화된 현실을 반영하기에 불충분한 측면이 있다. 전화의 기능을 단순히 음성을 이용한 송·수화자 간 직접 통화 수단으로만 인정하는 것이고, 이로 인해 불필요하게 선거운동 방법이 제한될 소지가 많다.

전화를 이용한 선거운동 방법은?

전화를 이용한 선거운동에서 여러 가지 논란이 발생할 우려가 적지 않지만, 실제 송·수화자 사이의 통화가 이루어지기 이전 과정인 통화 연결음 서비스에 대한 질문도 많이 제기된다. 가령 "○○경제를 살릴 수 있는 CE○ 출신 ○○○사무소입니다"와 같은 통화 연결음을 사용하거나 자신의 선거운동 로고송을 전화 통화 연결음으로 사용하는 것은 허용될 것인가? 선관위는 후보자가 자신의 로고송을 전화 통화 연결음으로 사용하거나 이를 홈페이지 등에 설정·게시해두고 선거운동원 및 지지 유권자가 자율적 판단에 의하여 자신의 전화 통화 연결음으로 사용할 수 있도록 하는 것은 가능하며(2006. 3. 30. 회답), 통상적인 전화예절에 해당하는 정도의 내용을 통화 연결음으로 사용하는 것도 가능(2006. 3. 13. 회답)하다고 해석하고 있다. 통화 연결음은 송·수화자 사이에 직접 통화하기 위한 전 단계이고, 그 과정에서 통화 연결음을 자유롭게 활용하는 것이 전화를 이용한 선거운동 규정을 위반하는 것은 아니라고 보인다.

전화 통화를 하는 경우에 스피커폰을 통해 다수의 사람이 통화하거나 카카오톡에서 이용 가능한 보이스톡 기능을 사용하여 여러 명이 동시에 통화하는 것은 어떨까? 공선법은 전화를 이용하여 송·수화자 간 직접 통화하는 방식으로 선거운동을 할 수 있다고 규정할 뿐이므로 송·수화자 간 직접 통화하는 방식이면 통화에 참여하는 숫자는 문제가 되지 않는 것으로 보아야 할 것이다.

한편 예비후보자의 선거운동에 있어서 전화를 이용하여 송·수화자 사이의 직접 통화하는 방식으로 지지를 호소하는 행위를 허용하는 공선법 제60조의3 제1항의 규정은 선거운동을 할 수 있는 자의 경우 선거운동 기간 중에 전화를 이용하여 송·수화자 간 직접 통화하는 방식으로 선거운동을 할 수 있는 것으로 규정하고 있는 공선법 제82조의4 제1항 규정과 차이가 있다. 그렇다면 예비후보자의 경우에는 본인이 직접 통화하는 방식으로 지지를 호소하는 경우에만 허용되는 것일까? 공선법 제 60조의3 제1항에서 예비후보자가 할 수 있는 선거운동으로 규정하고 있는 '전화를 이용하여 송·수화자 간 직접 통화하는 방식으로 지지를 호소하는 행위(제6호)'는 선거 사무소에 간판·현판 또는 현수막을 설치·게시하는 행위(제1호), 예비후보자 홍보물을 우편 발송하는 행위(제4호)와 같은 사실 행위와 달리 예비후보자가 명함을 직접 주거나 지지를 호소하는 행위(제2호)처럼 사실 행위 자체가 선거운동으로서 기능하는 점, 같은 조 제2항에서 위 제2호에 따른 예비후보자의 명함을 직접 주거나 예비후보자에 대한 지지를 호소할 수 있는 자를 예비후보자 외에 그의 배우자와 직계존비속 등 제한적으로 확대했으나, 위 제6호에 따른 전화를 이용하여 송·수화자 간 직접 통화하는 방식으로 지지를 호소할 수 있는 자에 관해서는 그러한 규정을 두지 않는 점, 위 제6호에 따른 행위를 엄격하게 제한하지 않으면 타인을 채용하여 불특정 다수의 유권자를 상대로 전화하여 선거운동의 과열과 혼탁을 초래할 위험성이 높은 점에 비추어볼 때 위 제6호에 따른 선거운동은 예비후보자 본인이 직접 하는 경우에만 적용된다고 할 것이다(대법원 2013. 7. 25. 선고 2013도1793).

정보통신망을 이용한 허위 사실의 유포 및 비방 금지

규제의 내용

온라인을 통한 선거 정보는 그 전달의 범위와 속도가 가히 폭발적이므로 이러한 정보가 선거 결과에 미치는 영향력은 엄청나다. 반면 온라인의 이용이 자유롭다 보니 누구나 쉽고 자유롭게 선거에 관한 정보를 생산할 수 있고, 그와 같은 선거 정보가 검증되지 못한 상태에서 광범위하게 유포되는 문제점도 있다. 이러한 잘못된 정보가 선거에 결정적인 영향을 줄 수도 있으므로 선거운동 관련한 규제에 있어서는 소위 가짜 뉴스 등과 같은 잘못된 정보를 어떻게 제어할지 여부가 초미의 관심사이다. 실제 선거법 위반의 단속 사례에서도 온라인을 이용한 허위 사실 유포 및 비방이 다수를 차지하고 있다.

이에 공선법은 별도로 정보통신망을 이용한 허위 사실의 유포 및 비방을 금지하고 있다. 즉 공선법 제82조의4 제2항은 "누구든지 정보통신망 이용촉진 및 정보보호 등에 관한 법률 제2조 제1항 제1호에 따른 정보통신망(이하 '정보통신망'이라 함)을 이용하여 후보자(후보자가 되고자 하는 자 포함. 이하 이 조에서 같음), 그의 배우자 또는 직계존비속이나 형제자매에 관하여 허위의 사실을 유포하여서는 아니 되며, 공연히 사실을 적시하여 이들을 비방하여서는 아니 된다. 다만, 진실한 사실로서 공공의 이익에 관한 때에는 그러하지 아니하다"라고 규정한다.

공선법상 다른 규정들과의 관계

공선법은 제82조의4 제2항에서 정보통신망을 이용한 허위 사실의 유포 및 비방을 금지하는 외에도 제110조에서 후보자 등의 비방을 금지하고 있다. 또한 제250조는 허위 사실 공표죄를, 제251조는 후보자 비방죄를 규정하여 형사처벌하도록 규정하고 있다. 이러한 규정들은 그 표현에 있어서 다소 간의 차이가 있지만, 그 내용이 공통적으로 허위 사실의 유포 및 비방을 금지한다는 점에서 유사한 규정들이다. 다만, 제82조의4 제2항은 정보통신망을 이용한 허위 사실의 유포 및 비방을, 제110조는 후보자 등의 비방을 금지하고 있음에 반해 제250조 허위 사실 공표죄와 제

251조 후보자 비방죄는 형벌 규정을 두고 있다는 점에서 큰 차이가 있다. 따라서 대개의 경우 공선법 제250조 및 제251조가 적용되어 형사처벌이 이루어진다. 공선법 제82조의4 제2항에 정보통신망을 이용하여 후보자 등을 비방하는 행위에 형사처벌 규정이 없다고 하여 형사처벌이 면제되는 것은 아니며, 이때는 공선법 제251조가 적용된다.

허위 사실의 유포 및 비방 행위

본조에 의한 허위 사실의 유포 및 비방의 금지 규정은 후보자뿐만 아니라 누구든지 적용을 받는다. 대신 허위 사실의 유포 및 비방의 대상이 되는 자는 후보자(후보자가 되고자 하는 자 포함), 그의 배우자 또는 직계존비속이나 형제자매에 한정된다.

한편 본조에서 금지하는 허위 사실의 유포 및 비방은 정보통신망 이용촉진 및 정보보호 등에 관한 법률 제2조 제1항 제1호에 따른 정보통신망을 이용하여 하는 것이다. 정보통신망 이용촉진 및 정보보호 등에 관한 법률 제2조 제1항 제1호의 정보통신망은 전기통신사업법 제2조 제2호에 따른 전기통신 설비를 이용하거나 전기통신 설비와 컴퓨터 및 컴퓨터의 이용 기술을 활용하여 정보를 수집·가공·저장·검색·송신 또는 수신하는 정보통신 체제를 의미하는 것인데, 전기통신사업법 제2조 제2호의 '전기통신설비'란 전기통신을 하기 위한 기계·기구·선로 또는 그 밖에 전기통신에 필요한 설비이고, '전기통신'은 유선·무선·광선 또는 그 밖의 전자적 방식으로 부호·문언·음향 또는 영상을 송신하거나 수신하는 것이다.

금지되는 행위는 허위의 사실을 유포하는 것과 공연히 사실을 적시하여 비방하는 것이다. 이에 대해서는 다음 장(제2부 제3장 '가짜 뉴스와의 전쟁,

허위 사실 공표')에서 자세히 설명할 것이다.

리트윗이 허위 사실 공표에 해당하는지 여부

온라인상에서 이루어지는 허위 사실의 유포 및 비방은 그 게시물을 반드시 자신이 원본을 작성한 것에 한정하는 것인가? 이와 같은 사안 관련해 대전고등법원 2013년 7월 24일 선고 2013노1 판결은 "개인의 의사를 표시하는 것은 트위터에서 타인이 트위터에 게시한 글을 리트윗을 하는 경우, 그 글은 리트윗을 한 사람을 팔로우하는 모든 사람(팔로워)에게 공개된다. 팔로워가 그 글을 다시 리트윗하면 그 글은 그의 팔로워들에게도 공개된다. 즉 리트윗하는 행위는 글과 정보의 전파 가능성을 무한하게 확장시킬 가능성을 내포하는 행위다. 따라서 글의 작성 주체가 피고인이 아니라고 하더라도 피고인이 그 글을 리트윗하는 행위는 자신의 트위터에서 타인이 그 글을 읽을 수 있고 전파할 수 있도록 게재하는 행위다"라고 판시하면서, 리트윗을 했을 뿐 글을 게재하지 아니했다는 피고인의 주장을 배척했다. 이와 같은 사례에서 알 수 있다시피 온라인상의 타인 게시 글을 이용하여 배포하는 경우에도 허위 사실 공표에 해당할 수 있다. 따라서 타인의 게시 글을 단순히 인용하는 경우에도 상당한 주의를 요한다.

인터넷 사이트에 게시된 비방 글에 비방하는 후보자의 명칭이 명시되어야 하는지 여부

온라인을 통한 후보자 비방은 비방의 대상이 되는 상대방 명칭이 반드시 명시되어야 하는 것은 아니다. 대법원 2008년 9월 11일 선고 2008도5178 판결은 "공선법 제251조에 정한 후보자 비방죄나 제255조 제2항 제5호, 제93조 제1항에 정한 탈법 방법에 의한 문서·도화의 배부·게시 등 금지 규정 위반죄가 성립하기 위하여는 그 표현에 비방하거나 지지·추천·반대하는 특정인의 명칭이 드러나 있을 필요는 없다고 할 것이나, 그 표현의 객관적 내용, 사용된 어휘의 통상적인 의미, 표현의 전체적인 흐름, 문구의 연결 방법, 그 표현의 배경이 되는 사회적 맥락, 그 표현이 선거인에게 주는 전체적인 인상 등을 종합적으로 고려하여 판단할 때 그 표현이 특정인을 비방하거나 지지·추천·반대하는 것이 명백한 경우이어야 한다"라고 전제하면서, 인터넷 포털 사이트 '네이버' 정치 토론장 게시판에 접속하여 게시한 글들 중에 공통적으로 사용한 '위장 전입, 땅 투기, 탈세, 주가 조작'이라는 문구는 ○○○ 후보자를 가리키는 것으로서 비방의 대상이자 반대하는 후보자가 누구인지 특정할 수 있다고 보아 위 게시물과 관련하여 공선법 제251조에 정한 후보자 비방죄나 제255조 제2항 제5호, 제93조 제1항에 정한 탈법 방법에 의한 문서·도화의 배부·게시 등 금지 규정 위반죄가 성립한다고 판단한 원심에 대해 "위 표현의 배경이 되는 당시의 사회적 맥락, 선거인에게 주는 전체적인 인상 등을 종합하여 판단할 때 위 표현이 ○○○ 후보자를 특정하는 것이 명백하다고 보이므로 같은 취지의 원심의 판단은 정당하고, 거기에 후보자 비방죄 등 공선법 위반죄에 있어서 대상자의 특정에 관한 채증법칙 위반 등의 위법이 없다"고 판시하였다.

선거운동 정보의 전송 제한

온라인을 통한 선거운동을 폭넓게 허용하는 이상 누구든지 선거운동을 목적으로 하여 다른 사람들에게 정보를 전송할 수 있다. 하지만 정보 수신자의 명시적인 수신 거부 의사가 있는 경우에는 이에 반하여 선거운동 목적의 정보를 전송하는 것이 금지된다(법 §82의5 ①). 선거운동 정보를 전송하는 자는 수신자의 수신 거부를 회피하거나 방해할 목적으로 기술적 조치를 해서도 아니 된다(§82의5 ④). 선거운동 정보를 전송하는 자는 수신자가 수신 거부를 할 때 발생하는 전화요금 기타 금전적 비용을 수신자가 부담하지 아니하도록 필요한 조치를 해야 한다(§82의5 ⑤).

예비후보자 또는 후보자가 선거운동 정보를 자동 동보통신의 방법으로 문자메시지로 전송하거나 전송 대행업체에 위탁하여 전자우편으로 전송하는 때에는 ① 선거운동 정보에 해당하는 사실, ② 문자메시지를 전송하는 경우 그의 전화번호, ③ 불법수집 정보 신고 전화번호, ④ 수신 거부의 의사 표시를 쉽게 할 수 있는 조치 및 방법에 관한 사항을 선거운동 정보에 명시해야 한다(§82의5 ②). 따라서 자동 동보통신의 방법이 아닌 문자메시지의 전송이나 전송 대행업체에 위탁하지 아니한 전자우편의 전송의 경우에는 위와 같은 사항이 명시되어야 하는 것은 아니다. 또한 누구든지 숫자·부호 또는 문자를 조합하여 전화번호·전자우편 주소 등 수신자의 연락처를 자동으로 생성하는 프로그램이나 그 밖의 기술적 장치를 이용하여 선거운동 정보를 전송하여서는 아니 된다(§82의5 ⑥).

인터넷 언론사 게시판·대화방 등의 실명 확인

(1) 인터넷 언론사는 선거운동 기간 중 당해 인터넷 홈페이지의 게시판·대화방 등에 정당·후보자에 대한 지지·반대의 문자·음성·화상 또는 동영상 등의 정보를 게시할 수 있도록 하는 경우에는 행정안전부장관 또는

신용 정보의 이용 및 보호에 관한 법률 제2조 제4호에 따른 신용 정보업자가 제공하는 실명 인증 방법으로 실명을 확인 받도록 하는 기술적 조치를 해야 한다. 다만, 인터넷 언론사가 정보통신망 이용촉진 및 정보보호 등에 관한 법률 제44조의5에 따른 본인 확인 조치를 한 경우에는 그 실명을 확인 받도록 하는 기술적 조치를 한 것으로 본다(§82의6 ①). 이를 위반하여 기술적 조치를 하지 아니하면 1천만 원 이하의 과태료를 받게 된다(§261 ③). 인터넷 언론사는 위와 같이 실명 인증을 받은 자가 정보 등을 게시한 경우 당해 인터넷 홈페이지의 게시판·대화방 등에 '실명 인증' 표시가 나타나도록 하는 기술적 조치를 하여야 한다(§82의6 ④).

(2) 정당이나 후보자는 자신의 명의로 개설·운영하는 인터넷 홈페이지의 게시판·대화방 등에 정당·후보자에 대한 지지·반대의 정보 등을 게시할 수 있도록 하는 경우에는 위 인터넷 언론사의 실명 확인 규정에 따른 기술적 조치를 할 수 있다(§82의6 ②). 인터넷 언론사는 당해 인터넷 홈페이지의 게시판·대화방 등에서 정보 등을 게시하고자 하는 자에게 주민등록번호를 기재할 것을 요구하여서는 아니 된다(§82의6 ⑤). 또한 인터넷 언론사는 당해 인터넷 홈페이지의 게시판·대화방 등에 '실명 인증'의 표시가 없는 정당이나 후보자에 대한 지지·반대의 정보 등이 게시된 경우에는 지체 없이 이를 삭제하여야 하고(§82의6 ⑥), 이를 위반하여 실명 인증의 표시가 없는 문자·음성·화상 또는 동영상 등의 정보를 삭제하지 아니하는 경우에는 300만 원 이하의 과태료를 받게 되며(§261 ⑥), 정당·후보자 및 각급 선관위가 이러한 정보 등을 삭제하도록 요구한 경우에는 지체 없이 이에 따라야 한다(§82의6 ⑦). 행정안전부장관 및 신용 정보업자는 위 실명 확인 규정에 따라 제공한 실명 인증 자료를 실명 인증을 받은 자 및 인터넷 홈페이지별로 관리하여야 하며, 중앙선관위가 그 실명 인

증 자료의 제출을 요구하는 경우에는 지체 없이 이에 따라야 한다(§82의6 ③).

(3) 위와 같은 인터넷 실명제가 명확성 원칙 및 익명 표현의 자유 등을 침해하는 것인지 여부가 문제될 수 있는데, 헌법재판소 2015년 7월 30일 선고 2012헌마734, 2013헌바338(병합) 결정은 '인터넷 언론사'의 범위에 관하여 규정하고 있고, 독립된 헌법기관인 중앙선관위가 설치·운영하는 인터넷선거보도심의위원회가 이를 결정·게시하며, 실명 확인 조항은 실명 확인이 필요한 기간을 '선거운동 기간 중'으로 한정하고, 그 대상을 '인터넷 언론사 홈페이지의 게시판·대화방' 등에 '정당·후보자에 대한 지지·반대의 정보'를 게시하는 경우로 제한하고 있는 점 등을 근거로 하여 이 사건 법률 조항이 과잉 금지 원칙에 위배되어 게시판 이용자의 정치적 익명 표현의 자유, 개인정보 자기결정권 및 인터넷 언론사의 언론의 자유를 침해한다고 볼 수 없다고 했다.

인터넷 광고

선거운동으로서 인터넷 광고

현대사회에 있어 인터넷은 이미 사용이 일상화되었고, 강한 전파성을 통해 여론 형성에 커다란 영향을 미치고 있다. 이로 인해 선거운동에 있어서도 인터넷은 중요한 수단으로 이용되고 있으며, 이러한 점을 고려하여 2005년 8월 4일 개정 법률은 인터넷을 이용한 선거운동을 폭넓게 허용했다. 그런데 인터넷 언론은 다른 인터넷 매체보다 그 영향력이 크고, 일반적인 신문 등 다른 언론매체를 통한 선거운동 목적 광고를 제한하고 있는 것과의 균형상 공선법은 인터넷 언론사의 인터넷 홈페이지를 통한 선거운동 목적 광고를 일정한 범위 내에서만 허용하고 있다. 그리고 이를 위반하는 행위에 대해서는 형사처벌함으로써 선거의 공정성을 기하고 있다.

그 내용에 관해 살펴보면 후보자(대통령 선거의 정당 추천 후보자와 비례대표 국회의원 선거 및 비례대표 지방의회의원 선거에 있어서는 후보자를 추천한 정당을 말함)는 인터넷 언론사의 인터넷 홈페이지에 선거운동을 위한 광고를 할 수 있다(§82의7 ①). 이러한 인터넷 광고에는 광고의 근거와 광고하는 사람의 이름을 표시하여야 한다(§82의7 ②). 같은 정당의 추천을 받은 2인 이상의 후보자는 합동으로 위와 같은 인터넷 광고를 할 수 있다. 이 경우 그 비용은 당해 후보자 간의 약정에 따라 분담하되, 그 분담 내역을 광고계약서에 명시하여야 한다(§82의7 ③). 후보자가 인터넷 언론사의 인터넷 홈페이지에 선거운동을 위한 광고를 하는 외에는 누구든지 선거운동을 위하여 인터넷 광고를 할 수 없다(§82의7 ⑤). 이를 위반한 경우 3년 이하의 징역 또는 600만 원 이하의 벌금에 처하게 된다(§252 ③). 공선법은 광고 근거의 표시 방법이나 그 밖에 필요한 사항은 중앙선관위 규칙으로 정하도록 규정(§82의7 ⑥)하고 있는데, 이에 관하여 공직선거관리규칙은 광고 근거의 표시 방법을 '선거광고'라고 표시하도록 하고 있다(규칙 §45의5).

인터넷 언론사의 범위

인터넷 언론사는 신문 등의 진흥에 관한 법률 제2조(정의) 제4호에 따른 인터넷 신문 사업자나 그 밖의 정치·경제·사회·문화·시사 등에 관한 보도·논평·여론 및 정보 등을 전파할 목적으로 취재·편집·집필한 기사를 인터넷을 통해 보도·제공하거나 매개하는 인터넷 홈페이지를 경영·

관리하는 자와 이와 유사한 언론의 기능을 행하는 인터넷 홈페이지를 경영·관리하는 자를 말한다(제8조의5 제1항). 신문 등의 진흥에 관한 법률 제2조(정의) 제4호에 따른 인터넷 신문 사업자는 인터넷 신문을 전자적으로 발행하는 자이고, 인터넷 신문은 컴퓨터 등 정보처리 능력을 가진 장치와 통신망을 이용하여 정치·경제·사회·문화 등에 관한 보도·논평 및 여론·정보 등을 전파하기 위해 간행하는 전자 간행물로서 독자적인 기사 생산을 위한 요건으로서 주간 게재 기사 건수의 100분의 30 이상을 자체적으로 생산한 기사로 게재하고, 지속적인 발행 요건으로서 주간 단위로 새로운 기사를 게재할 것의 기준을 충족해야 하나, ① 신문 사업자, ② 잡지 등 정기간행물의 진흥에 관한 법률 제2조 제1호 가목 또는 라목에 따른 잡지 또는 기타 간행물을 발행하는 자, ③ 뉴스통신 진흥에 관한 법률 제2조 제2호에 따른 뉴스통신 사업을 영위하는 자의 계열회사(독점 규제 및 공정 거래에 관한 법률 제2조 제3호에 따른 계열회사를 말함)가 위 신문 사업자, 잡지 또는 기타 간행물을 발행하는 자, 뉴스통신 사업을 영위하는 자가 생산하는 기사를 인터넷을 통해 일반에 제공하는 경우에는 자체적으로 생산한 기사가 100분의 30 미만인 경우에도 위 기준을 충족한 것으로 본다.

중앙선관위는 인터넷선거보도심의위원회의 구성 및 운영에 관한 규칙(제2조)을 통해 법 제8조의5 제1항에 따른 인터넷 언론사는 ① 독자적인 기사 생산과 지속적인 발행을 하는 신문 등의 진흥에 관한 법률 제2조 제4호의 인터넷 신문 사업자와 인터넷 멀티미디어 방송 사업법 제2조 제5호의 인터넷 멀티미디어 방송 사업자가 운영하는 인터넷 홈페이지, ② 신문 및 방송 사업자 등이 직접 운영하거나 별도 법인으로 운영하는 인터넷 홈페이지로서 다음 각 목의 어느 하나에 해당하는 인터넷 홈페이지, ㉮ 신문 등의 진흥에 관한 법률 제2조 제3호의 신문 사업자가 운영하는 인터넷 홈페이지, ㉯ 방송법 제2조 제3호의 방송 사업자가 운영하는 인터넷 홈페이지, ㉰ 잡지 등 정기간행물의 진흥에 관한 법률 제2조 제2호의 정기간행물 사업자가 운영하는 인터넷 홈페이지, ㉱ 뉴스통신 진흥에 관한 법률 제2조 제3호의 뉴스통신 사업자가 운영하는 인터넷 홈페이지, ③ 위 제1호 및 제2호의 인터넷 언론사로부터 제공받은 기사를 인터넷을 통해 계속적으로 제공하거나 매개하는 신문 등의 진흥에 관한 법률 제2조 제6호의 인터넷 뉴스 서비스 사업자가 운영하는 인터넷 홈페이지, ④ 그 밖에 위 각호와 유사한 언론의 기능을 행하는 인터넷 홈페이지를 경영·관리하는 자가 운영하는 인터넷 홈페이지로서 심의위원회가 정하는 인터넷 홈페이지를 경영·관리하는 자라고 규정하고 있고, 위 규정에도 불구하고 ① 정당 또는 후보자(후보자가 되고자 하는 자를 포함)가 설치·운영하는 인터넷 홈페이지, ② 선거운동을 하는 기관·단체가 설치·운영하는 인터넷 홈페이지, ③ 그 밖에 심의위원회가 인터넷 홈페이지에 게재된 보도 내용 및 운영 양태 등을 고려하여 인터넷 언론사로 인정하지 않는 인터넷 홈페이지는 인터넷 언론사의 인터넷 홈페이지로 보지 아니하는 것으로 규정하고 있다.

선관위 회신 사례

(1) 인터넷 언론사

개인이나 법인 또는 등록 여부를 불문하고 공선법 제8조의5의 규정에 따른 인터넷 언론사는 같은 법 제82조의 규정에 의한 대담·토론회를 개최할 수 있으며, 그 인터넷 홈페이지에는 같은 법 제82조의7의 규정에 따른 인터넷 광고를 할 수 있을 것임. 일반 일간신문(지방 일간지)이 당해 신문사의 기사 등을 게시하기 위하여 운영하는 인터넷 홈페이지도 공선법상 인터넷 언론사에 해당될 것임(2016. 1. 18. 회답).

(2) 인터넷 언론사의 대통령 선거 후보 단일화 토론회 개최가 가능한지 여부

인터넷 언론사가 특정 후보자들을 대상으로 단일화 관련 인터넷 방송 토론회 등을 개최하는 것은 해당 후보자들에게만 선거운동의 기회를 주는 것으로서 공선법 제82조의 규정에 의한 언론기관의 후보자 등 초청 대담·토론회의 범위를 벗어나 공정보도 의무를 규정한 같은 법 제8조 또는 선거운동을 위한 방송 이용을 제한하고 있는 같은 법 제98조에 위반될 것임(2012. 11. 12. 회답).

페이스북 등에서의 포스팅 광고

전통적인 대중매체를 움직이게 하는 수익 모델은 광고이다. 소셜 미디어 역시 비즈니스를 지속하게 하는 연료는 역시 광고이다. 이러한 소셜 미디어는 소비자에게 무료 콘텐츠를 제공함으로써 성장해왔다. 하지만 소셜 미디어가 앞으로도 지속적으로 성장하기 위해서는 수익 모델이 필요하다. 전통적 대중매체와는 특성이 다르기 때문에 광고 외에도 다양한 수익을 만들어낼 수 있는 방법을 개발해야 한다.

소셜 미디어상에서 선거에 출마하는 후보자가 자신을 널리 알리는 방법으로 광고를 생각하게 된다. 가령 인지도가 낮은 후보들은 인지도를 확장하기 위한 욕구가 커서 SNS를 통한 홍보를 항상 고민할 수밖에 없는데, 후보자가 페이스북과 같은 미디어에 광고비를 주고 자신의 글(홍보 내용 등)이 여러 사람에게(친구가 아닌 사람에게도) 전파되도록 하는 방법을 생각할 수 있다.

선거운동에서 이러한 포스팅 광고는 허용되는가? 이에 관해 명확한 금지 규정은 없지만 부정적으로 보아야 할 것이다. 페이스북에서의 포스팅 광고는 공선법에 규정된 '인터넷 광고'와 유사한 개념이라 판단되고, 이에 인터넷 광고와 관련한 공선법 제82조의7 제1항의 인터넷 언론사의 인터넷 홈페이지에 선거운동을 위한 광고가 정한 방법에 해당하지 아니하므로 금지된다고 보아야 한다.

기타 온라인 선거운동에서 문제가 되는 경우

전화, ARS 전화, 문자메시지를 이용해 투표 참여 권유를 할 수 있는지 여부

공선법은 누구든지 투표 참여를 권유하는 행위를 허용하고 있다. 다만, 호별로 방문하여 하는 경우, 사전투표소 또는 투표소로부터 100미터 안에서 하는 경우, 특정 정당 또는 후보자를 지지·추천하거나 반대하는 내용을 포함하여 하는 경우, 현수막 등 시설물, 인쇄물, 확성 장치·녹음기·녹화기(비디오 및 오디오 기기 포함), 어깨띠, 표찰, 그 밖의 표시물을 사용하여 하는 경우(정당의 명칭이나 후보자의 성명·사진 또는 그 명칭·성명을 유추할 수 있는 내용을 나타내어 하는 경우)에는 허용되지 않는다.

따라서 전화, ARS 전화, 문자메시지를 이용하여 특정 정당 또는 후보자를 지지·추천하거나 반대하는 내용 없이 투표 참여를 권유하는 행위는 일반적으로 허용된다. 이 경우 투표 참여 권유를 위해 소요된 전화 회선 설치 등의 비용은 선거비용에 해당하지 않는다. 투표 참여를 권유하면서 자신의 업적을 홍보하는 경우에는 자신을 지지·추천하는 내용을 포함하여 투표 참여 권유를 하는 것이므로 허용될 수 없다.

모바일 앱 LOOKEY를 이용한 선거운동이 가능한지 여부

모바일 앱 서비스인 LOOKEY를 이용하여 QR코드 기능에 페이스북과 같은 플랫폼 서비스를 제공하는 형태와 유사하게 후보자의 명함이나 선거 벽보를 스마트폰의 LOOKEY 앱으로 촬영하면 해당 후보자의 동영상이 자동으로 재생되게 하고, 명함이나 선거 벽보 귀퉁이에 조그맣게 LOOKEY 마크를 인쇄하여 LOOKEY 앱으로 촬영하면 더 많은 정보를 볼 수 있다는 문구를 삽입하여 알리는 것은 공선법상 허용된다(2016. 3. 14. 회답).

인터넷 홈페이지 게시 등

선거운동 기간이 아니라 하더라도 선거운동을 할 수 있는 자가 예비후보자 홍보물, 선거운동용 명함, 선거 공보를 스캔하여 인터넷 홈페이지의 게시판에 게시하거나 전자우편(SNS, 모바일 메신저 포함)을 이용하여 전송하거나 전달(리트윗)하는 것은 허용된다. 다만, 전자우편 전송 대행업체를 통한 위탁 전송은 후보자와 예비후보자만이 할 수 있다(2012. 3. 5. 회답). 선거운동 기간 중에 당해 방송사에서 방송한 다른 방송 내용과 같은 방법으로 후보자의 방송연설을 자신이 운영하는 인터넷 홈페이지에 저장해두고 다시 보기 또는 주문형 비디오VOD의 서비스를 제공하는 것도 공선법상 허용된다. 선거운동 기간 중에 후보자나 전기통신 사업자가 자신의 인터넷 홈페이지 등 컴퓨터 통신의 정보 저장 장치에 후보자의 방송연설을 게시해두고 선거구민이 열람하게 하는 것은 무방하다. 다만, 이와 관련해 금품 기타의 이익을 제공하거나 그 제공을 약속하는 때에는 공선법 제230조 제1항 제4호의 규정에 위반된다.

NFC 소품 및 쌍방향 자동답변 방식 메시지 발송을 활용한 선거운동

후보자와 그 배우자, 선거 사무장, 선거 연락소장, 선거 사무원, 후보자와 함께 다니는 활동 보조인 및 회계 책임자가 선거운동 기간 중에 소품이나 디지털 선거운동원증을 지니고 다니면서 유권자가 그 디지털 선거운동원증 등에 스마트폰으로 태그하는 경우 후보자의 모바일 웹 또는 모바일 앱으로 연결하게 하는 방법으로 선거운동을 하는 것은 공선법 제68조에 따른 소품을 이용한 선거운동으로 보아도 무방할 것이나, 후보자가 선거구민인 자원봉사자에게 디지털 선거운동원증을 발급·배부하는 것은 공선법 제68조 제2항 또는 제93조 제3항에 위반된다.

스마트폰 태그 및 모바일 웹, 모바일 앱 연결로 발생하는 통신 내용 기록 정보를 분석하여 통계화한 결과를 공선법에서 제한·금지되지 않는 방법으로 선거운동에 활용하거나 홈페이지에 게시하는 방법으로 지역 주민에게 알리는 것은 가능하다.

디지털 선거운동원증 등에 스마트폰으로 태그하여 후보자의 모바일 웹 또는 모바일 앱으로 연결된 유권자가 질문 또는 의견을 남기거나, 해당 자료를 요청하는 글을 게재하는 경우 후보자가 시스템을 사용하여 그에 대한 답변을 하거나 해당 자료를 송부하는 것은 공선법 제59조에 따라 허용된다.

후보자가 메일·메신저·문자메시지를 통해 유권자로부터 수신한 질문·의견·자료 요청에 대해 답변하거나 해당 자료를 송부하는 것은 공선법 제59조에 따라 무방할 것이며, 이 경우 후보자가 유권자에게 최초로 발송하는 문자메시지는 같은 법조 제2호 및 제82조의5에 따라 해야 할 것이다.

NFC 태그 및 디지털 선거운동원증 제작 비용, 자동 응답·성향 분석의 대화형 고객 관리 시스템 사용 비용, 문자메시지 전송 비용은 공선법의 규정에 의한 선거운동을 위해 지출한 비용으로 보전 대상 선거비용에 해당한다.

모바일 웹 또는 모바일 앱으로 연결할 때 선거운동 정보를 보여주는 페이지 제작·관리 비용, 모바일 앱 연결을 위한 스마트폰 애플리케이션 제작·관리 비용이나 후보자 홈페이지 제작·관리 비용, 기존의 후보자 홈페이지를 모바일 웹 또는 모바일 앱으로 보여주는 시스템 제작 비용 또는 홈페이지 게시를 목적으로 사용하는 통신 기록 통계화 프로그램 사용 비용은 선거비용에 해당하나 공선법 제122조의2 제2항 제11호 및 같은 법 규칙 제51조의2 제3항 제1호에 따라 보전하지 않는다.

온라인 선거운동에서의 기타 유의 사항

온라인상의 각종 모임과 관련한 문제

온라인상의 선거운동이 활성화되어 각종 소셜 네트워크상에 특정 정치인을 지지하는 팬 카페 등이 많이 등장한다. 이러한 온라인상의 각종 모임들은 공선법상 어떤 제한을 받는지 여부의 문제가 있다.

단체의 선거운동 금지 규정

공선법은 위 문제를 단체의 선거운동 금지를 통해 규율하고 있다. 즉 공선법이 단체의 선거운동을 금지하는 것은 두 가지 유형으로 구분할 수 있는데, 우선 공선법 제87조 제1항 제3호는 향우회·종친회·동창회, 산악회 등 동호인회, 계모임 등 개인 간의 사적 모임의 경우 그 대표자와 임직원 또는 구성원을 포함하여 단체 또는 그 대표의 명의로 선거운동을 할 수 없도록 규정하고 있고, 제2항은 누구라도 선거에 있어서 후보자(후보자가 되고자 하는 자 포함)의 선거운동을 위해 연구소·동우회·향우회·산악회·조기축구회, 정당의 외곽 단체 등 그 명칭이나 표방하는 목적 여하를 불문하고 사조직 기타 단체를 설립하거나 설치할 수 없도록 제한하고 있다.

입법 취지

이와 같이 공선법 제87조가 각종 단체의 선거운동을 금지하는 취지는 이러한 단체에게 선거운동을 허용할 경우에 야기될 여러 가지 문제점을 차단하여 선거의 공정성을 확보하고자 하는 것이다. 따라서 공선법 제87조의 의미는 선거의 공정성 보장을 위한 공선법의 전체적 체계 속에서 이해되어야 하고, 그 위헌 여부를 판단함에 있어서는 선거의 공정성이 강조돼 있는 입법의 전체적 취지를 충분히 고려해야 한다(헌법재판소 1995. 5. 25. 선고 95헌마105 결정).

판례의 입장

대법원 2013년 11월 14일 선고 2013도2190 판결은 "인터넷 공간에서의 선거 활동을 목적으로 하여 인터넷 카페 등을 개설하고 인터넷 회원 등을 모집하여 일정한 모임의 틀을 갖추어 이를 운영하는 경우에, 이러한 인터넷상의 활동은 정보통신망을 통한 선거운동의 하나로서 허용되어야 할 것이며, 이를 두고 공선법상 사조직에 해당한다고 보기 어렵다"라고 전제하면서, "위와 같은 인터넷 카페 개설을 위하여 별도로 준비 모임을 갖거나 카페 개설 후 일부 회원들이 오프라인에서 모임을 개최하였다 하더라도, 그러한 모임이 인터넷 카페 개설 및 그 활동을 전제로 하면서 그에 수반되는 일시적이고 임시적인 성격을 갖는 것에 그친다면 역시 공선법상 사조직에 해당한다고 단정할 수 없을 것이고, 이를 넘어서서 인터넷상의 카페 활동과 구별되는 별도의 조직적인 활동으로서 공선법상 사조직을 갖춘 것으로 볼 수 있는지 여부는 해당 인터넷 카페의 개설 경위와 시기, 구성원 및 온라인과 오프라인상의 활동 내용 등 제반 사정들을 종합하여 판단해야 한다. 그리고 이와 같은 해석은 특정 선거와 관련하여 후보자 또는 후보자가 되고자 하는 자를 위해 인터넷상에 카페를 개설하는 경우에도 마찬가지라 할 것이다"라고 판시하였다.

온라인 모임과 오프라인 행사

위와 같은 판례의 태도에 비추어볼 때 온라인상에서 이루어지는 특정 후보자의 카페 등은 원칙적으로 공선법이 단체의 선거운동을 금지하는 대상인 사적 모임에 해당하지 않는다고 볼 것이다. 또한 이러한 모임이 그 활동을 위해 등산, 야유회 등의 오프라인 행사를 진행한다 하더라도 역시 마찬가지가 될 것이다.

이러한 경우 인터넷상의 활동이 정보통신망을 통한 선거운동의 하나로서 허용되는 결과 단체 등의 명의로 자신들이 지지하는 후보자에 대한 선거운동을 할 수도 있을 것이다. 하지만 온라인상의 모임이 이러한 정도를 벗어나서 활동하게 되는 경우에는 결국 공선법이 금지하는 사조직에 해당할 수 있을 것인데, 이는 판례가 언급하고 있다시피 해당 인터넷 카페의 개설 경위와 시기, 구성원 및 온라인과 오프라인상의 활동 내용 등 제반 사정들을 종합하여 판단하게 될 것이다.

온라인을 통한 여론조사

2010년 3월 블로거이자 트위터 사용자인 도아(ID: doax)는 트위터의 연결 서비스인 트윗폴twitpoll을 사용하여 서울시장과 경기지사에 대한 트위터 사용자들의 의견을 조사했다. 그러나 이와 같은 단순 서베이에 대해 3월 26일 선관위는 의견 조사 게시물을 자진 삭제할 것과 경찰 출두를 명령했다. 이후 도아는 불구속되었고 그에 대한 법적 논란은 계속되고 있는데, 이것이 경찰의 트위터 선거법 위반 첫 사례로 명시되는 사건이다.

이어서 2012년 공선법 개정에서는 여론조사 결과 공표와 관련한 규정들이 더욱 엄격한 방향으로 변화했다. 제96조(허위 논평·보도 등 금지) 규정에 여론조사의 왜곡 보도에 대한 조항이 추가되었으며(동법 제1항), 제108조(여론조사의 결과 공표 금지 등)상의 여론조사 주체, 요건 및 절차 등이 강화되었다. 이와 더불어 이상과 같은 여론조사 결과 공표 등의 요건을 준수하지 않은 경우 벌칙이 강화되었다(동법 §256 ① 및 ②). 이 개정에서는 여론조사의 주체 문제와 관련하여 적용 대상에 관한 법문을 '누구든지'로 규정하여 모든 여론조사 형태의 표현을 규제하고 있다는 문제점이 제기되고 있다(특히 동법 §108 ④). 이에 의하면 기존의 언론사뿐만 아니라 SNS 등 새로운 매체들을 통한 인기투표, 설문조사 및 모의투표 등이 모두 문제시될 수 있다. 즉 규율 대상을 상당히 포괄적으로 규정하여 공식적이지 않은 여론조사 일체를 전면적으로 제한하는 것으로, 이에 대한 과잉 금지 여부가 문제시될 수 있다.

보통 여론조사 제한의 근거는 사표 방지 심리로 인해 여론 지지도가 높은 후보 쪽으로 이동하는 밴드웨건 효과bandwagon effect나 이와 반대로 동정심이 발동하여 열세에 있는 후보자에게 투표를 하게 만드는 열세자 효과underdog effect가 나타나 여론의 왜곡이 발생하여 선거의 공정성을 저해할 수 있다는 근거가 제시되지만, SNS를 통한 여론조사의 경우 일반적으로는 정치적 의사소통의 수단으로 활용되고 있고, 조사 결과가 언론사 등의 여론조사와 동등하고 객관적이라고 신뢰하는 경우가 거의 없다는 점을 고려할 때 사실상 전면적으로 제한하는 것은 문제라는 지적이 제기되고 있다. 또한 국내 SNS 관련 업체에는 법 적용이 가능하지만, 해외에 서버를 두고 있는 국외 사업자들의 경우 이에 대한 규제가 사실상 불가능하다는 점에서 법 적용의 형평성 문제가 제기될 수 있다.

선관위는 위성방송 사업자와 지역 민방 등이 공동 주최하는 후보자 초청 대담·토론회 진행 중 각 후보자들의 토론 내용에 대한 시청자들의 후보별 선호도를 통신을 통해 실시간으로 받아 그 선호도를 실시간으로 방송하는 경우, 선거에 관한 여론조사 결과를 공표·보도하는 것은 당해 조사 대상의 전 계층을 대표할 수 있는 피조사자 선정이나 표본오차율·응답률 등을 산출할 수 없으므로 공선법 제108조에 위반되는 것으로 보았다(중앙선관위 2007. 11. 25. 회답).

온라인과 정치자금

크라우드펀딩

선거에서 당락만큼이나 후보자들이 관심을 가지는 부분은 선거비용 문제이다. 2017년 5월 9일 치러진 19대 대선의 선거비용 제한액은 1인당 509억 9,400만 원이고, 2018년 6월 13일에 실시된 제7회 동시 지방선거의 시도지사 선거에서의 선거비용 제한액은 가장 많은 경기도지사 선거가 41억 7,700만 원, 가장 적은 세종특별자치시장 선거가 2억 9,500만 원, 시도지사 선거의 평균 선거비용 제한액은 14억 1,000만 원이다. 2016년 4월 13일 실시된 국회의원 선거의 선거비용 제한액의 경우에도 지역구 후보자의 경우 평균 1억 7,800만 원, 비례대표 국회의원 선거는 48억 1,700만 원이다.

공선법이 선거비용 제한액을 두는 이유는 지나친 금권 선거가 성행하는 것을 막기 위한 것이다. 그만큼 선거운동에서 돈은 당락을 좌우하는 중요한 문제이고, 대부분의 후보자들은 선거비용 제한액에 가까운 또는 알게 모르게 이를 상회하는 선거비용을 사용하고 있고, 예상하지 못할 정도의 적은 선거운동 비용으로 선거를 치르는 후보자의 경우 화젯거리가 되기도 한다. 따라서 막대한 선거운동 비용을 조달할 계획을 수립하는 것에서부터 사실 선거운동이 시작된다고 할 것인데, 이러한 선거운동 비용의 준비에서 크라우드펀딩crowdfunding이 이용된다.

이때 크라우드펀딩은 네크워크 서비스를 이용해 소규모 후원을 받거나 투자 등의 목적으로 인터넷과 같은 플랫폼을 통해 다수의 개인들로부터 자금을 모으는 행위를 말한다. 주로 자선 활동, 이벤트 개최, 상품 개발 등을 목적으로 자금을 모집하는 데 이용되고 있다. 우리나라에서는 2007년에 P2P 금융이라는 명칭으로 머니옥션이 최초로 론칭했다. 2012년 오픈트레이드에서 비씨엔엑스가 최초로 엔젤 투자형 크라우드펀딩에 성공했으며, 2014년 옐로모바일에 인수되면서 투자형 크라우드펀딩의 첫 번째 엑싯exit 사례가 되었다. 이어 리워드형 크라우드펀딩으로 텀블벅, 와디즈, 스토리펀딩 등이 이어졌다. 한편 2012년 박근혜 정부가 들어서면서 기존의 추격형 경제 전략의 한계를 극복하고자 창조경제를 첫 번째 국정 목표로 추진하기 시작했으며, '벤처·창업 생태계 선순환 방안

(2013. 5. 15)'의 일환으로 크라우드펀딩 제도화가 포함되었다. 이후 2016년 1월 24일부터 투자형 크라우드펀딩이 시작되었는데, 당시 금융위원회는 와디즈, 유캔스타트, 오픈트레이드, 인크, 신화웰스펀딩 등 5개 중개업체가 온라인 소액 투자 중개업체로 등록 절차를 마쳐 펀딩 청약 업무가 허용된다고 밝혔다. 이때부터 투자형 크라우드펀딩이 제도화되었는데, 2016년 1월 25일 오픈한 투자형 크라우드펀딩 기준 오픈트레이드에서 5개 기업이 업계 최대 규모인 10억 8,000만 원을 조달했다. 또한 와디즈에서 마린테크노 주식회사가 국내 1호 투자형 크라우드펀딩에 성공했다. 2011년까지 대한민국의 국내 크라우드펀딩 시장 규모는 2007년부터 총 840여 억 원이며, 2012년 총 펀딩 규모는 약 528억 원으로 추산되었다.

2012년 펀딩 규모가 비약적으로 상승한 이유는 총선 및 대통령 선거로 각 후보 캠프에서 크라우드펀딩을 통해 선거비용을 모집한 것이 핵심적 이유이며 약 454억 원 정도가 대통령 선거 관련 모금액으로 추산되었다. 2012년 12월 19일 치러진 제18대 대통령 선거에서 새누리당 박근혜 후보는 11월 26일 '박근혜 약속펀드'를 모금했는데, 모금 목표액은 250억 원, 이자율은 연 3.1%로 했다. 이후 2017년 5월 9일 실시한 제19대 대통령 선거에서 문재인 펀드의 경우에는 모집액을 100억 원 이상, 이자율 연 3.6%, 변제 기한을 2017년 7월 19일까지로 하여 2017년 4월에 출시되었고, 펀드에는 누구나 참여할 수 있도록 했으며, 참여 상한액도 두지 않았다. 문재인 펀드는 1차 목표액 100억 원 모금을 시작했는데, 1시간 만에 4,488명이 몰려 총 329억 8,063만 원이 입금되면서 완판되었다. 선거가 끝난 후 2017년 7월 19일 원금과 함께 약속한 이자가 모두 상환되었다.

이처럼 비용이 많이 드는 선거에서 크라우드펀딩이 자주 이용되고 있음을 알 수 있는데, 이는 크라우드펀딩이 정치자금법에 의한 제한을 받지 않기 때문에 가능하다. 즉 정치자금이란 정치 활동을 위해 정치 활동을 하는 사람에게 제공되는 금전·유가증권, 그 밖의 물건 또는 이들의 정치 활동에 소요되는 비용인데, 크라우드펀딩은 선거가 종료된 후 펀드 가입 자에게 일정 비율로 계산한 이자가 지급되는 점에서 기부에도 해당하지 않기 때문이다. 또한 펀드 모금액이 크고 다수의 펀드 가입자가 있는 경 우는 후보자의 세를 과시할 수 있고, 이것 역시 후보자의 간접적인 선거 홍보 수단으로서 유용할 뿐만 아니라 큰 금액의 선거비용을 모집하기 유 용한 제도라는 이점이 있다.

알릴레오는 되고 홍카콜라는 안 되는 유튜브 수익 활동

(1) 2019년 2월 서울시 선관위는 자유한국당 홍준표 전 대표가 출연하 는 유튜브 방송 'TV홍카콜라'에 유튜브 슈퍼챗을 이용한 후원금 모집을 잠정 중단하라는 공문을 보냈다. 또한 선관위는 2019년 3월 3일에 '지난 달 22일 현역 의원과 정당, 정치 관련 유튜브 채널을 운영하는 업체들에 게 정치 활동을 하는 사람이 정치 활동을 위해 개설·운영하는 소셜 미디 어의 수익 활동과 실질적으로 운영하는 것으로 평가될 수 있는 소셜 미디 어의 수익 활동에 대한 시청자의 금전 제공은 정치자금법상 기부 행위에 해당해 위법 소지가 있다'는 내용의 정치자금법상 소셜 미디어 수익 활동 가이드라인을 보냈다고 밝혔다. 이는 정치인을 상대로 한 소셜 미디어 시 청자의 금전 제공은 정치자금법상 '기부'에 해당하기 때문에 위법 소지가 있다는 취지다.

(2) 최근 각광을 받고 있는 것은 소셜 미디어는 유튜브이다. 유튜브는 플랫폼에서 활동하는 크리에이터라면 누구에게나 콘텐츠의 광고수익을

분배하는 유일한 기업으로 페이스북, 인스타그램, 트위터, 스냅챗에 비해 더 높은 수익을 제공하고 있다. 유튜브의 경우 수익 구조는 크게 세 가지로 나누어볼 수 있다. 우선 동영상에 광고를 포함하는 경우이다. 수익 창출 허가가 난 채널이라면 동영상 업로드 시 광고 영상을 넣어서 수익을 낼 수 있다. 대략 조회 수 1당 1원에서 30원까지 하는 경우도 있다고 한다. 다음으로는 구글 애드센스를 이용한 광고이다. 이는 구글 애드센스에서 동영상으로 수익 창출 선택을 하면 된다. 이때 저작권 문제가 있는 영상은 저작권 분쟁에 관한 문제를 해결해서 애드센스 광고를 달 수 있도록 수정해야 한다. 마지막으로 협찬 및 개인 광고이다. 어느 정도 영향력이 생긴다면 자연스럽게 협찬 및 개인 광고가 들어오게 된다. 만약 유튜브로 수익을 창출하고자 한다면, 초기 콘셉트를 잡을 때 이런 점도 미리 고려해야 한다.

(3) 이러한 소셜 미디어를 통한 수입에 있어서 관련된 법률은 정치자금법이다. 정치자금법 제45조 제1항은 법에 정하지 아니한 방법으로 정치자금을 기부하거나 받지 못하도록 규정하고 있다. 여기서 정치자금이란 정치 활동을 위해 정치 활동을 하는 사람에게 제공되는 금전·유가증권, 그 밖의 물건 또는 이들의 정치 활동에 소요되는 비용인바, '정치 활동을 하는 자'에게 제공되는 '정치 활동을 위한 자금'이라는 두 요소를 반드시 충족해야 한다(대법원 2010. 10. 14. 2010도1380). 기부란 대가 관계 없이 재산상 이익을 제공하는 행위를 말하고, 제3자가 정치 활동을 하는 자의 정치 활동에 소요되는 비용 부담·지출 또는 무상 대여, 채무의 면제·경감이나 그 밖의 이익 제공을 포함한다.

(4) 정치 활동을 하는 사람이란 정당 또는 공직선거와 직접 관련된 활동을 하는 사람이나 단체를 말하고, ① 정치 활동을 위한 경비 지출이 객관적으로 예상되는 사람과 ② 후보자가 되려는 사람 등 그 밖에 정치 활

▶ 표 2-27 정치 활동을 위한 경비 지출이 예상되는 사람

	정당·후원회 관련	선거 관련	
정치 자금법 (제3조 제1호)	• 정당(중앙당창당준비위원회 포함) • 후원회·정당의 간부 • 후원회·정당의 유급 사무직원	• 공직선거 후보자 • 국회의원 등 공직선거 당선자	예시적 규정
판례	• 당대표 경선 및 대선 당내 경선 후보자 • 당원협의회 위원장	• 후보자의 선거대책본부장 • 공직선거 예비후보자	

동을 하는 사람으로 구분할 수 있다.

(5) 이때 정치 활동을 위한 경비 지출이 객관적으로 예상되는 사람은 표 2-27과 같이 정리할 수 있다. 이들에게 제공된 자금은 특별한 사정이 없는 한 정치자금에 해당한다(대법원 2010. 10. 14. 선고 2010도1380)

(6) 후보자가 되려는 사람 등 그 밖에 정치 활동을 하는 사람은 행위 당시의 객관적 징표에 의해 해당 여부를 판단한다(헌재 2007헌바29, 대법원 2010도1380). 후보자가 되려는 사람은 입후보 의사를 확정적으로 외부에 표출하거나 그 신분·접촉 대상·언행 등에 비추어 입후보 의사를 객관적으로 인식할 수 있을 정도에 이른 사람(대법원 2001. 6. 12. 선고 2001도1012) 이고, 그 밖에 정치 활동을 하는 사람은 정치 활동을 위한 경비 지출이 객관적으로 예상되는 사람 외에 이에 준하는 '정당 또는 공직선거와 직접 관련된 활동을 주로 하는 사람이나 단체'(대법원 2010. 10. 14. 2010도1380) 이다.

(7) 다음과 같은 경우는 정치 활동을 하는 사람으로 볼 수 없는 경우 이다. ① 단순히 당원·후원회의 회원으로서 활동하거나 선거 등에서 자원봉사나 무급 사무직원으로 활동하는 사람(헌재 2014. 7. 24 2013헌바169), ② 당선 무효형이 확정되어 자금 수수 당시 피선거권이 없고, 후보자 사

무실 방문·정당 행사 참석 및 발언·선거와 직접 관련 없는 주제로 정당이나 타 기관에서의 강연·정치인인 지인들의 출판기념회에 참석한 사람(대법원 2015. 4. 23. 2013도3790), ③ 정계 은퇴 선언 후 정당이나 선거 조직과 직접적 인적·물적 유대 관계와 당적·공직 없이 시국선언 동참·입법청원·정치 관련 연구기관 이사장 재임 등 특정 사안에 관한 정치적 의견을 표명하고 정치 현안을 공론화하는 정도의 활동을 한 사람(대법원 2010. 10. 14. 2010도1380), ④ 일반 당원으로서 외부적으로 지지층 유지에 기여하고 정당 내부의 선거운동을 지원하였으나, 정당·선거와 직접 관련된 활동을 주로 하는 사람으로 인정하기에는 부족한 활동을 한 사람(대법원 2013. 9. 26. 2013도7876).

(8) 정치자금법상 소셜 미디어 수익활동 관련 기준 안내는 정치 활동을 하는 사람이 정치 활동을 위해 개설·운영하는 유튜브 채널·팟캐스트 등 소셜 미디어의 수익활동과 외관상 운영 주체가 정치 활동을 하는 사람이 아니라고 하더라도 운영 목적·방법·내부 관계 등을 종합하여 정치 활동을 하는 사람이 실질적으로 운영하는 것으로 평가될 수 있는 소셜 미디어의 수익 활동을 대상으로 한다.

(9) 위 기준은 소셜 미디어의 수익 활동 유형을 광고와 시청자 후원으로 나누고 있다.

- **광고: 애드센스· PPL 등 광고 게재에 따른 광고료 수입**

1) 애드센스adsense 광고: 유튜버 등 제작자가 광고주가 아닌 유튜브 등 소셜 미디어와 계약하여 영상 전후에 광고주가 제작한 광고를 게재하고

소셜 미디어로부터 광고비를 받는 방식

2) PPL Product Placement 광고: 제작자가 광고주와 계약하여 광고주의 상품·브랜드 등을 노출하는 영상을 제작하고 광고주로부터 직접 광고비를 받는 방식

■ **시청자 후원: 시청자가 제작자에게 직접 제공하는 후원금 수입**

- 후원 방법: 슈퍼챗(유튜브), 별풍선(아프리카TV), 팝콘(팝콘TV), 쿠키(카카오TV) 캐시(팟빵), 스푼(스푼라디오) 등

---

(10) 이러한 수익 활동에 대해 선관위는 ① 광고의 경우 통상적 광고료를 받는 것은 '역무 제공의 대가'로서 정치자금법상 기부로 볼 수 없어 적법하다 하고, 통상적 범위를 넘는 광고료를 받는 것은 기부에 해당하여 위법 소지가 있고, 제한되는 규정을 회피하여 광고료 명목으로 정치자금을 받는 것은 위법하다고 본다. ② 시청자 후원의 경우 슈퍼챗·별풍선 등을 통한 시청자의 금전 제공은 대가 관계에 따른 출연이 아니므로 정치자금법상 기부에 해당하여 위법 소지가 있다고 한다.

(11) 광고수익과 관련해 할 수 있는 사례와 할 수 없는 사례는 다음과 같다.

할 수 있는 사례

- 정치 활동을 하는 사람이 아닌 언론인·시사 프로그램 패널 등이 정치 활

동을 하는 사람(국회의원·당대표 경선 후보자 등)을 게스트로 초청·대담하는 영상을 제작·게시하면서 애드센스나 PPL 방식의 광고를 하고 광고료를 받는 행위

- 정당이 제작한 정치 활동 영상을 유튜브 등 소셜 미디어에 게시하면서 애드센스 방식의 광고를 하고 통상적인 광고료를 받는 행위
- 정치 활동을 하는 자가 자신의 재산으로 제작한 정치 활동 영상을 게시하면서 애드센스나 PPL 방식의 광고를 하고 통상적인 광고료를 받는 행위
- 후원회를 둘 수 있는 국회의원·후보자 등이 후원금 등 정치자금으로 제작한 정치 활동 영상을 광고 없이 소셜 미디어에 게시하는 행위

할 수 없는 사례

- 정당이 PPL 방식의 광고를 포함한 영상을 제작·게시하고 광고료를 받는 행위
    - 애드센스와 달리 PPL은 부수적으로 광고를 게재하는 것이 아니라 주도적으로 상업광고를 제작하여 정당의 설립 목적 및 본래의 기능과 합치되지 않음(2019. 1. 21. 중앙선관위 회답)
- 후원회를 둘 수 있는 국회의원·후보자 등이 후원금 등 정치자금으로 제작한 정치 활동 영상을 게시하면서 광고를 하고 광고료를 받는 행위
    - 정치자금의 '부정한 용도의 지출'에 해당(정치자금법 §2 ③)

(12) 시청자의 직접 기부와 관련해 할 수 있는 사례와 할 수 없는 사례는 다음과 같다.

할 수 있는 사례

- 정치 활동을 하는 사람이 아닌 언론인·시사프로그램 패널 등이 정치 활동을 하는 사람(국회의원·당대표 경선 후보자 등)을 게스트로 초청·대담하는 영상을 제작·게시하면서 슈퍼챗 등으로 시청자로부터 기부를 받는 행위
  - 후원금은 정치인이 아닌 운영·관리자에게 귀속됨을 공지 필요
  - 정치 활동을 하는 사람은 출연료 외의 금전을 받을 수 없음.

할 수 없는 사례

- 정치 활동을 하는 사람이 정치 활동을 위해 개설·운영하는 유튜브 채널·팟캐스트 등 소셜 미디어의 후원 수단(슈퍼챗·별풍선 등)을 통해 후원금을 받는 행위
- 외관상 운영 주체가 정치 활동을 하는 사람이 아니더라도 운영 목적·방법·내부 관계 등을 종합하여 정치 활동을 하는 사람이 실질적으로 운영하는 것으로 평가될 수 있는 소셜 미디어의 후원 수단을 통해 후원금을 받는 행위.

06 온라인 선거운동과 관련한 후보자의 권리 구제

인터넷선거보도심의위원회와 인터넷 언론사에 대한 정정보도 청구 등

중앙선관위는 인터넷 언론사의 인터넷 홈페이지에 게재된 선거 보도(사설·논평·사진·방송·동영상 기타 선거에 관한 내용 포함)의 공정성을 유지하기 위해 인터넷선거보도심의위원회를 설치·운영해야 한다.

인터넷선거보도심의위원회는 인터넷 언론사의 인터넷 홈페이지에 게재된 선거 보도의 공정 여부를 조사해야 하며, 조사 결과 선거 보도의 내용이 공정하지 아니하다고 인정되는 때에는 당해 인터넷 언론사에 대해 해당 선거 보도의 내용에 관한 정정보도문의 게재 등 필요한 조치를 명해야 한다(공선법 §8의6 ①). 정당 또는 후보자(후보자가 되고자 하는 자 포함. 이하 이 조에서 같음)는 인터넷 언론사의 선거 보도가 불공정하다고 인정되는 때에는 그 보도가 있음을 안 날부터 10일 이내에 인터넷선거보도심의위원회에 서면으로 이의신청을 할 수 있다(§8의6 ②). 인터넷선거보도심의위원회는 제2항의 규정에 의한 이의신청을 받은 때에는 지체 없이 이의신청 대상이 된 선거 보도의 공정 여부를 심의해야 하며, 심의 결과 선거 보도가 공정하지 아니하다고 인정되는 때에는 당해 인터넷 언론사에 대해 해당 선거 보도의 내용에 관한 정정보도문의 게재 등 필요한 조치를 명해야 한다.

정보통신 서비스 제공자에 대한 삭제 요청

각급 선관위(읍·면·동 선관위는 제외) 또는 후보자는 공선법의 규정에 위반되는 정보가 인터넷 홈페이지 또는 그 게시판·대화방 등에 게시되거나, 정보통신망을 통해 전송되는 사실을 발견한 때에는 당해 정보가 게시된 인터넷 홈페이지를 관리·운영하는 자에게 해당 정보의 삭제를 요청하거나, 전송되는 정보를 취급하는 인터넷 홈페이지의 관리·운영자 또는 정보통신망 이용촉진 및 정보보호 등에 관한 법률 제2조 제1항 제3호의 규정에 의한 정보통신 서비스 제공자에게 그 취급의 거부·정지·제한을 요청할 수 있다.

이 경우 인터넷 홈페이지 관리·운영자 또는 정보통신 서비스 제공자가 후보자의 요청에 따르지 아니하는 때에는 해당 후보자는 관할 선관위에 서면으로 그 사실을 통보할 수 있으며, 관할 선거구 선관위는 후보자가 삭제 요청 또는 취급의 거부·정지·제한을 요청한 정보가 공선법의 규정에 위반된다고 인정되는 때에는 해당 인터넷 홈페이지 관리·운영자 또는 정보통신 서비스 제공자에게 삭제 요청 또는 취급의 거부·정지·제한을 요청할 수 있다(공선법 §82의4 ③). 이러한 요청을 받은 인터넷 홈페이지 관리·운영자 또는 정보통신 서비스 제공자는 지체 없이 이에 따라야 하고(§82의4 ④), 이러한 요청을 받은 인터넷 홈페이지 관리·운영자 또는 정보통신 서비스 제공자는 그 요청을 받은 날부터, 해당 정보를 게시하거나 전송한 자는 당해 정보가 삭제되거나 그 취급이 거부·정지 또는 제한된 날부터 3일 이내에 그 요청을 한 선관위에 이의신청을 할 수 있다(§82의4 ⑤).

제3장

가짜 뉴스와의 전쟁,
허위 사실 공표

체면을 차리지 말고 유권자들의 마음에 들기 위해 애쓰라. 딱딱하고 냉정해 보여서는 안 된다. 유권자들에게 따뜻하게 다가 갈 필요가 있다. 그들과 눈을 맞추고 등을 두드려주며 그들에게 당 신은 중요한 사람이라고 말해주라. 당신이 자신들에게 진심으로 마음을 쓰고 있다고 믿게 하라.

－퀸투스 툴리우스 키케로,《선거에서 이기는 법》중에서

01 | 허위 사실 공표의 금지

허위 사실 공표죄의 의의와 유형

최근 우리나라를 비롯해 전 세계적으로 '가짜 뉴스'가 뜨거운 논쟁거리가 되고 있다. 가짜 뉴스가 여론을 왜곡하는 부작용이 크므로 이에 대한 규제를 강화해야 한다는 견해가 있고, 가짜 뉴스에 대한 규제가 언론의 자유와 표현의 자유를 제한한다는 견해도 있다. 또한 자신과 다른 주장과 의견을 가짜 뉴스로 몰아 매도한다는 지적도 있다. 이러한 가짜 뉴스 공방은 선거 시기가 되면 더욱 기승을 부릴 것이다. 선거는 짧은 선거운동 기간 동안 진행되므로 가짜 뉴스가 미치는 파장은 매우 크다. 나중에 사실이 아니라는 점이 밝혀지더라도 선거는 이미 끝난 상황이기 때문이다. 후보자들에게 허위 사실 공표와 후보자 비방 등의 문제가 발생했을 때 신속하고 효율적으로 대응을 하는 것이 매우 중요한 점도 같은 맥락에서 이해해볼 수 있다.

선거인이 누구에게 투표할 것인가를 공정하게 판단할 수 있도록 하기 위해서는 후보자에 대한 판단 자료가 정확하게 제공되어야 하고, 그릇된 정보가 공표되어 유포되는 것을 방지해야 한다. 공선법은 선거의 공정성을 보장하기 위해 선거인의 공정한 판단에 영향을 미치는 행위를 처벌하는 여러 규정을 두고 있다. 즉 공선법에서는 당선 목적, 낙선 목적, 당내 경선 관련 허위 사실 공표죄로 유형을 나누어 당선되기 위하여 (본인 측) 후보자에게 유리하도록 허위의 사실을 공표하는 행위(공선법 제250조 제1항)와 상대방을 떨어뜨리기 위하여 (상대방 측) 후보자에게 불리하도록 허위의 사실을 공표하는 행위(공선법 제250조 제2항), 당내 경선과 관련하여 당선·낙선 목적으로 경선 후보자 등에 대해 허위 사실을 공표하는 행위(공선법 제250조 제3항)를 모두 처벌하도록 하고 있다.

최근 허위 사실 공표가 문제되는 사례가 점점 많아지고 있고 실제로 본죄로 유죄판결을 받을 경우 양형 기준상으로는 기본적으로 당선 무효형에 해당하는 벌금형 또는 징역형을 선고하도록 하고 있으므로[14] 본죄 위반이 문제되지 않도록 매우 주의해야 할 것이다. 요즘은 공개석상 여부를 불문하고 일체의 발언이 모두 녹음·녹화되고 있다고 보아도 과언이 아니며, 인쇄된 공보나 공식적인 자리에서의 발언은 물론이고, 그 외 사적으로 이루어진 모든 발언과 표현까지도 감시 대상이라고 보아도 무관할 것이기 때문이다.

그렇다면 과연 어떤 것이 허위 사실 공표에 해당하여 주의해야 하고, 어떤 것은 허용되는 것이며 그 기준은 무엇일까?

허위 사실의 의미

판례에 따르면 허위 사실이란 "① 진실에 부합하지 않는 사항으로서, ② 후보자의 사회적 가치 및 평가가 침해될 가능성이 있는 정도의 구체성 있는, ③ 사실"을 의미한다고 돼 있다. 이러한 정의만으로 그 내용을 파악하기 어려우므로 구체적인 사례를 보면서 쉽게 알아보자.

사실의 적시 vs. 의견 표명

앞서 판례에 의한 허위 사실에 대한 정의를 보면 "~구체성 있는 '사실'"이라고 돼 있다. 즉 허위 사실 공표에서 문제 삼는 것은 진실에 부합하지 않는 내용으로서 구체성 있는 '사실'을 공표한 경우이다. 허위로 밝혀진 내용이 사실의 적시인지, 아니면 단순한 의견의 표명인지는 허위 사실 공표죄에서 가장 많이 문제되는 쟁점 중 하나이다. 어떠한 발언이나 표현이 '사실의 적시'라면 공선법 위반 범죄에 해당하고, 사실을 적시한 것이 아니라 개인적인 의견 개진에 해당한다면 공선법 위반에 해당하지 않을 수 있기 때문이다.

그 때문에 상대방 후보에 대한 특정 발언이 허위 사실 공표로 문제된 경우 법리상 가장 우선적으로 고려하는 방어 방법 중의 하나가 '해당 발언이 구체적 사실 적시가 아니라 의견 표명에 불과하다'는 논리이기도 하다.

'사실의 적시'는 시공간적으로 과거 또는 현재의 구체적 사실관계에 대한 보고·진술을 의미하는 반면, '의견 표명'이란 가치 판단이나 평가를 내용으로 하는 것이다. 판례는 '어떤 진술이 사실 주장인가 또는 의견 표현인가를 구별함에 있어서는 선거의 공정을 보장한다는 입법 취지를 염두에 두고 언어의 통상적인 의미와 용법, 문제된 말이 사용된 문맥, 입증

가능성, 그 표현이 행해진 사회적 상황 등 전체적 정황을 고려하여 판단'한다는 입장인데, 위 기준이 구체적으로 무엇을 말하는지 그 내용을 파악하기 어려운 것이 사실이다. 비교적 명확한 기준을 찾아보자면 다음과 같다.

우선, 사실의 적시인지 의견 표명인지를 구분하는 가장 기본적이고 쉬운 판단 기준은 '증거로 입증이 가능한지 여부'이다. 어떠한 발언이나 표현이 증거로 진위 여부에 대한 입증이 가능하다면 사실의 적시이고, 그에 해당하지 않고 의견의 표명, 가치 평가에 해당하여 증거로 입증이 어렵다면 사실의 적시에 해당하지 않는다는 것이다.

그러나 사실의 적시와 의견 표명의 경계에서 판단이 어려운 경우가 많고 사실의 적시와 의견 표명이 혼재돼 있는 경우도 많은 것이 문제이다.

사실의 적시인지 의견 표명인지가 문제된 여러 사례를 살펴보자.

사례 1

지방자치단체장 선거에 출마한 현직 자치단체장이 기자회견이나 인터넷 홈페이지 게시판에서 "(본인이) 2002년도 자치단체장 선거 당시 100대 공약 중 2가지를 제외한 공약을 모두 이행하였다"고 표시하여 기소된 사안이다.

위 사건에서 피고인인 현직 자치단체장은 위 발언은 구체적 사실이 아니라 공치사로서 단순한 의견의 표현이라고 주장했다. 그러나 법원은 위 피고인이 발표한 '공약 이행 여부'는 증거로서 입증이 가능한 문제라고 보아, 의견 표현에 불과한 것이 아니라 사실의 공표에 해당하므로 그 허위 여부에 따라 공선법 제250조 제1항의 허위 사실 공표죄의 죄책을 부담한다고 판단했다(대법원

2007. 8. 24 선고 2007도4294 판결).

사례 2

피고인이 'A(상대 측 후보자)가 느닷없이 B선거구에 출마하는 것은 지역 주민과
국가에 봉사하기 위해 출마를 한다기보다는 자신의 가족이 경영하는 ××한
방병원의 인허가와 관련한 방패막이로 출마하지 않았나 하는 강한 의구심이
든다'는 내용이 포함된 보도자료를 배포하여 기소된 사안이다.

위 보도자료 내용을 보면 그 문구가 "~ 강한 의구심이 든다"고 돼 있어 본
인의 의견 표명 또는 단순한 의혹 제기에 해당하는 것으로 주장할 여지도 있
겠으나, 법원은 이에 대해 "그 표현의 객관적인 내용과 아울러 일반의 독자가
보통의 주의로 표현을 접하는 방법을 전제로 표현에 사용된 어휘의 통상적인
의미, 표현의 전체적인 흐름, 문구의 연결 방법 등을 기준으로 볼 때, 그 글을
듣거나 읽는 사람으로 하여금 'A가 자신의 가족이 경영하는 ××한방병원의
인허가와 관련한 방패막이로 출마'했을 가능성을 미루어 짐작하게 할 수 있다
고 할 것이므로, 위 표현은 사실의 적시라고 판단했다.

그러면서 피고인이 'A가 자신의 가족이 경영하는 ××한방병원의 인허가
와 관련한 방패막이로 출마한다는 점'에 관해 소문 이외에는 아무런 소명 자
료를 제시하지 못하고 있으므로 허위 사실 공표로서의 책임을 져야 한다고
하였다(서울고등법원 2009. 1. 15. 선고 2008노3096 판결).

사례 3

후보자였던 피고인이 시장으로부터 "뉴타운 추가 지정에 관하여 여러 전제조 건이 충족되면 긍정적으로 검토하겠다"고만 들었음에도 '시장으로부터 (해당 지역의) 뉴타운 추가 지정에 관한 동의를 받았다'는 취지로 연설했던 사안이다. 법원은 시장의 '긍정적 검토' 발언을 '약속 또는 동의'라고 표현한 것은 단순 한 과장이 아니라 허위 사실 적시에 해당한다고 하였다(대법원 2009. 10. 29. 선 고 2009도 4931판결). 당사자인 시장의 증언이 증거가 되어 그러한 발언을 한 사 실이 있는지 여부를 밝힐 수 있다는 점에서도 사실의 적시에 해당한다고 볼 수 있을 것이다.

사례 4

후보자였던 피고인이 다른 후보자 B씨에 대하여 "B씨는 말은 잘하나 자기 이 익에 집착하여 지난 시의회 2기 회장 선출 때 보여준 B는 너무 철면피한 사람 이었고, 권력을 이용하여 불법을 많이 저질렀음에도 아직 처벌을 받지 않고 건재하여 있는데, 부도덕한 사람을 시의회에 발을 넣지 못하도록 낙선시켜주 시기 바랍니다"라는 내용이 포함된 선전물을 만들어 배포한 사안이다.

법원은 위 피고인이 B에 대해 '철면피한 사람, 부도덕한 사람'이라고 표현 한 부분에 대하여는 단순한 가치 판단이나 평가를 내용으로 하는 의견 표현 에 불과할 뿐 허위의 사실이 아니라고 보았다(대법원 2003. 11. 28. 선고 2003도 5279 판결). '철면피', '부도덕'이라는 표현은 증거로 입증 가능한 사실에 관한 적시가 아니라, 개인의 가치 판단에 기초하여 내려진 의견의 표현에 해당하는 것으로 본 것이다.

어떠한 표현을 하는 입장에서 해당 표현이 전적으로 의견 표명에 해당하여 문제가 되지 않는다고 확신을 가지기는 어려울 것이다. 의견 표명과 사실 적시가 혼재돼 있을 경우 전체적 맥락에서 의견 표명의 전제가 된 사실관계가 허위인지 여부도 중요한 요소가 되고 있으므로, 일단은 의견 표명의 근거나 전제가 되는 사실관계에 대하여 팩트 체크를 잘하는 것도 중요하다.

구체성 있는 사실

앞서 허위 사실의 정의 부분에서 언급한 것과 같이 허위 사실은 진실에 부합하지 않는 사항으로서 선거인으로 하여금 후보자에 대한 정확한 판단을 그르치게 할 수 있을 정도의 '구체성'을 가진 것이어야 한다.

또한 공표된 사실 전체의 취지를 살펴볼 때 중요한 부분이 객관적 사실과 합치되는 경우에는 세부에 있어서 진실과 다소 차이가 있거나 일부 과장된 표현이 있다고 하더라도 허위 사실에 해당하지 않는 것으로 보게 된다.

후보자에 관한 사실 vs. 후보자와 관련이 없는 사실

허위 사실 공표죄에서의 허위 사실은 '후보자에 관한 사실'을 의미한다. 위 '후보자에 관한 사실' 중에는 직접 후보자 본인에 관한 사실뿐 아니라 후보자의 소속 정당이나 그 정당의 소속 인사에 관한 사항 등과 같은 간접 사실이라도 후보자와 직접적으로 관련된 사실이고 그 공표가 후보자의 당선을 방해하는 성질을 가진 것인 경우에는 후보자에 관한 사실에 포함되는 것으로 본다.

법원은 특정한 발언이 외관상으로는 후보자에 관한 사실에 해당하지 않는 것으로 보인다고 하더라도 실질적으로는 후보자와 직접 관련된 사실이고 공표된 내용이 당선을 방해하려는 성질을 가진 것이라면 이를 후보자에 관한 사실에 해당하는 것으로 판단하고 있다.

사례 1

갑 정당 소속 국회의원이었던 피고인이, 당시 을 정당 소속 대통령 선거 후보자 병에게 불리하도록, 문제가 된 주가조작 사건의 당사자(공소외 A) 변호인이 사임한 이유에 대하여 "병 후보자가 기소될 수 있는 위중한 사안, 병 후보자가 다칠 것으로 예상, 병 후보자가 구속될 수도 있는 사안"이라고 설명한 사안에서, 이 부분 공표 내용은 비록 외관상 공소외 A의 변호사 사임 이유와 검찰의 수사 결과를 비난하는 것이라고 하더라도 이는 병 후보자와 직접적으로 관련된 사실에 해당함과 아울러 이 부분 공표의 내용이 병 후보자의 당선을 방해하는 성질을 가진 것에 해당하는 것이라고 인정되므로 이 부분 공표 사실은 병 후보자에 관한 사실이라고 판단하였다(2008도11847).

사례 2

인터넷 사이트에 상대 측 후보자가 속한 정당 대표 피습 사건을 패러디한 포스터를 게시한 사안에서, 위 포스터의 내용이 피습 사건이 마치 위 정당이 조작한 정치공작인 것처럼 표현하고 있을 뿐 해당 후보자에 대하여는 언급하고 있지 아니하므로 위 게시 행위를 두고 후보자를 비방한 것으로는 볼 수 없다고 하였다(대법원 2007. 3. 15. 선고 2006도8368 판결).[15]

의혹 제기가 가능한 범위

후보자의 비리, 업적, 경력 등에 대한 의혹 제기는 후보자 검증의 측면에서 중요한 의미를 갖고, 유권자들의 올바른 선택을 돕는 데 기여할 수 있다.

그런데 선거운동 과정에서 상대방 후보자에 대한 '의혹 제기'는 '사실의 적시'와 다르므로 허위 사실 공표죄에 해당하지 않고 넓게 인정될 수 있을 것인가?

사실의 적시에 해당하지 않는다는 이유로 의혹 제기가 무조건적으로 허용된다면 나중에 그 의혹이 사실이 아닌 것으로 밝혀질 경우 결국 허위의 사실로 인해 유권자들의 공정한 선택을 방해한 셈이 될 것이다. 그러므로 후보자에 대한 의혹 제기는 그것이 비록 후보자를 검증하기 위한 것이라고 하더라도 무제한 허용될 수 없고, 그러한 의혹이 진실인 것으로 믿을 만한 상당한 이유가 있는 경우에 한하여 허용되어야 한다는 것이 법원의 기본적인 입장이다. 또한 의혹을 제기한 자가 그 의혹의 근거가 된 소명 자료를 제시해야 하며, 이를 제시하지 못할 경우 허위 사실 공표에 대한 책임을 부담하게 된다는 것이다.

따라서 '~라는 의구심이 든다'라거나 '~라는 의혹이 있다'라는 표현을 덧붙이는 것만으로 허위 사실 공표 행위에 해당하지 아니할 것이라고 단정하여서는 안 된다. 근거가 박약한 소문만을 근거로 한 의혹 제기는 허위 사실 공표가 될 수 있으므로 이에 유의해야 한다.

사례 1

후보자에 대한 의혹 제기가 어느 범위에서 허용되고, 재판 과정에서 어떠한 법리를 통해 유무죄를 판단하게 되는지 다음 판례의 판시 내용을 통해 파악해보자.

- 민주주의 정치제도 하에서 언론의 자유는 가장 기초적인 기본권이고 그것이 선거 과정에서도 충분히 보장되어야 함은 말할 나위가 없다. 공직선거에서 후보자의 공직담당 적격을 검증하는 것은 필요하고도 중요한 일이므로 적격 검증을 위한 언론의 자유도 보장되어야 하고, 이를 위해 후보자에게 위법이나 부도덕함을 의심하게 하는 사정이 있는 경우에는 이에 대한 문제 제기가 허용되어야 하며, 공적 판단이 내려지기 전이라 하여 그에 대한 의혹 제기가 쉽게 봉쇄되어서는 안 된다. 그러나 한편, 근거가 박약한 의혹의 제기를 광범위하게 허용할 경우 비록 나중에 의혹이 사실무근으로 밝혀지더라도 잠시나마 후보자의 명예가 훼손됨은 물론 임박한 선거에서 유권자들의 선택을 오도하는 중대한 결과가 야기되고 이는 오히려 공익에 현저히 반하는 결과가 되므로, 후보자의 비리 등에 관한 의혹의 제기는 비록 그것이 공직 적격 여부의 검증을 위한 것이라도 무제한 허용될

수는 없고, 그러한 의혹이 진실인 것으로 믿을 만한 상당한 이유가 있는 경우에 한하여 허용되어야 하며, 그러한 상당한 이유가 있는 경우에는 비록 사후에 그 의혹이 진실이 아닌 것으로 밝혀지더라도 표현의 자유 보장을 위해 이를 벌할 수 없다.

- 허위 사실 공표죄에서 의혹을 받을 일을 한 사실이 없다고 주장하는 사람에 대하여 의혹을 받을 사실이 존재한다고 적극적으로 주장하는 자는 그러한 사실이 존재한다고 수긍할 만한 소명 자료를 제시할 부담을 지고, 검사는 제시된 자료의 신빙성을 탄핵하는 방법으로 허위성의 증명을 할 수 있다. 이때 제시하여야 할 소명 자료는 단순히 소문을 제시하는 것만으로는 부족하고, 적어도 허위성에 관한 검사의 증명 활동이 현실적으로 가능할 정도의 구체성은 갖추어야 하며, 이러한 소명 자료의 제시가 없거나 제시된 소명 자료의 신빙성이 탄핵된 때에는 허위 사실 공표로서 책임을 져야 한다(대법원 2011. 12. 22. 선고 2008도11847 판결).

사례 2

방송 토론회에서 상대 후보를 두고 '민주화 운동으로 감옥에 간 것이 아니라 북침설을 주장하다 7년간 징역살이를 했다'는 허위 사실을 유포한 혐의로 기소된 사안이다.

방송 토론회 중 단정적으로 상대 후보가 북침설을 주장했다고 발언했으나, 이에 대한 소명 자료나 근거를 제시하지 못했다. '국가보안법 위반 전력 등 친북 행위를 지적하려다 표현이 과장된 것'이라고 항변했으나, 대법원은 공직선거 방송 토론의 파급력 등을 감안해 이 후보가 '상대 후보가 북침설을 주장하였다'라는 취지의 발언을 한 것은 의혹 제기 수준을 벗어난 허위 사실 공표에 해당한다고 판단하였다(대법원 2008. 12. 11. 선고, 2008도8952 판결).

사례 3

기자회견을 통해 상대방 후보에 대하여 '상대 후보가 미국 영주권을 보유하고 있다는 의혹을 사고 있다(1차 공표)'며 해명을 요구하고, 그 이후에도 홈페이지 및 이메일 등을 통해 '상대 후보가 공천 탈락 당시 미국 영주권을 보유하고 있었다(2차 공표)'는 허위 사실을 유포한 혐의로 기소된 사안이다.

대법원은, 피고인이 1차 공표를 통해 상대 후보자가 미국 영주권을 보유한 의혹이 있다는 취지로 발언한 것은, 비록 그 발언이 의혹을 제기하면서 상대 후보자에 대한 답변을 요구하는 형식을 빌리고 있지만, 발언의 내용 또는 전제가 되는 상대 후보자가 미국 영주권을 보유하고 있다는 사실을 공표한 것으로 평가함이 타당하다고 하면서 그 공표된 사실의 허위 여부는 그러한 의혹이 있었다는 것이 허위인지 여부가 아니라 의혹의 내용인 상대 후보자가 미국 영주권을 보유하고 있다는 사실이 허위인지 여부에 따라 판단해야 한다고 전제한 후, 상대 후보자에게 그와 같은 의혹이 제기되었다는 사실 자체는 진실이라고 하더라도 상대방 후보가 미국 영주권을 보유하고 있지 않은 점 등을 들어 1차 공표는 허위 사실의 공표에 해당한다고 보아야 한다고 하였다. 다만, 피고인이 1차 공표 당시 상대방 후보가 미국 영주권을 보유하고 있다는 사실을 진실한 것으로 믿었고 그와 같이 믿을 만한 상당한 이유가 있었다고 보아, 그에 기초하여 의혹을 제기한 1차 공표는 벌할 수 없다고 하였다.

반면 2차 공표에 대하여는 피고인의 사실확인 노력이 미흡하였고, 1차 공표 이후 상대방 후보의 해명 및 사과 요구, 그로 인한 상황의 변화로 의혹이 어느 정도 해소되었던 점 등을 고려하여 피고인이 2차 공표를 통해 허위의 사실을 직접 또는 암시의 방법으로 공표하였고 피고인에게 허위라는 점에 대한 미필적 인식과 낙선의 목적도 있었다고 인정되므로, 이 부분 허위 사실 공표에 대한 책임을 져야 한다고 보았다(대법원 2016. 12. 27. 선고 2015도14375 판결).

이렇듯 약한 근거나 제보 등만으로 의혹 제기를 하다가는 허위 사실 공표죄의 죄책을 부담하게 될 수 있으므로, 그러한 사실이 존재한다고 수긍할 만한 소명 자료가 뒷받침되고 있는지 확인해볼 필요가 있다.

허위 사실 공표가 주로 문제된 사례

허위 사실 공표가 빈번히 문제되었던 사안을 간략히 살펴보면서 어떤 점을 주의해야 할지 알아보자.

먼저 학력 기재와 관련된 내용이다. 학력 표시는 공선법에 정한 바에 따라 해야 한다. 공선법에서는 정규 학력과 이에 준하는 외국의 교육과정을 이수한 학력 이외에는 게재할 수 없고 정규 학력을 게재하는 경우에는 졸업 또는 수료 당시의 학교명(일정 경우 수학 기간을 함께 기재)을 기재하도록 하는 등 유권자로 하여금 정규 학력과 비정규 학력을 명확히 구분할 수 있도록 학력 기재에 관한 사항을 엄격히 정하고 있다.

그런데 공선법에서 정한 바와 달리 정규 학력이 아닌 비정규 학력의 교육과정을 이수하였음에도 이를 표시하거나 정규 학력이라도 공선법에서 수학 기간을 함께 기재하도록 했음에도 이를 지키지 않은 경우 모두 허위 사실 공표죄에 해당할 수 있음에 유의해야 한다.

학력 기재와 관련한 실수는 자주 발생하므로 유의해야 한다. 이런 정도는 괜찮겠지 하는 막연한 생각에서 정규 학력이 아닌 학력을 기재하는 등 공선법에서 정한 원칙을 벗어난 기재를 하지 않도록 주의해야 한다.

그 외에도 빈번히 문제되는 사안은 경력이나 업적, 공약 이행 내용을 사실과 다르게 기재하거나 과장하여 표현하는 경우이다. 이런 정보는 손쉽게 진위 여부를 확인할 수 있다는 점에서 위반한 경우 방어 논리를 펼치기 더 어려우므로, 법령에서 요구하는 대로 사실관계를 잘 확인하여 위반이 문제되지 않도록 신경을 쓰는 것이 좋다.

허위 사실 공표로 인정된 구체적 사례들

- 후보자가 그와 경쟁 관계에 있는 다른 후보자가 정당한 사유로 종합소득세를 납부하지 않았을 뿐이고 근로소득세는 납부한 사실을 알면서도 그가 소득세를 납부하지 않았다는 취지의 연설을 하면서 그 세금이 종합소득세라고 특정하지 아니한 행위(대법원 2002. 5. 24. 선고 2002도39)
- 선거 벽보·선거 공보 등 법정 선거 홍보물에 비정규 학력을 게재하는 행위
- 후보자 명함 및 선거 공보에 비정규 학력을 '경력' 또는 '약력'란에 기재한 행위(대법원 2007. 2. 23. 선고 2006도8098)
- 정규 학력 외의 수학한 경력을 공개 장소 연설·대담용 녹화기 등에 녹화

물을 통해 방영하는 행위

- 당선될 목적으로 정규 학력이 아닌 '○○대학교 경영대학원 총동창회 부회장'이라는 문구가 기재된 명함 약 105장을 배부한 행위(대구지방법원 2010. 6. 16. 선고 2010고합205)

- 중앙선관위 인터넷 홈페이지 후보자 정보란에 경력과 소속 단체 등에 관하여 허위의 사실을 공표하게 한 행위(대법원 2009. 6. 11.선고 2008도11042)

- 후보자의 동생이 지방선거 공천 관련 금품수수 비리로 처벌받았음에도 후보자가 공천 관련 금품수수 비리에 연루되어 국회의원 공천 심사에서 탈락한 것처럼 암시하는 연설을 한 행위(서울고등법원 2008. 10. 24. 선고 2008노1942)

- 별정직 1급 상당 교섭단체 정책연구위원을 '차관보급'이라고 기재한 행위(대법원 2009. 2. 26. 선고 2008도11589)

- 국회의원 비서임에도 '비서관'이라고 기재한 행위(서울고등법원 2009. 2. 6. 선고 2008노3403)

- 국회의원 의원실에서 비공무원인 '국회인턴'으로 일했을 뿐인데 '정책비서'로 기재한 행위(서울고등법원 2011. 2. 25. 선고 2011노150)

- 후보단일화 협상이 없었음에도 '범야권 단일후보'라고 연설한 행위(서울고등법원 2011. 1. 28. 선고 2010노3508)

- 선거 기간 중 자신의 선거 사무소 앞에 "구리월드디자인시티 유치 눈앞에! 국토부 그린벨트 해제 요건 충족 완료!"라고 적힌 현수막을 걸고 같은 내용을 반복 재생하는 전광판을 설치했으나, 현수막 등에 홍보한 구리월드디자인시티 사업은 사업구역의 개발 제한구역 해제 요건 충족이 완료됐다고 볼 수 없는 상황이었다. 법원은 선거구민들이 오해하기 쉬운 단정적 단어를 사용해 허위 사실을 유포함으로써 유권자의 판단을 방해했다

고 하면서 본인의 행위에 대해 허위의 사실을 공표한 것으로 판단하였다 (대법원 2015. 12. 10. 선고 2015도7342).

02 | 후보자 비방 금지

후보자 비방죄의 의의 및 목적

일반적으로 내가 한 발언이 허위가 아니라 진실이라면 처벌되지 않을 것으로 생각하기 쉽다. '허위 사실 공표죄'에 대해서는 알고 있으나 '후보자 비방죄'는 잘 알지 못하는 경우가 많다. 그렇다면 허위가 아니라면 전혀 문제가 되지 않는 것일까?

그렇지 않다. 앞서 살펴본 허위 사실 공표 행위는 선거에 있어서 허위 사실을 공표하는 것을 금지하고 있으나, 후보자 비방 금지 규정에 의해 어떠한 표현이 허위가 아니더라도 처벌될 수 있음에 유의해야 한다.

공선법에서는 당선 목적 또는 낙선 목적으로 연설·방송·신문·통신·잡지·선전 문서, 기타의 방법으로 공연히 사실을 적시하여 후보자(후보자가 되려는 자), 배우자, 직계존비속, 형제자매를 비방한 자를 처벌하도록 하고 있다(공선법 제251조). 즉 후보자 비방죄는 진실 여부와는 무관하게 사실 적시를 통해 후보자를 비방한 경우에 처벌된다는 점에서 허위 사실 공표죄와 차이가 있다.

형법상 명예훼손죄(제370조)가 사실 적시에 의한 명예훼손죄(제1항)와 허위 사실 적시에 의한 명예훼손죄(제2항)로 구성되는 것과 유사하다. 허위 사실 적시 명예훼손죄에 대응하는 것이 허위 사실 공표죄이고, 사실 적시 명예훼손죄에 대응하는 것이 후보자 비방죄다. 허위 사실이 아닌 진실인 사실을 적시한 것을 처벌 대상으로 규정하는 것에 대하여는 비판의 목소리가 작지 않다.

이는 설령 진실이라고 하더라도 과도한 인신공격 등으로부터 후보자와 가족들의 명예를 보호하고 공정한 선거 분위기를 조성하기 위한 목적에서 규정된 것이다. 문제되는 사항들에 대해 구체적으로 살펴보자.

공연성

후보자 비방죄에 관한 공선법 규정을 보면 '공연히 사실을 적시하여'라고 규정하고 있는데, '공연성'이라는 개념은 일반적으로 흔히 사용되는 용어가 아니어서 그 의미를 쉽게 파악하기 어려울 수도 있다. '공연히'라는 개념은 불특정 또는 다수인이 알 수 있는 상태에 도달하게 함을 의미한다. 개별적으로 한 사람에 대해 사실을 유포했다고 하더라도 그로부터 불특정 다수인에게 전파될 가능성이 있다면 공연성이 존재하는 것으로 보게 된다.

장소가 어디든, 누구에게 이야기했든 불특정 또는 다수인에게 전파될 가능성이 있으면 충분하다. 그러므로 다수의 사람이 모여 있는 공개된 장소가 아닌 집, 직장에서 친구나 동료에게 선거운동의 목적으로 후보자를 비방한 경우에도 후보자 비방죄가 성립할 수 있다. 예를 들어 인터넷 공개 게시판에 글을 게시한 경우에는 당연히 공연성이 인정될 수 있겠지만, 비방의 내용이 포함된 진정서를 우편으로 발송한 경우에는 공연성이 인정되지 않는다.

사실의 적시 vs. 의견 표명

허위 사실 공표죄와 마찬가지로 후보자 비방죄에서도 판단 대상인 진술이 사실의 적시인지, 아니면 단순한 가치 판단·평가·의견 표명에 불과하다고 볼 것인지가 중요하며, 그 기준은 허위 사실 공표 부분에서 설명한 내용과 같다.

후보자 비방죄에 있어서 사실의 적시 또는 의견 표명이 문제된 사례를 살펴보자.

사실의 적시에 해당한다고 한 사례

- 기본 법리

  후보자 비방죄에 관한 판례에서도 '사실의 적시'란 가치 판단이나 평가를 내용으로 하는 의견 표현에 대치되는 개념으로서 시간과 공간적으로 구체적인 과거 또는 현재의 사실관계에 관한 보고 내지 진술을 의미하는 것이며 그 표현 내용이 증거에 의한 입증이 가능한 것을 말하고, 판단할 진술이 사실인가 또는 의견인가를 구별함에 있어서는 언어의 통상적 의미와 용법, 입증 가능성, 문제된 말이 사용된 문맥, 그 표현이 행하여진 사회적 정황 등 전체적 정황을 고려하여 판단하여야 한다는 입장이다(대법원 1997. 4. 25. 선고 96도2910 판결 등).

- "후보자 A가 도와달라고 요구하였으나 도와주지 못한 것이 죄가 되고 올가미가 되어 구속된 일이 있다"라는 발언 내용에 대하여, 법원은 그 안에 가치 판단에 관한 의견 진술이 다소 포함돼 있기는 하나 전체적으로 볼 때 후보자 A에 대한 정확한 판단을 그르치게 할 수 있을 정도의 구체성을 가진 사실에 관한 것이라고 보았다.

- "후보자 B는 병원 간판을 'ㅇㅇ클리닉'으로 붙여서 불법이고, 의료법상 벌금 300만 원 이하에 처하게 돼 있는데, 얼마나 막강하면 벌금을 한 번도 안 냈어요"라는 발언 내용에 대하여, 법원은 직접적으로 B가 병원 간판을 ㅇㅇ클리닉으로 함으로써 불법을 저질렀음에도 벌금을 낸 적이 없다는 구체적인 사실을 지적하고 있다고 보았다.

- "후보자들 중에 전과자가 있다는 참으로 어이없고 황당한 사실을 알게 되었습니다. 저는 이런 사실을 모르고 그들의 화려한 언변과 연기에 속고 계실 여러분들을 위해 이렇게 대자보를 붙입니다"라는 문구를 기재한 경우, 위 문구 자체는 의견 표현에 불과하다고 볼 수 있지만 전과 사실을 기재하는 동기를 설명하기 위한 것으로서 전과 기재 부분과 불가분의 관계에 있다고 하여 전체적으로 하나의 사실을 적시한 것으로 보았다.

사실의 적시에 해당하지 않는다고 본 사례

다음과 같은 문구나 표현들에 대하여, 사실의 적시에는 해당하지 않는다고 판단하였다.

- "유신 체제 하에서 국민의 피와 땀을 빨아 먹던 존재들이…"

과거 집권당 소속원들에 대한 경멸적 평가를 추상적으로 표현한 것
에 불과하다고 보아 구체성이 없다고 보았다.

- "늙은 딸 주제에", "이 미친 파렴치 할망구", "뒈질 때까지 독재한 반란범 딸
래미 할멈"

  단순히 저속한 표현에 해당하고 사실의 적시로 볼 수 없다고 판시
  하였다.

- "실패한 새비리당 정권의 5년간의 실정에는 나 몰라라 하면서", "전부 다
독재자의 딸 할망구, 니 탓이다"

  진위 여부를 증거로 입증할 수 없는 내용으로 사실의 적시에 해당하
  지 않는다고 하였다.

- "친일 매국노 뉴라이트 알바들 동원해서 조작, 비방은 물론이고 지역감정
조장하여 분열 책동까지"

  전체적인 의도, 대부분의 단어들이 평가적 의미를 가진 점, 조작·비
  방 등의 구체적인 대상이나 내용이 전혀 나와 있지 않은 점 등에서
  사실의 적시라고 볼 수 없다고 하였다.

- "황소개구리는 이익이 되는 것이라면 무엇이든 가리지 않고 먹어치우는
토착 비리 세력을 말한다"

  "상대 후보자는 당선되기 위하여 아무 데나 눈물을 흘리고 웃고 비방하
  는 몰염치한 사람입니다"

  "차떼기, 공천비리, 성추행 모두 잊게 해주시는 대표님"

  그 문맥이나 정황 등을 고려하면 가치 판단이나 평가를 내용으로 하
  는 의견 표현에 불과하다고 판시하였다.

비방의 대상 및 내용

'비방'이란 정당한 이유 없이 상대방을 깎아 내리거나 헐뜯어 그 사회적 가치 평가를 저하시키는 것을 의미하는데, 표현 내용이나 방법상 상대방의 정치 역량을 객관적으로 언급한 것이 아니라, 이를 인격적으로 비하한 경우에는 비방에 해당하는 것으로 볼 수 있다. 주로 남녀 관계·범죄·비리 전력 등 사적이거나 내밀한 영역에 속하는 사항을 폭로한 사안에서 후보자 비방죄에 해당하는 경우가 많다.

후보자 비방죄는 후보자, 그의 배우자 또는 직계존비속이나 형제자매의 사생활에 속하는 사항을 언급하여 비방하는 경우뿐만 아니라 사생활에 속하지 아니하는 사항을 언급하여 비방하는 경우에도 성립된다.

공공의 이익으로 허용되는 범위: 위법성 조각의 기준

진실을 이야기해도 후보자 비방으로 처벌을 받을 수 있다면 과연 정상적인 선거운동이 가능할 것인지 의문이 들게 될 것이다. 상대방 후보자 검증을 위한 발언들이 모두 비방에 해당하게 되면 도대체 어떻게 선거운동을 할 수 있겠는가 하고 말이다.

이러한 점을 고려하여 공선법에서는 후보자 비방죄에서 진실한 사실로 공공의 이익에 관한 때에는 처벌하지 않는다고 단서 조항을 규정하고 있다. 이른바 위법성 조각 사유라는 것이다.

대법원 판례에 따르면 "후보자 비방죄에서 적시된 사실이 전체적으로 보아 진실에 부합하고 그 내용과 성질에 비추어 객관적으로 볼 때 공공의 이익에 관한 것으로서 행위자도 공공의 이익을 위하여 그 사실을 적시한다는 동기를 가지고 있으며, 반드시 공공의 이익이 사적 이익보다 우월한 동기가 된 것이 아니더라도 양자가 동시에 존재하고 거기에 상당성이 인정된다면 법 제251조 단서에 의하여 위법성이 조각된다"고 한다(대법원 2000. 4. 25. 선고 99도4260).

즉 국가, 사회, 다수인 일반의 이익에 관한 것이어야 하고, 공공의 이익이 유일하거나 주된 동기이거나 사적 이익보다 우월한 동기일 필요는 없지만 공공의 이익과 사적 이익이 동시에 존재하고 거기에 상당성이 인정되어야 한다는 요건을 충족시킨 경우 벌하지 않겠다는 것이다. 위법성이 조각된 판례를 통해 법원의 입장과 판단 기준을 구체적으로 살펴보자.

공공의 이익에 관한 사안으로 위법성이 조각된 사례

피고인이 "공소외 A씨는 병원 간판을 'J 클리닉'으로 붙여서 불법이고, 의료법상 벌금 300만 원 이하에 처하게 돼 있는데, 얼마나 막강하면 벌금을 한 번도 안 냈어요"라고 발언한 부분을 포함하여 기소된 사안이다.

법원은 기소 내용 중 위 발언에 대하여 "공소외 A는 병원 간판을 주 클리닉으로 함으로써 불법을 저질렀음에도 벌금을 낸 적이 없다"는 구체적인 사실을 지적하고 있는 것이고, 그 말속에는 공소외 B의 처인 공소외 A가 불법을 저질렀음에도 벌금을 안 내고 있어 나쁘다거나 혹은 공소외 B가 영향력을 행사하여 벌금을 안 내고 있다는 점이 함축돼 있다고 할 것이므로, 일응 사실을 적시하여 비방하고 있는 것에 해당한다고 하면서도 피고인의 위 발언 내용은 다소 감정이 개입되기는 하였으나 전체적으로 진실한 내용으로 보여지고, 피고인이 위와 같은 사실을 적시한 것은 공소외 B 후보의 평가를 저하시켜 당선되지 못하게 하려는 사적 이익 못지않게 선거인들에게 후보자의 행적과 자질 등에 대한 충분한 자료를 제공함으로써 적절한 투표권을 행사하도록 하려는 공공의 이익도 상당한 동기가 되었다고 할 것이며, 그러한 공공의 이익과 사적 이익 사이에 상당성도 있다고 보여지므로, 이 부분 발언은 전체적으로 볼 때 진실한 사실로서 공공의 이익에 관한 때에 해당하여 공선법 제251조 단서에 의하여 위법성이 조각된다고 판단하였다(대법원 2002. 6. 14. 선고 2000도4595 판결).

공공의 이익이 명목적인 것에 불과하다고 보아 위법성이 조각되지 않은 사례

특정 정당 구의원 예비후보로 등록한 피고인이, 같은 당 비례대표 시의원 후보자가 되고자 하는 A가 자신의 경쟁 예비후보를 편파적으로 옹호한다는 생각에 불만을 갖고 갑의 활동, 태도 및 학력 등에 관한 사실을 부정적으로 적시하며 그가 시의원이 되어서는 안 된다는 내용의 게시물을 11회에 걸쳐 같은 당 홈페이지 자유게시판에 게재한 혐의로 기소된 사안이다.

법원은 피고인이 단순히 공천 과정의 공정성을 촉구하거나 정당의 후보자 추천에 관한 의견을 개진한 것이 아니라 후보자가 되고자 하는 A가 선거에서 당선되지 못하게 할 목적으로 사실을 적시하여 후보자를 비방하였다고 볼 것이고, 제반 사정을 종합할 때 A에 대한 불만으로 그가 시의원으로 당선되지 못하도록 하겠다는 것이 중요한 동기가 되어 위 각 게시물을 게재하였다고 보이므로, 피고인에게 공적 이익을 위한다는 뜻이 일부 있었더라도 위법성이 조각되지 않는다고 보았다(대법원 2011. 3. 10. 선고 2011도168 판결).

공익성이 문제된 여러 사례를 종합해보면 비방의 사실을 적시한 경위, 적시된 사실의 구체성과 중대성의 정도, 적시된 사실의 내용이 유권자들이 후보자를 판단하는 데 얼마나 중요한 자료인지 여부 등이 위법성 조각 사유를 판단하는 기준이 되고 있다.

03 허위 사실 유포, 가짜 뉴스, 후보자 비방에 대한 대응

상대방 후보 측에서 허위 사실 유포
또는 후보자 비방을 한 경우

선거전의 양상이 팽팽한 박빙 상황이거나 다소 불리한 상황이라고 느껴지면 후보자들은 가짜 뉴스를 유포하고 싶은 유혹에 사로잡힐 수 있다. 강력한 한 방으로 판세를 역전시킬 수 있다고 생각하기 때문이다. 하지만 허위 사실 유포와 후보자 비방에 대한 법원의 태도가 매우 엄격하다는 점에 유의해야 한다. 천신만고 끝에 얻은 배지가 허망하게 날아갈 위험이 적지 않으므로 자신의 의혹 제기가 상대방 후보자로부터 허위 사실 유포나 후보자 비방으로 반격을 당하지 않도록 미리 주의해야 할 것이다.

반대로 상대방 후보 측에서 본인 측 후보자에 관한 허위 사실을 유포하거나, 비방한 사실을 알게 된 경우에는 이에 대한 신속하고 적절한 대응이 필수적이다. 즉각적이고 효율적인 대처로 상대방 후보 측의 허위 사실 유포나 후보자 비방으로 인한 부정적 영향을 최소화할 수 있을 것이기 때문이다. 시의적절한 대처를 하지 못할 경우 부정적 영향을 최소화하지 못한 채 선거가 끝날 수 있다.

허위 사실 유포나 후보자 비방에 해당하는 것으로 의심되는 사안을 파악하게 된 경우, 이를 선관위 또는 수사기관(경찰, 검찰)에 고소·고발하는 것을 우선적으로 고려해보아야 할 것이다. 그리고 해당 사안이 허위 사실 또는 후보자 비방에 해당한다는 점에 대해 언론이나 보도자료 등을 통해 적극적으로 해명하고, 이에 대해 고소 또는 고발 조치를 취한 점에 대해서도 적극적으로 피력하여 허위 사실의 확산을 막고 그로 인한 영향을 최소화할 필요가 있다.

고소·고발장의 형식에 제한이 있는 것은 아니지만 문제가 된 발언 등의 주체·시기·장소·내용을 구체적으로 특정되도록 기재할 필요가 있고, 그에 대한 증거 자료도 첨부하여 제출하는 게 좋을 것이다. 또한 앞서 설명한 각 죄의 중요 요소가 부각되도록 해당 발언 등이 나오게 된 배경이나 전후 맥락·상황 등에 대해서도 효과적으로 잘 정리하여 전달하는 것이 좋다.

언론의 보도에 허위 사실
또는 후보자 비방 내용이 있을 경우

특히 언론 보도 내용 중 허위 사실 또는 후보자 비방의 내용이 포함돼 있을 경우 매체의 특성상 급속히 확산되거나 대량 복제될 가능성이 있고, 해당 내용이 지지도에 영향을 미치거나 상대 후보의 선전 도구로 악용될

▶ 표 2-28 언론 보도 등에 대한 반론보도 청구 및 이의신청 방법 등

구분	방송·정기간행물(기사)의 선거 보도에 대한 반론보도 청구	인터넷 언론사에 대한 정정보도 청구 (이의신청)	인터넷 언론사에 대한 반론보도 청구	공표·보도된 여론조사 결과에 대한 이의신청
청구 주체	정당의 중앙당 또는 후보자 (후보자가 되고자 하는 자 포함)	정당 또는 후보자 (후보자가 되고자 하는 자 포함)	정당 또는 후보자 (후보자가 되고자 하는 자 포함)	정당 또는 후보자 (후보자가 되고자 하는 자 포함)
청구 시기	선거방송심의위원회 또는 선거기사심의위원회가 설치된 때부터 선거일까지, 그 방송 또는 기사 게재가 있음을 안 날부터 10일 이내(다만, 그 방송 또는 기사 게재가 있은 날부터 30일이 경과한 때는 청구할 수 없음)	그 보도가 있음을 안 날부터 10일 이내	그 보도의 공표가 있음을 안 날부터 10일 이내(다만, 그 보도의 공표가 있은 날부터 30일이 경과한 때에는 반론보도를 청구할 수 없음)	청구 시기에 대한 제한 규정 없음.
청구 방법	당해 방송·보도를 한 방송사나 언론사에 서면으로 당해 방송이나 반론보도문의 게재를 청구	인터넷선거보도심의위원회에 서면으로 이의신청	서면으로 당해 인터넷 언론사에 반론보도의 방송 또는 반론보도문의 게재를 청구	관할 선거여론조사심의위원회에 서면으로 이의신청
처리 절차	• 방송사 또는 언론사는 반론보도 청구를 받은 때에는 지체 없이 당해 정당, 후보자 또는 그 대리인과 반론보도의 내용·크기·횟수 등에 관하여 협의한 후, 방송에 있어서는 이를 청구받은 때부터 48시간 이내에 무료로 반론보도의 방송을 해야 함. • 정기간행물 등에 있어서는 편집이 완료되지 않은 같은 정기간행물 등의 다음 발행호에 무료로 반론보도문의 게재를 해야 함. • 위의 반론보도 청구에 대한 협의가 이루어지지 않은 때에는 당해 정당·후보자·방송사 또는 언론사는 선거방송심의위원회 또는 선거기사심의위원회에 지체 없이 이를 회부하고, 선거방송심의위원회 또는 선거기사심의위원회는 회부받은 때부터 48시간 이내에 심의하여 각하·기각 또는 인용 결정을 한 후 지체 없이 이를 당해 정당 또는 후보자와 방송사 또는 언론사에 통지해야 함.	• 이의신청을 받은 인터넷선거보도심의위원회는 지체 없이 이의신청 대상이 된 선거 보도의 공정 여부를 심의해야 하고, 심의 결과 선거보도가 공정하지 않다고 인정되는 때에는 해당 인터넷 언론사에 대하여 해당 선거 보도의 내용에 관한 정정보도문의 게재 등 필요한 조치를 명해야 함.	• 인터넷 언론사는 반론보도의 청구를 받은 때에는 지체 없이 당해 정당·후보자 또는 그 대리인과 반론보도의 형식·내용·크기 및 횟수 등에 관하여 협의한 후, 이를 청구받은 때부터 12시간 이내에 해당 인터넷 언론사의 부담으로 반론보도를 해야 함.	• 여론조사가 공선법 또는 선거 여론조사 기준을 위반했다고 인정되는 때에는 그 위반 행위를 한 자에게 시정명령·경고·정정보도문의 게재명령 등 필요한 조치를 함. • 그 위반 행위가 선거의 공정성을 현저하게 해치는 것으로 인정되거나 시정명령·정정보도문의 게재명령을 불이행한 때에는 고발 등 필요한 조치를 한 후 관할 선거구 선거관리위원회에 통보함.

수도 있기 때문에 즉각적인 대응이 필요하다.

공선법은 언론매체 등의 특수성과 영향력을 고려하여 선거기사심의
위원회·선거방송심의위원회·인터넷선거보도심의위원회 및 선거여론조
사심의위원회[16]를 두어 선거 보도의 공정성을 유지할 수 있도록 하고 있
으므로, 불공정하거나 문제가 있다고 생각되는 언론 보도에 대하여 위 각
위원회에 마련된 절차를 통해 앞의 표 2-28과 같이 정정보도 청구·이의
신청·반론보도 청구 등을 하는 것을 고려해볼 필요가 있다. 문제된 언론
보도의 유형에 따라 대응할 수 있는 기간과 형식·내용이 달라질 수 있으
므로 발견 시 되도록 신속하게 전문가와 상의하는 것이 좋겠다.

제4장

모르면 당선 무효되는
선거법 위반 사례

사람들에게 희망을 주어라.

아무리 냉소적인 유권자라도 누군가를 믿고 싶어 한다. 당신이 그들의 세상을 더 나은 곳으로 만들 수 있다는 믿음, 지지자들 중에서 당신의 가장 큰 관심과 헌신을 받게 될 사람이 바로 그들이라는 생각이 들게 하라. 부득이하게 그들을 실망시키게 되겠지만 적어도 선거가 끝날 때까지는 이러한 믿음과 생각이 유지되도록 해야 한다.

– 퀸투스 툴리우스 키케로, 《선거에서 이기는 법》 중에서

01 | 선거 관련 형사 절차

선거법을 다 지켜가면서 어떻게 선거운동을 하느냐고 볼멘소리를 하는 후보자들이 많다. 큰일 날 소리다. 아무리 마음이 급하고 상황이 긴박해도 넘어서는 안 될 선이 있다. 이를 망각하면 오랜 기간의 수고가 모두 물거품이 되고 만다. 여기서는 선거법 위반의 수사와 재판 절차 등을 살펴보고, 실제 사례를 통해 어떻게 치명적인 결과가 발생하는지를 설명하겠다.

수사 절차

다음의 그림 2-11의 수사 절차는 통상적인 수사 절차와 유사하다. 다만 선거법 위반 사건의 경우 선거관리위원회라는 독자적 조직이 중요한 역할을 하며, 중요 선거범죄에 대한 검사의 불기소처분에 대해 재정 신청을 통해 법원의 판단을 직접 구할 수 있다는 특징이 있다.

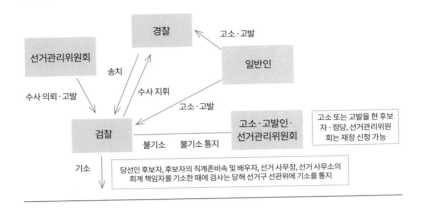

선거관리위원회의 선거범죄 조사권

선거법 위반 사건에 대해서는 선관위가 광범위한 조사권을 갖고 중요한 역할을 하고 있다. '선거관리위원회로부터 경고 등을 받고도 범행한 경우'는 법원의 양형 기준 중 형을 가중하는 양형인자로 취급되고 있다는 점도 유의해야 한다. 따라서 선관위의 역할을 정확히 이해하는 것이 필요하다.

질문 조사권 및 자료 제출 요구권

읍·면·동 선관위를 제외한 각급 선관위 위원·직원은 선거범죄에 관해 그 범죄의 혐의가 있다고 인정되거나, 후보자(경선 후보자 포함)·예비후보자·선거 사무장·선거 연락소장 또는 선거 사무원이 제기한 그 범죄의 혐의가 있다는 소명이 이유 있다고 인정되는 경우 또는 현행범의 신고를 받은 경우에는 그 장소에 출입하여 관계인에 대해 질문·조사를 하거나 관련 서류, 기타 조사에 필요한 자료의 제출을 요구할 수 있다. 각급 선관위

위원·직원이 공선법 제272조의2 제1항의 규정에 의한 장소에 출입하거나 질문·조사·자료의 제출을 요구할 때에는 관계인에게 그 신분을 표시하는 증표를 제시하고 소속과 성명을 밝히고 그 목적과 이유를 설명해야하며, 피조사자에 대해 질문·조사를 하는 경우 질문·조사를 하기 전에 피조사자에게 진술을 거부할 수 있는 권리 및 변호인의 조력을 받을 권리가 있음을 알리고, 문답서에 이에 대한 답변을 기재해야 한다.

누구든지 위와 같은 각급 선관위 위원·직원의 장소 출입을 방해해서는 안 되며 질문·조사를 받거나 자료의 제출을 요구받은 자는 이에 응해야 한다.

읍·면·동 선관위를 제외한 각급 선관위 위원·직원은 선거범죄 현장에서 선거범죄에 사용된 증거물품으로서 증거인멸의 우려가 있다고 인정될 때에는 조사에 필요한 범위 내에서 현장에서 이를 수거할 수 있다. 이 경우 당해 선관위 위원·직원은 수거한 증거물품을 그 관련된 선거범죄에 대해 고발 또는 수사 의뢰한 때에는 관계 수사기관에 송부하고, 그렇지 않을 경우에는 그 소유·점유·관리하는 자에게 지체 없이 반환해야 한다.

동행, 출석 요구권

읍·면·동 선관위를 제외한 각급 선관위 위원·직원은 선거범죄 조사와 관련해 관계자에게 질문·조사하기 위해 필요하다고 인정되는 때에는 선관위에 동행 또는 출석할 것을 요구할 수 있다.

통신 자료 등 열람·제출권

읍·면·동 선관위를 제외한 각급 선관위 직원은 정보통신망을 이용한 공선법 위반 행위의 혐의가 있다고 인정되는 상당한 이유가 있는 때에는 당해 선관위의 소재지를 관할하는 고등법원(구·시·군 선관위의 경우에는 지방법원) 수석부장판사 또는 이에 상당하는 부장판사의 승인을 얻어 정보통신 서비스 제공자에게 당해 정보통신 서비스 이용자의 성명(이용자를 식별하기 위한 부호 포함)·주민등록번호·주소(전자우편 주소·인터넷 로그 기록 자료 및 정보통신망에 접속한 정보통신 기기의 위치를 확인할 수 있는 자료 포함)·이용 기간·이용 요금에 대한 자료의 열람이나 제출을 요청할 수 있다.

읍·면·동 선관위를 제외한 각급 선관위 직원은 전화를 이용한 공선법 위반 행위의 혐의가 있다고 인정되는 상당한 이유가 있는 때에는 당해 선관위의 소재지를 관할하는 고등법원(구·시·군 선관위의 경우에는 지방법원) 수석부장판사 또는 이에 상당하는 부장판사의 승인을 얻어 정보통신 서비스 제공자에게 이용자의 성명·주민등록번호·주소·이용 기간·이용 요금, 송화자 또는 수화자의 전화번호, 설치 장소·설치 대수에 대한 자료의 열람이나 제출을 요청할 수 있다.

또한 ① 인터넷 홈페이지 게시판·대화방 등에 글이나 동영상 등을 게시하거나 전자우편을 전송한 사람의 성명·주민등록번호·주소 등 인적 사항, ② 문자메시지를 전송한 사람의 성명·주민등록번호·주소 등 인적 사항 및 전송 통수 등은 법원의 승인 없이도 자료의 열람이나 제출을 요청할 수 있다.

재정 신청

의의

범죄에 대해 검사의 불기소처분의 옳고 그름을 판단해줄 것을 신청하는 제도이다.

신청권자

검사로부터 공소를 제기하지 않는다는 통보를 받은 고소 또는 고발을 한 후보자와 정당(중앙당에 한함) 및 당해 선관위가 신청할 수 있다.

공선법상 재정 신청 대상

① 매수 및 이해 유도죄(§230 내지 §233)

② 당선 무효 유도죄(§234)

③ 선거의 자유 방해죄(§237 내지 §239)

③ 사위 투표죄(§248)

④ 투표 위조 또는 증감죄(§249)

⑤ 허위 사실 공표죄(§250)

⑥ 부정선거운동죄(§255 ① i, ii, x, xi 및 ③, ⑤)

⑦ 기부 행위 금지 제한 등 위반죄(§257)

⑧ 선거비용 부정지출 등 죄(§258)

절차

원칙적으로 항고전치주의가 적용되어 항고기각 결정을 통지받은 날로부터 10일 이내, 불기소처분 검사가 소속한 지방검찰청 검사장 또는 지청장에게 제출한다.

선관위가 고발한 선거범죄에 대해 고발을 한 날로부터 3월까지 검사가 공소를 제기하지 않은 때에는 그 3월이 경과한 때에는 검사로부터 공소를 제기하지 않는다는 통지가 있는 것으로 본다.

이 경우 선관위가 고발한 선거범죄에 대해 고발을 한 날로부터 3월까지 검사가 공소를 제기하지 아니한 때에는 그 3월이 경과하면 검사로부터 불기소 통지가 있는 것으로 본다.

예외적으로 항고 이후 재기 수사가 이루어진 후 다시 공소를 제기하지 않는다는 통지를 받은 경우, 항고 신청 후 항고에 대한 처분이 행해지지 않고 3개월이 경과한 경우, 검사가 공소시효 만료일 30일 전까지 공소를 제기하지 않은 경우에는 항고기각 결정 없이도 그 사유가 발생한 날로부터 10일 이내에 재정 신청을 할 수 있다.

효력

재정 신청이 있는 때에는 그때부터 재정 결정이 있을 때까지 공소시효의 진행이 정지된다.

소송 절차

기소 통지(§267)

선거에 관한 범죄로 당선인, 후보자, 후보자의 직계존비속 및 배우자, 선거 사무장, 선거 사무소의 회계 책임자를 기소한 때에는 검사는 당해 선거구 선관위에 이를 통지해야 한다.

공소시효(§268)

선거일 후 6개월(선거일 후에 행해진 범죄는 그 행위가 있는 날부터 6개월)이 경과되면 공소시효가 완성된다. 다만, 범인이 도피하거나 범인이 공범 또는 범죄의 증명에 필요한 참고인을 도피시킨 때에는 공소시효를 3년으로 한다.

대법원에 따르면, 일반적으로 기부 행위는 앞으로 실시할 선거와 관련하여 행해지는 점, 기부 행위 행위자도 다음에 실시할 선거를 준비하기 위해 관련 행위를 한다는 점 등을 고려할 때 문제된 기부 행위에 대한 공소시효 기산일은 그 행위 시점이 아닌 앞으로 다가올 선거일 다음 날로 판단한다(대법원 2006. 8. 25. 선고 2006도3026).

공무원(§60 ① iv 단서에 따라 선거운동을 할 수 있는 사람은 제외)이 직무와 관련하여 또는 지위를 이용하여 범한 죄의 공소시효는 해당 선거일 후 10년(선거일 후에 행해진 범죄는 그 행위가 있는 날부터 10년)을 경과함으로써 완성된다.

그렇다면 '선거일 후에 행해진 범죄의 공소시효'는 어떻게 될까? 선거일 후에 행해진 범죄의 공소시효는 그 행위가 있는 날부터 6개월을 경과함으로써 공소시효가 완성된다. 예컨대 선거일 후 10개월이 지난 후에 후보자였던 사람에게 후보자를 사퇴한 데 대한 대가를 목적으로 돈이나 공직을 제공한 경우에는 그 대가 지급 행위가 있는 날부터 6개월까지는 기소가 가능하다(법 §268 ①).

이에 대해 헌법재판소는 선거일 후에 행해진 선거범죄에 대하여 선거일까지의 선거범죄와 동일하게 공소시효를 기산하게 되면 지나치게 공소시효의 기간이 짧아지고, 선거일 후 6개월이 지나 행해진 선거범죄에 대하여는 범죄행위가 있기도 전에 이미 공소시효가 지나 처벌할 수 없는 문제점이 발생하게 되므로, 선거일 후의 범죄에 대하여도 실효성 있는 단속과 처벌을 위해 심판 대상 조항이 공소시효의 기산점을 다르게 규정하고 있는 것이다. 또한 심판 대상 조항은 공선법상 선거일 후의 행위가 성립될 수 있는 모든 선거범죄에 대하여 적용된다고 판시하였다(헌법재판소 2014.

5. 29. 선고 2012헌바383).

서울시 교육감 ○○○가 선거일 후 10개월이 지난 후 선거운동 기간 경쟁 후보자였다가 후보 사퇴를 한 ×××의 선거운동 비용을 사전에 약속한 바에 따라 지급한 사건에서 선거일 후에 행해진 범죄의 공소시효의 기산점을 다르게 규정한 공선법 규정은 합헌이라고 결정하였다.

재판의 관할, 재판 기간

선거범과 그 공범에 관한 제1심 재판은 법원조직법 §32(합의부의 심판권)①의 규정에 의한 지방법원 합의부 또는 그 지원의 합의부 관할로 한다. 다만, 군사법원이 재판권을 갖는 선거범과 그 공범에 관한 제1심 재판은 군사법원법 §11(보통군사법원의 심판 사항)의 규정에 의한 보통군사법원의 관할로 한다(법 §269).

선거범과 그 공범에 관한 재판은 다른 재판에 우선하여 신속히 하여야 하며, 그 판결의 선고는 제1심에서는 공소가 제기된 날부터 6월 이내에, 제2심 및 제3심에서는 전심의 판결의 선고가 있은 날부터 각각 3월 이내에 반드시 하여야 한다(법 §270)고 하여 최대한 신속하게 재판을 하도록 하고 있다.

02 처벌의 효과: 당선 무효와 공무담임권의 제한

공선법 위반으로 인한 처벌의 효과는 크게 당선 무효와 공무담임권의 제한으로 나뉜다.

선거범죄로 인한 당선 무효

당선 무효가 되는 선거범죄의 유형을 표로 정리하면 다음의 표 2-29와 같다.

▶ 표 2-29 선거범죄로 인한 당선 무효

선거비용의 초과 지출 등으로 인한 당선 무효	공선법상 선거비용 제한 위반 - 공선법 제122조(선거비용 제한액의 공고)의 규정에 의해 공고된 선거비용 제한액의 200분의 1 이상을 초과 지출한 이유로 선거 사무장, 선거 사무소의 회계 책임자가 **징역형 또는 300만 원 이상의 벌금형의 선고를 받은 때에는** 그 후보자의 당선은 무효로 함.[17]
당선인의 선거 범죄로 인한 당선 무효	당선인이 당해 선거에 있어 공선법에 규정된 죄 또는 정치자금법 §49의 죄를 범함으로 인하여 **징역 또는 100만 원이상의 벌금형의 선고를 받은 때에는** 그 당선은 무효로 함.
선거 사무장 등의 선거범죄로 인한 당선 무효	선거 사무장·선거 사무소의 회계 책임자(선거 사무소의 회계 책임자로 선임·신고되지 아니한 자로서 후보자와 통모하여 당해 후보자의 선거비용으로 지출한 금액이 선거비용 제한액의 3분의 1 이상에 해당되는 자를 포함함) 또는 후보자(후보자가 되려는 사람을 포함)의 직계존비속 및 배우자가 해당 선거에 있어서 공선법 제230조부터 제234조까지, 제257조 제1항 중 기부 행위를 한 죄 또는 정치자금법 제45조 제1항의 정치자금 부정수수죄를 범함으로 인하여 **징역형 또는 300만 원 이상의 벌금형의 선고를 받은 때**(선거 사무장, 선거 사무소의 회계 책임자에 대하여는 선임·신고되기 전의 행위로 인한 경우를 포함함)에는 그 선거구 후보자의 당선은 무효로 함.

정치자금법 위반 - 정치자금법 제49조 제1항(회계 책임자가 정당한 사유 없이 선거비용에 대해 정치자금법상의 회계 보고를 하지 아니하거나 허위 기재·위조·변조 또는 누락한 경우) 또는 제2항 제6호(선거비용과 관련해 정치자금법 규정에 의한 영수증, 그 밖의 증빙서류를 허위 기재·위조·변조)의 죄를 범함으로 인해 선거 사무소의 회계 책임자가 **징역형 또는 300만 원 이상의 벌금형의 선고를 받은 때에는** 그 후보자의 당선은 무효로 함.

당선 무효에 해당하는 형을 받은 경우 당선인뿐만 아니라 당선되지 않은 사람도 공선법에 따라 반환, 보전받은 기탁금 및 선거비용을 모두 반환해야 한다는 점도 치명적인 결과이다[법 §265조의2 (당선 무효된 자 등의 비용 반환)].

선거범죄로 인한 공무담임 등의 제한

공선법 및 정치자금법을 위반한 경우 선거범죄로 인하여 일정 기간 동안 공무담임이 제한되고, 공직선거의 후보자가 될 수 없다. 이에 대해 살펴보면 표 2-30과 같다.

▶ **표 2-30 선거범죄로 인한 공무담임 등의 제한**

공무담임의 제한	당내 경선과 관련한 죄를 제외한 대부분의 공선법 위반죄 또는 정치자금법 §49의 죄를 범함으로 인해 **징역형의 선고를 받은 자는** 그 집행을 받지 않기로 확정된 후 또는 그 형의 집행이 종료되거나 면제된 후 10년간, 형의 집행유예의 선고를 받은 자는 그 형이 확정된 후 10년간, **100만 원 이상의 벌금형의 선고를 받은 자는** 그 형이 확정된 후 5년간 국가공무원, 공기업 상근임원 등의 직에 취임하거나 임용될 수 없으며, 이미 취임 또는 임용된 자의 경우에는 그 직에서 퇴직된다(공선법 § 266 ①).
후보 자격 제한	공선법 당선 무효 조항에 따라 당선이 무효로 된 사람(그 기소 후 확정판결 전에 사직한 사람을 포함함), 당선되지 않은 사람(후보자가 되려던 사람을 포함함)으로서 공선법상 선거 사무장 등의 죄로 당선 무효에 해당하는 형이 확정된 사람은 당선인의 당선 무효로 실시 사유가 확정된 재선거(당선인이 그 기소 후 확정판결 전에 사직함으로 인해 실시 사유가 확정된 보궐선거를 포함함)의 후보자가 될 수 없다. 선거범죄로 인한 후보자격 제한은 아니지만, 다른 공직선거(교육의원 선거 및 교육감 선거를 포함함)에 입후보하기 위해 임기 중 그 직을 그만둔 국회의원·지방의회의원 및 지방자치단체의 장은 그 사직으로 인해 실시 사유가 확정된 보궐선거의 후보자가 될 수 없다.[18]

03 | 양형 기준

총설

대법원은 판사의 성향에 따른 들쭉날쭉한 선고가 되지 않고 통일적인 양형 산정을 위해 양형 기준[19]을 정해서 운영하고 있다. 선거범죄의 양형 기준은 매수 및 이해 유도(공선법 §230. 다만 ⑤ 제외), 재산상의 이익 목적의 매수 및 이해 유도(공선법 §231), 후보자에 대한 매수 및 이해 유도(공선법 §232. 다만 ③ 제외), 당선인에 대한 매수 및 이해 유도(공선법 §233), 방송·신문 등의 불법 이용을 위한 매수(공선법 §235), 허위 사실 공표(공선법 §250), 후보자 비방(공선법 §251), 허위 논평·보도 등 금지 위반(공선법 §252 ① 중 §96 위반 부분), 선거운동 기간 위반(공선법 §254), 부정선거운동(공선법 §255. 다만 ④ 제외), 기부 행위의 금지·제한 등 위반(공선법 §257. 다만 ② 중 기부를 받은 자 부분과 ③ 제외)의 죄를 저지른 성인(19세 이상)의 피고인에게 적용된다.

형량 및 형량의 기준

양형 기준이 마련되어 운용 중인 선거범죄 중 대표적인 '매수 및 이해 유도'와 '기부 행위의 금지·제한' 등 위반죄를 중심으로 보다 자세히 살펴보자.

매수 및 이해 유도

형량 및 형량의 기준과 관련하여 매수 및 이해 유도죄의 양형 기준을 표로 나타내면 표 2-31과 같다.

▶ **표 2-31 매수 및 이해 유도죄의 양형 기준**

유형	구분	감경	기본	가중
1	당내 경선 관련 매수	~8월 50만~300만 원	4월~1년	8월~2년
2	일반 매수, 정당의 후보자 추천 관련 매수	~10월 100만~500만 원	6월~1년 4월	10월~2년 6월
3	후보자 등에 의한 일반 매수	4월~1년 150만~1,500만 원	8월~2년	1~3년
4	재산상 이익 목적 매수 후보자 매수	6월~1년 4월 500만~1,500만 원	10월~2년 6월	2~4년
5	당선인에 대한 매수	8월~1년 6월	1~3년	2년 6월~5년

표 2-31과 같은 양형 기준에서 형량을 감경시키는 감경 요소와 형량을 가중시키는 가중 요소가 있는데, 이를 표로 정리하면 다음의 표 2-32와 같다.

구분		감경 요소	가중 요소
특별양형인자	행위	• 사실상 압력 등에 의한 소극적 범행 가담 • 제공 또는 수수한 금품이나 이익이 극히 경미한 경우 • 상대방의 적극적 요구에 수동적으로 응한 경우 • 선거운동에 대한 실비 보상적 또는 위로적 차원에서 경미한 금품 등을 제공 또는 수수한 경우 • 의사 표시·약속·승낙에 그친 경우	• 제공 또는 수수한 금품이나 이익이 다액인 경우 • 지시·권유·요구·알선의 경우 • 계획적·조직적 범행 • 불특정 또는 다수의 상대방을 대상으로 하거나 상당한 기간에 걸쳐 반복적으로 범행한 경우
	행위자 기타	• 농아자 • 자수 또는 내부 비리 고발	동종 전과(벌금형 포함)
일반양형인자	행위	소극 가담	• 사회적 지위나 영향력을 이용하여 범행한 경우 • 선관위로부터 경고 등을 받고도 범행한 경우 • 공선법 §230 ① ii,iii 및 §235를 위반한 경우
	행위자 기타	• 진지한 반성 • 형사처벌 전력 없음 • 자진 사퇴, 불출마	• 범행 후 도피하거나 증거 은폐 또는 은폐 시도 • 이종 누범

기부 행위 금지·제한 위반

형량 및 형량의 기준과 관련하여 기부 행위 금지·제한 위반죄의 양형 기준을 표로 정리하면 표 2-33과 같다.

유형	감경	기본	가중
기부 행위	50만~300만 원	~10월 100만~500만 원	8월~2년

구분		감경 요소	가중 요소
특별양형인자	행위	• 공선법 §112 ② 이외의 관례적·의례적 행위 • 사실상 압력 등에 의한 소극적 범행 가담 • 제공 또는 수수한 금품이나 이익이 극히 경미한 경우 • 상대방의 적극적 요구에 수동적으로 응한 경우 • 의사 표시·약속에 그친 경우	• 선거일에 임박한 경우 • 제공된 금품이나 이익이 다액인 경우 • 계획적·조직적 범행 • 후보자, 후보자의 배우자나 직계 존비속, 선거 관계인의 범행 • 불특정 또는 다수의 상대방을 대상으로 하거나 상당한 기간에 걸쳐 반복적으로 범행한 경우 • 피지휘자에 대한 교사
	행위자 기타	• 농아자 • 자수 또는 내부 비리 고발	동종 전과(벌금형 포함)
일반양형인자	행위	• 소극 가담 • 우연한 기회에 친분 관계 등에 기한 범행	• 사회적 지위나 영향력을 이용하여 범행한 경우(피지휘자에 대한 교사가 적용되는 경우는 제외) • 선관위로부터 경고 등을 받고도 범행한 경우
	행위자 기타	• 진지한 반성 • 형사처벌 전력 없음 • 자진 사퇴, 불출마	• 범행 후 도피하거나 증거 은폐 또는 은폐 시도 • 이종 누범

표 2-33과 같은 양형 기준이 어떻게 적용되는지는 다음에 설명할 사례 검토에서 살펴보겠다.

제20대 국회의원 선거 선거사범 관련 통계

2016년 4월에 치러진 20대 국회의원 선거에서는 어떠한 유형의 선거사범이 얼마나 발생하여 어떠한 처벌을 받았을까? 중앙선관위가 집계한 선거사범 관련 통계[20]를 바탕으로 구체적으로 살펴본다.

중대 선거범죄 통계

다음에서는 중요 선거범죄에 대한 통계를 19대 총선과 20대 총선을 비교하여 살펴보겠다. 통계를 보면 알 수 있지만, 돈에 대한 위반은 다소 줄어드는 추세이나 말에 대한 위반(허위 사실 공표, 불법 선거 여론조사 등)은 급격히 증가했다.

매수 및 기부 행위 등

매수 및 이해 유도죄(§230), 후보자 등의 기부 행위 금지 규정 위반(§113), 정당·후보자 가족 등의 기부 행위 제한 규정 위반(§114), 제3자의 기부 행위 제한 규정 위반(§115), 대담·토론회 주최자 등에 대한 기부 행위 금지 규정 위반(§81 ⑥, §82 ④), 기부의 지시·권유·알선·요구 및 수령 금지 규정 위반(§257 ②, ③) 등으로 표로 정리하면 표 2-34와 같다.

▶ **표 2-34 매수 및 기부 행위 등 선거 범죄 조치 현황**

구분	합계	고발	수사 의뢰	경고 등
제20대	202	74	19	109
제19대	311	131	57	123

허위 사실 공표 및 비방 등

허위 사실 공표죄(§250), 후보자 비방죄(§251) 등에 대한 조치 현황은 표 2-35와 같다.

▶ **표 2-35 허위 사실 공표 및 비방 등 조치 현황**

구분	합계	고발	수사 의뢰	경고 등
제20대	265	53	18	194
제19대	133	36	22	75

허위 사실 공표 등에 대한 이의 제기 처리

허위 사실 공표 등에 대한 이의 제기 처리 현황을 표로 정리하면 다음의 표 2-36과 같다.

▶ 표 2-36 허위 사실 공표 등에 대한 이의 제기 처리 현황

이의 제기 건수	처리 결과				
	허위 사실 결정	이유 없음	판명할 수 없음	대상 아님	철회
92	24	31	10	23	4

불법 선거 여론조사 행위

여론조사의 결과공표 금지 등 규정 위반(§108 ①, ②, ⑤, ⑥, ⑨~⑫) 등으로
표로 정리하면 표 2-37과 같다.

▶ 표 2-37 불법 선거 여론조사 조치 현황

구분	합계	고발	수사 의뢰	경고 등
제20대	107	16	5	86
제19대	29	4	3	22

선거범죄 조치 통계

20대 총선은 19대 총선에 비해 수사 의뢰나 고발 건수가 다소 줄었지만,
안정적인 추세라 보기는 어렵다. 위반 유형에서는 허위 사실 유포 등이 가
장 빈번하지만 기부 행위 역시 만만치 않은 비중을 차지하고 있다.

선거법 위반 행위 조치

선거법 위반 행위 조치 현황을 표로 정리하면 표 2-38과 같다.

▶ 표 2-38 선거법 위반 행위 조치 현황

구분	합계	고발	수사 의뢰	경고 등
제20대	1,370	209	55	1,106
제19대	1,595	264	174	1,157

유형별 조치

선거법 위반 행위의 유형별 조치 현황을 표로 정리하면 표 2-39와 같다.

▶ 표 2-39 유형별 조치 현황

구분	합계	고발	수사 의뢰	경고 등
합계	1,370	209	55	1,106
기부 행위 등	202	74	19	109
허위 사실 공표	229	48	15	166
비방·흑색선전	36	5	3	28
인쇄물 관련	200	16	4	180
시설물 관련	81	1	2	78
유사 기관·사조직	12	8	1	3
문자메시지 이용	75	7	0	68
집회·모임 이용	47	5	0	42
여론조사 관련	107	16	5	86
기타	381	29	6	346

▶ 표 2-40 사이버 선거범죄 유형별 조치 현황

구분	합계	고발	수사 의뢰	경고 등	삭제 요청
합계	17,388	61	20	206	17,101
허위 사실 공표	3,033	38	12	103	2,880
후보자 비방	1,853	2	2	12	1,837
지역·성별 비하·모욕	2,949	-	1	-	2,948
선거운동 금지자의 선거운동	2,481	6	-	22	2,453
여론조사 공표·보도 금지	5,662	2	3	17	5,640
선거운동 기간 위반	939	-	-	1	938
기타	471	13	2	51	405

사이버 선거범죄 유형별 조치

사이버 선거범죄 유형별 조치 현황을 표로 정리하면 표 2-40과 같다.

선거비용 및 정치자금

선거비용 초과 지출죄(공선법 §258 ① i), 회계 보고서 허위 제출 등 죄(정치자금법 §49 ①), 선거비용 관련 각종 의무위반죄(정치자금법 §49 ②) 등으로 표로 정리하면 표 2-41 및 2-42와 같다.

유형별 조치

선거비용 및 정치자금의 유형별 조치 현황을 표로 정리하면 표 2-41과 같다.

▶ 표 2-41 유형별 조치 현황

구분	합계	고발	수사 의뢰	경고 등
합계	26	20	0	6
선거운동 목적 등의 이익 제공	2	2	0	0
자원봉사자 대가 제공	1	1	0	0
선거 사무 관계자 수당 실비 초과 지급	6	6	0	0
선거비용 제한액 초과 지출	1	1	0	0
회계 보고서 허위기재 등	6	6	0	0
회계 책임자 외 수입 지출	1	0	0	1
신고된 예금계좌 외 수입 지출	6	2	0	4
기타	3	2	0	1

신분별 고발 현황

선거비용 및 정치자금과 관련하여 신분별 고발 현황을 표로 정리하면 표 2-42와 같다.

▶ 표 2-42 신분별 고발 현황

구분	고발
합계	20
후보자	7
선거 사무장	4
회계 책임자	6
기타	3

05 | 사례 검토

이제부터는 판례를 토대로 선거법 위반 사례를 생생하게 분석해보기로 한다.

사전선거운동

봉사활동 장소에서 지지 호소
(대법원 2018. 2. 13. 선고 2017도15742)

(1) 판결에서 인정된 사실관계

P후보는 선거(20대 국회의원 선거)를 6개월가량 앞두고 '환경정화 봉사활동 및 당원단합대회' 명목으로 750명 이상 모인 행사를 개최하며 직간접적으로 지지를 호소했고, 행사에 참석한 당 최고위원 L은 "P를 키워서

크게 써먹자, 큰 일꾼으로 우리가 키워나가자" 등의 발언을 했고, 당 사무부총장도 "천안의 힘이 대한민국을 바꿀 것, 대한민국을 이끄는 정치인으로 만들어줄 것을 부탁한다"는 등의 발언을 했으며, 750명을 동원한 행사는 기존 당원 단합대회의 규모보다 훨씬 초과한 행사였다.

(2) 선고 형량 및 양형 사유

1심과 항소심 모두 벌금 300만 원이 선고되었고, 대법원의 상고기각으로 벌금형이 확정되어 P의 당선은 무효가 되었다.

(3) 재판상 쟁점

P는 위와 같은 활동이 통상적인 정당 활동이라고 주장했으나, 법원은 위 행위를 단순히 인지도와 긍정적 이미지를 높이려는 행위를 넘어선 것으로, 선거를 염두에 두고 당선을 목적으로 한 행위로 보는 것이 타당하다는 이유로 유죄를 인정했다.

지하철유치추진위원회를 통한 사전선거운동
(대법원 2011. 3. 10. 선고 2010도16996)

(1) 판결에서 인정된 사실관계

지방의회 후보자 K는 2006년경 지하철의 양주시 유치 등을 목표로 추진위원회를 결성하고 인터넷 포털 사이트에 인터넷 카페를 개설하여 각 대표로 활동했고(2010년 2월 말경부터 3월 말경까지의 전단지 배부 당시 추진위원회의 활동 회원은 약 200명, 인터넷 카페의 회원은 약 1만 600명이었음), 지하철 유치 등과 관련한 각종 공청회 등의 모임에 추진위원회 대표 등의 자격으로 참석하여 이에 대한 의견과 주장을 발표했으며, 지방선거를 약 3개월 앞둔 2010년 3월 2일경 한 지역신문에 '이번 지방선거에 추진위원회를 대표해 1명을 시·도의원 후보로 낼 것이다. 주변에서 본인의 출마를 권유하고 있는 것은 사실이며 회원들과 상의해 결정할 것'이라는 입장을 밝혔고, 2010년 2월 25일경 인터넷 카페 게시판에 '이번 지방선거에서 지하철 유치 사업을 공약하고 실행할 후보자에게 투표하자'는 취지의 글을 게시한 것을 비롯해 2010년 3월 3월경 위 지역신문에 시·도의원 선거에 무소속 출마를 검토하고 있으며 적임자를 찾아 4월 중 1명 참여를 고려하고 있다고 밝혔으며, 2010년 4월 7일경 '본인의 시의원 출마를 심각하게 고민하고 있다'는 내용의 글을 게시했다.

실제로 K는 2010년 4월 26일경 양주시 시의원 선거의 예비후보자로, 5월 13일경 후보자로 각 등록하고 지방선거에 출마했고, 선거 공보 등을 통해 추진위원회의 결성 이후 주장해왔던 지하철의 양주시 유치 등을 주요 공약으로 내세웠다.

지방선거를 약 3개월 앞둔 시점에 양주시민을 대상으로 배부된 전단지는 '도락산 살리기 10만 서명운동'이라는 제목으로 된 총 4면의 문서로서 그중 제4면에 K의 성명과 추진위원회 및 인터넷 카페의 대표라는 직함이 명시된 K의 기고문이 게재돼 있고, 자연보호 활동을 하는 K의 측면 사진이 함께 실려 있으며, 추진위원회의 활동 내용과 연락처, 인터넷 카페의 주소 등이 소개돼 있었는데, 2010년 3월 17일경 인터넷 카페 게시판에 전단지의 배부를 금지하는 아파트의 명칭을 공개하겠다는 표현까지 사용하며 그 배부를 독려했다.

(2) 선고 형량 및 양형 사유

1심에서는 K에게 유사 기관 이용 선전 행위에 의한 공선법 위반에 대해서도 유죄를 인정하여 벌금 200만 원을 선고했는데, 2심에서는 유사 기관 이용 선전 행위에 의한 공선법 위반에 대해서는 무죄로 판단하여 벌금 100만 원으로 변경했으며, 항소심 판결은 대법원에서 그대로 확정되었다.

(3) 재판상 쟁점

K는 자신의 활동을 통상적인 시민운동이라고 주장했으나, 법원은 K의 전단지 배부 행위는 단순히 통상적인 시민운동의 일환에 그치는 것이 아니라, 지방선거를 앞두고 선거 기간 전에 선거구민 등을 상대로 미리 인지도를 높여 선거에서 유리한 결과를 얻으려는 능동적·계획적인 행위로서 사전선거운동에 해당하고, 또한 선거에 영향을 미치게 하기 위한 탈법적인 문서 배부 행위에 해당한다고 판단하여 유죄를 인정했다.

1심은 석산 개발을 반대하거나 지하철 유치 예비타당성 검토 방침을 환영한다는 취지의 본문과 함께 추진위원회 및 인터넷 카페의 명칭과 그 인터넷 주소가 표시된 사실이 인정되어 유사 기관 이용 선전 행위에 의한 공선법 위반을 인정했다. 그러나 항소심에서는 K의 성명, 외모, 사회적·정치적 상징이나 이미지, 인터넷 아이디 또는 필명 등 피고인의 명의를 연상해낼 만한 다른 사항들이 현수막에 특별히 기재돼 있지 않았고, 추진위원회 또는 인터넷 카페의 명칭은 언어적 표현 자체에서 K의 명의를 유추할 만한 특징적인 요소를 가지고 있다고 보이지 않고, 또한 K의 추진위원회 및 인터넷 카페의 대표로 활동한 내용이 지역신문에 몇 번 보도되었고 지하철 유치에 관한 현수막 게시 이전에 앞서 전단지 배부가 있었다는 등의 정황만으로는 당시 해당 선거구민들 일반이 추진위원회 또는 인터넷 카폐의 명칭에 의해 곧 K의 명의를 유추할 수 있을 정도로 위 단체들과 K의 관계를 파악하고 있었다고 보기 부족하다는 이유로 유사 기관 이용 선전 행위에 의한 공선법 위반은 무죄로 판단했다.

예비후보자 신분으로 확성기를 사용하여 사전선거운동
(대법원 2018. 6. 15. 선고 2017도9794)

(1) 판결에서 인정된 사실관계

국회의원 후보자 P는 인지도를 높이기 위해 3차례의 조직회의 및 간담회를 진행했다. 그러한 모임에는 선거 캠프의 관계자들 외에도 P의 선거구(부산 Y선거구)에 거주하는 일반 유권자들이 참석했고, 조직회의 및 간담회에서는 주로 P에 대한 소개와 홍보가 이루어졌으며, 그 신상에 대한 영상물이 상영되기도 했다. P는 조직회의와 간담회에 자신의 기호와 이름이 새겨진 점퍼를 입고 직접 참석하여 자신을 소개하고 참석한 사람들을 상대로 "저 P 이번에 제대로 밥값 하겠습니다"라고 말하는 등 자신의 지지를 호소하는 발언을 하고 큰절을 하는 방법으로 사전선거운동을 했다.

P는 또한 선거운동 기간 전 예비후보자 신분으로 공개된 장소에서 확성기를 사용하여 지지를 호소했다.

(2) 선고 형량 및 양형 사유

1심은 위 행위 외에 함께 기소된 민원상담소 설치를 통한 공선법 위반, 사조직 설치 및 사조직에 의한 사전선거운동으로 인한 공선법 위반, 허위사실 공표(출생지 허위 표시), 증거 은닉 위반 교사 등에 대해 무죄를 선고하면서 위 행위에 대해서는 벌금 90만 원을 선고했다. 그러나 항소심에서는 추가로 휴대전화 번호를 이용한 사전선거운동으로 인한 공선법 위반에 대해 무죄를 선고하면서, 유죄가 인정된 부분에 대해 선거운동 기간 전에 사전선거운동을 하고 확성 장치를 사용하여 부정선거운동을 하여 선거를 과열시키고 선거의 공정성을 훼손한 것으로 죄질이 가볍지 않으나, 동종 범행으로 처벌받은 전력이 없고, 사전선거운동 관련 조직회의 및 간담회에 참석한 다수가 P를 지지하여 그 선거운동원이 되거나 자원봉사자가 되려는 사람들이었으며, P가 이들에게 직접적인 지지를 호소한 것으로 보이지 않는 등 범행 경위나 내용에 참작할 점이 있고, 부정선거운동과 관련해서도 P는 해당 장소에 설치돼 있던 확성 장치를 사용한 것이어서 그 위반 및 불법의 정도가 중하다고 보기 어렵다는 이유로 벌금 80만 원을 선고했다.

[유형의 결정] 1유형(선거운동 기간 위반)

[권고 영역] 기본 영역(70만~150만 원)

다수범 가중에 따른 최종 형량 범위: 70만~350만 원

(3) 재판상 쟁점

P가 E와 휴대전화 번호를 이용한 사전선거운동을 하기로 공모한 후 휴대전화 번호들로 지역 유권자들에게 전화하여 P에 대한 지지 여부를 확인하고, 지지를 호소하게 하는 등으로 사전선거운동을 하게 한 것에 대해 기소되었고 1심에서 유죄판결을 받았으나, 항소심은 P가 공모했다고 볼 증거가 부족하다는 이유로 무죄를 선고했다.

부산 구의원들이 제20대 국회의원 선거일보다 약 7개월 앞선 2015년 9월 18일 민원상담소를 설치하고 외부에도 이를 홍보하면서 개소식을 했다. 당시 언론에서도 "구의원들이 구민들의 민원 해결을 위해 합동으로 민

원사무실을 개소하였다"라고 보도되었으며, 구의원들은 수시로 이 사건 상담소에서 구민들의 민원을 듣거나 구의회와 관련된 세미나를 개최하는 등 공표된 명칭과 같이 이 사건 상담소를 통해 구민들에 대한 민원상담 활동을 했다. P는 2015년 12월 15일 제20대 국회의원 선거의 예비후보자로 등록하고 민원상담소를 자신의 선거 사무소로 신고하기 전까지 위 상담소에는 상담 활동이나 세미나 등 내부적인 활동을 위한 책상이 비치돼 있었을 뿐 외부적 선거운동에 필요한 설비인 전화나 팩스 등이 설치돼 있지도 않았으므로 민원상담소를 P와 연관 지어 생각하거나 P의 국회의원 당선을 위한 단체 또는 기관 등으로 인식했다고 볼 근거나 자료가 없으며, 상담소에서 P의 핵심 지지자들이 모여 20대 국회의원 선거와 관련된 논의를 했다고 하더라도 그러한 논의들이 외부로 표출되었다거나 선거인에게 선거운동으로 인식될 만한 행위를 했다는 자료는 없으며, 상담소에서 P의 제20대 국회의원 선거 출마를 위한 조직회의나 전략회의 등을 개최하고, 지역 유권자들의 전화번호 등을 수집하는 활동을 했더라도 선거인들이 그 회의나 활동 내용을 인식할 수 있을 정도로 그들의 의사나 활동이 외부에 표시되거나 드러났다고 볼 수 있을 만한 근거나 자료가 없다는 이유로 무죄를 선고했다.

P 등이 2015년 9월 6일 '남원 구룡산 등산 모임'의 추진에 일부 관여하고 그 산행에도 참여했으며 P가 산행에 참석한 사람들에게 인사를 한 사실은 인정되나, 이러한 활동 자체가 제20대 국회의원 선거일로부터 7개월 전에 이루어졌을 뿐만 아니라 P가 정치인으로서 자신의 인지도를 높이기 위해 산행에 참석하고 인사를 하는 정도를 넘어 7개월 이후에 치러질 국회의원 선거에 출마 계획을 밝히거나 출마를 전제로 지지를 호소하는 등의 행위를 했음을 인정할 만한 자료가 없으며, 그 밖에도 당시 등

산 모임에 참석한 사람들이 7개월 후에 있을 국회의원 선거에서 P의 당선을 목적으로 산행이 개최되었다고 인식할 만한 외부적인 활동이나 표시가 있었다고 볼 만한 다른 정황이나 사정도 찾을 수 없다는 이유로 무죄를 선고했다.

사전선거운동과 관련해 3차례의 조직회의 및 간담회에는 선거 캠프의 관계자들 외에도 피고인 A의 선거구(부산 Y선거구)에 거주하는 일반 유권자들이 참석했고, 당시 선거 캠프의 상황실장이 조직회의 및 간담회 개최를 주도했고 조직회의 및 간담회에서는 주로 P에 대한 소개와 홍보가 이루어졌으며 그 신상에 대한 영상물이 상영되었는데 선관위는 P 등이 주최한 조직회의 참석자와 조직회의 진행 내용 등을 조사한 후 P 등의 행위가 사전선거운동에 해당한다고 판단하여 상황실장에게 '서면 경고'를, P에게 '공선법 준수 촉구'를 했으며, P 등은 선관위의 이러한 처분에 대해 이의를 제기하지도 않았던 점에 비추어 사전선거운동에 해당하는 것으로 판단했다.

공선법상 금지되는 확성 장치 '사용'의 개념을 후보자가 '자신의 비용으로 설치한 것'만을 사용하는 것으로 한정하여 해석할 수 없고, 예비후보자는 공선법 제79조 제7항에 따라 확성 장치를 사용할 수 있는 '후보자 등'에 포함되지 않으므로 당시 예비후보자였던 P가 확성 장치를 사용한 행위는 공선법 제255조 제2항 제4호, 제91조 제1항에서 정한 부정선거운동에 해당한다고 판단했다.

교회 예배에서 지지 호소

(부산지방법원 2016. 12. 2. 선고 2016고합690)

(1) 판결에서 인정된 사실관계

국회의원 J는 선거운동 기간 개시 직전에 교회의 예배에 참석했다. 담임목사가 예배에 참석한 신도들을 상대로 설교한 후 J를 국회의원 선거 출마자로 소개하면서 발언 기회를 부여하자, J는 그러한 발언 기회에 앞으로 나아가 마이크를 사용하여 신도들을 상대로 경선에 탈락한 것이 진정한 정치인으로 거듭나게 해주시기 위해 하나님이 주신 시련이라고 생각하여 무소속 출마를 하게 되었다고 설명한 후 "성도 여러분, 이 가는 길에 그래도 좀 불을 밝혀주시고 기도로써 여러분께서 좀 가는 길을 지켜주시기를 부탁드리겠습니다"라는 발언을 하여 지지를 호소했다.

(2) 선고 형량 및 양형 사유

1심 법원은 위 행위를 사전선거운동으로 인정했으나, 예배 참석을 요청받고 발언 기회를 얻어 발언하는 과정에서 범행에 이른 것으로 적극적으로 선거운동을 한 것은 아니었고, 명시적으로 자신의 지지를 부탁하는 표현을 사용하지 않아 선거 결과에 영향을 미쳤을 개연성이 매우 낮은 점을 고려하여 벌금 80만 원을 선고했고, J와 검찰 모두 항소하지 않아 그대로 확정되었다.

[유형의 결정] 선거운동 기간 위반, 부정선거운동 → 제1유형(선거운동 기간 위반)

[권고형의 범위] 기본 영역(벌금 70만~ 150만 원)

(3) 재판상 쟁점

J는 부친의 장례식에 참석해준 것에 대한 감사인사 차원에서 담임목사의 요청을 받고 참석하여 간증 취지로 발언한 것에 불과하며, 종교적 신앙 행위의 일환일 뿐 선거운동에 해당하지 않는다고 주장했으나, 법원은 J의 발언이 선거일이 비교적 임박한 시점에서 별다른 친분이 없었던 담임목사의 출마 관련 소개를 받은 후 이루어지는 등 일상적이거나 의례적인 경위가 아닌 선거와 밀접한 일련의 과정에서 이루어진 것으로 판단했다.

법원은 J가 평소 다니는 교회가 아닌 교인으로 등록되지 않은 교회의 예배에 참석했고, 비서 역할을 하던 P로부터 참석 의사를 타진받자 J가 더 큰 교회를 요구하는 취지로 짜증을 낸 사실이 확인되며, 전체 발언 중 대부분이 선거 내지 출마와 관련된 내용이었고 신앙 내지 설교와 관련된 내용은 서론 부분에 일부 언급된 것에 불과했을 뿐만 아니라 자신의 정치적 역경과 선거 출마 사실, 종교 관련 정치 현안, 선거에 임하는 자세와 다짐 등 선거와 관련된 발언을 함과 아울러 자신에 대한 지지를 암시하는 발언을 한 점 등에 비추어 선거운동으로 판단했다.

선거운동

중립 의무를 위반하고 같은 정당 후보의 지지를 호소한 지방자치단체장(대법원 2017. 12. 22. 선고 2017도15613)

(1) 판결에서 인정된 사실관계

K시장은 지역 유권자로 구성된 산악회의 등반대회에 참석해 지역 선

거구에 출마한 같은 정당 H후보의 지지를 호소하고, 지역 한 식당에서 산악회 회원 등 35명을 상대로 H후보의 지지를 당부했다.

(2) 선고 형량

지방지차단체장으로서 선거 중립 의무를 위반한 것으로 벌금 200만 원을 선고받고 확정되어 시장직을 상실했다.

H후보는 23.87%를 득표하여 47.96%를 득표한 Y후보에게 져 낙선

선거일 투표 참여 권유
(수원지방법원 2017. 1. 12. 선고 2016고합527)

(1) 판결에서 인정된 사실관계

국회의원 후보자인 L은 선거일 06:00부터 08:00까지 사이에 소속 정당 대표 색상인 노란색 비옷을 입고 "투표는 의리. 꼭 하세요"라는 글을 기재한 우산을 든 채 "투표하는 당신이 주인공입니다"라고 적힌 피켓을 목에 걸고 서서 투표 참여를 권유했고, 위와 같은 복장을 하고 통행하는 차량을 향해 손가락으로 기호를 표시하면서 손을 흔들고 고개를 숙여 인사하는 등의 방법으로 선거운동을 했다.

(2) 선고 형량 및 양형 사유

1심 법원은 벌금 70만 원 선고(하나의 행위가 두 개의 범죄에 해당하여 형이 더 무거운 선거운동 기간 위반에 정한 형으로 처벌)했고, 검찰 및 L의 항소 미제기로 그대로 확정되었다.

[유형의 결정] 선거운동 기간 위반 → 제1유형(선거운동 기간 위반)

[특별양형인자] 감경 요소: 선거운동 방법 위반의 정도가 경미한 경우

[권고형의 범위] 감경 영역(벌금 30만~90만 원)

(3) 재판상 쟁점

L은 특정 정당이나 후보자를 지지하는 내용이 없는 단순 투표 참여 권유 행위에 불과하며, 공선법상 금지되는 선거운동이나 투표 참여 권유 행위에 해당하지 않는다고 주장했다. 그러나 법원은 L이 선거운동 기간 중에 선거운동을 했던 장소와 동일한 장소에서 동일한 방식의 행위를 했고, 손의 모양이 기호를 연상할 수 있는 형태로서 L의 블로그에 기호와 관련한 문언이 다수 게시돼 있으며, '투표는 의리'라는 문구가 기재된 우산 등은 선거운동으로서의 효과를 보강하는 도구에 해당한다는 이유로 L의 주장을 받아들이지 아니했다.

호별 방문 금지 위반(관공서를 방문하여 명함 배부 및 지지 호소)

(광주지방법원 순천지원 2016. 12. 1. 선고 2016고합218)

(1) 판결에서 인정된 사실관계

국회의원 선거 후보자 L은 자신의 기호와 성명이 새겨진 선거용 점퍼를 입고, 선거대책본부장 C, S 등은 L의 기호와 당명이 새겨진 선거용 점퍼를 입은 채로 사전투표일에 여수시청을 방문했고, 여수시청 2층 결산검사장에 들어가 결산검사 중인 결산검사위원 및 공무원 등에게 L의 명함을 교부하면서 지지를 부탁한 것을 비롯해 시청사 내의 총 34곳의 사무실을 방문하여 L의 명함을 교부하거나 지지를 부탁했다.

(2) 선고 형량 및 양형 사유

법원은 선거일에 임박한 사전투표일에 호별 방문한 것은 불량하다고 보았으나, 일반 주민들의 가정집을 방문한 것이 아니라 관공서를 방문한 것으로 영향력이 크다고 할 수 없고, 매수 및 이해 유도 등 부정행위의 가능성도 비교적 낮은 것으로 보이며, 위법성 인식의 정도도 약해 보이는 점을 참작하여 L, C, S에게 모두 벌금 90만 원을 선고했고, 검찰의 항소 포기로 확정되었다.

[유형의 결정] 선거운동 기간 위반, 부정선거운동 → 제2유형(선거운동 방법 위반)

[특별양형인지] 감경 요소(선거운동 방법 위반의 정도가 경미한 경우)

　　　　　　　 가중 요소(선거일에 임박한 경우)

[권고형의 범위] 기본 영역(벌금 70만~200만 원)

예비후보자로서 영화관 복도에서 명함을 배부

(의정부지방법원 2016. 11. 23. 선고 2016고합438)

(1) 판결에서 인정된 사실관계

국회의원 선거의 예비후보자라도 지하철역 구내, 그 밖에 중앙선관위 규칙으로 정하는 다수인이 왕래하거나 집합하는 공개된 장소 중 한 곳인 극장 안에서 명함을 직접 주거나 지지를 호소하는 행위를 할 수 없음에도 국회의원 선거 예비후보자인 K는 극장의 10층 상영관 복도에서, 당시 상영하던 영화 〈귀향〉을 관람하러 온 관람객들에게 K의 성명과 사진 등이 인쇄된 명함 50여 장을 배부했다.

(2) 선고 형량 및 양형 사유

법원은 선거의 공정성을 해할 우려가 있는 행위이고, 실제로 선거에 영향을 미쳤을 가능성도 완전히 배제할 수는 없으나, K가 잘못을 인정하고 반성하는 점, 탈법으로 명함을 배부한 시간이 길지 않고 배부한 명함의 양이 많지 않은 점, 동종 범죄로 처벌받은 전력이 없는 점 등을 고려하여 권고 형량 범위 하한보다 낮은 형을 선택하여 벌금 50만 원을 선고했다.

[유형의 결정] 부정선거운동 → 제2유형(선거운동 방법 위반)

[권고형의 범위] 기본 영역(70만~200만 원)

금품 제공

남이 주려는 것을 대신 주면서 자신을 홍보한 사례
(대법원 2017. 12. 22. 선고 2017도13216)

(1) 판결에서 인정된 사실관계

K는 도의원 신분으로 자신의 선거구에서 가수 C가 독거노인 45명에게 전달하려는 욕실 히터를 위임받아 대신 전달하고, 자신이 후원자로 기재된 현수막을 배경으로 전달식 사진을 찍어 지인들에게 보내거나 SNS에 게시했고, 동 주민센터에서 주최한 행사에서 지역단체가 회원 3명에게 주려는 상품권(22만 원 상당)을 받아 대신 전달했다.

(2) 선고 형량 및 양형 사유

법원은 K에게 벌금 500만 원을 선고했는데, 타인의 선행을 자신의 정치적 목적을 위해 의도적으로 이용했고, 단순히 전달식에 참석한 것을 넘어 SNS에 게시하여 불특정 다수가 볼 수 있도록 한 점을 불리한 정상으로 참작했다.

(3) 재판상 쟁점

도의원인 K는 가수 C에게 욕실 히터를 기부할 곳을 주선해주고 그 기부 행사에 참석한 것뿐이고, K가 욕실 히터를 전달한 주민센터는 지방자치단체의 하부 기구이고 위 욕실 히터는 독거노인들에 대한 의연금품이므로 기부 행위의 주체가 누구인지와 상관없이 공선법상의 기부 행위에 해당하지 않는다고 주장했다. 그러나 법원은 가수 C로부터 욕실 히터를 기부 받을 만한 사람들이 있는지 문의를 받은 K가 자신의 선거구의 독거노인들을 대상자로 선정했고, 가수 C가 다른 선행 사업에 대해서는 많은 홍보를 하면서도 이 건 욕실히터 전달식에 대해서는 전혀 홍보하지 않았던 점, 욕실 히터 전달식에 사용된 현수막에 K가 후원자로 기재돼 있는 점, K가 위 현수막을 배경으로 사진 촬영을 한 후 지인들에게 메시지로 보내거나 자신의 SNS에 게시한 점에 비추어 K가 물품의 출연 또는 그 외의 방법으로 위 욕실 히터 기증에 상당한 관여를 했다고 인식할 여지가 크고, 가수 C가 출연한 것이라는 점을 알렸다 하더라도 받을 대상의 선정에 K가 관여한 것처럼 인식시키거나 가수 C로부터 K가 받아 이를 다시 기부하는 것처럼 보일 수 있으므로 기부 행위에 해당하는 것으로 판단했다.

K는 상품권 기부 행위와 관련하여 행사에서 자신이 상품권을 수여한다는 사실을 사전에 알지 못했고, 지역단체는 이전에도 우수 회원에게 상품을 수여한 적이 있으므로 K가 상품권을 기부한 것으로 볼 수 없다고 주장했다. 그러나 법원은 관련자들의 진술에 비추어 사전에 K가 표창장

과 함께 상품권을 수여하도록 미리 정한 것으로 보이고, K의 언행으로도 표창장과 함께 상품권을 수여할 당시 K의 기부 행위로 비춰져 문제가 될 수 있음을 인식했던 것으로 보이며, 행사에 외부 인사도 참석했을 뿐만 아니라 이전에는 위원장 이외의 사람이 수여한 사실이 없는 점 등을 고려하면 K가 상품권을 기부한 것으로 인식될 수 있음을 인정했다.

선거운동원으로 등록하지 않은 지인에게 온라인 선거운동을 부탁하고 송금(대법원 2017. 8. 30. 선고 2017도13458)

(1) 판결에서 인정된 사실관계

국회의원 후보자 C는 선거운동 기간 중 선거 사무원으로 등록되지 않은 L에게 SNS를 이용해 온라인 선거운동(C의 공약과 선거 유세 등을 포함한 선거 홍보물 게시물을 작성해 SNS에 게시)을 해줄 것을 부탁하고, 공식 선거운동 전날 계좌로 200만 원을 송금했고, L은 총선 직전까지 C의 공약, 유세 활동 등이 담긴 홍보물을 SNS에 게시했다.

(2) 선고 형량 및 양형 사유

법원은 금품 액수인 200만 원이 적다고만 할 수 없고, 선거 공정성을 유지하고자 하는 공선법의 취지에 반하는 것으로서 죄질이 가볍지 않다는 이유로 당선 무효에 해당하는 벌금 200만 원을 선고했다(상고기각으로 확정).

(3) 재판상 쟁점

C는 과거 북콘서트를 도와준 데 대한 대가로 지급한 것이라고 주장했

다. 그러나 법원은 200만 원에 L이 과거 북콘서트 등을 도와준 데 대한 대가 부분이 일부 혼재돼 있더라도 지급 시기(200만 원을 송금한 시기는 북콘서트로부터 2개월이 경과한 시점이고, 선거운동 기간 하루 전)에 비추어 그 주된 성격은 국회의원 선거에서 선거운동과 관련해 지급한 것이라고 봄이 시기적으로 자연스러운 것으로 판단했다.

특히 법원은 C가 200만 원을 송금하면서 "보냈습니다. 많은 활동 부탁합니다. 이제 2주!!! 공약 전파 중요합니다"라는 메시지를 보냈고, L은 200만 원을 송금받은 후 지인에게 카카오톡으로 "C로부터 하지, 쩐 받아옴"이라는 메시지를 받은 점에 비추어보더라도 200만 원은 선거운동의 대가로 교부되었다는 사실을 충분히 인식하고 있었던 것으로 판단했다.

배우자의 금품 제공

(대법원 2017. 2. 9. 선고 2017도7514)

(1) 판결에서 인정된 사실관계

선거를 앞둔 K의원의 배우자 A는 정당 지역 관계자에게 "K 후보를 위해서 선거운동을 해달라"며 3회에 걸쳐 300만 원을 제공했고, 전화 홍보 활동 경력이 있는 C에게도 전화 홍보를 부탁하며 300만 원을 제공했으며, 선거구에 있는 모 사찰에 시가 152만 원 상당의 업소용 냉장고를 기부했다.

(2) 선고 형량 및 양형 사유

1심과 항소심에서 모두 징역 1년, 집행유예 2년을 선고했으며, 대법원의 상고기각으로 확정되어 K는 배우자의 행위로 인해 당선 무효되었다.

K는 자신의 사전선거운동, 탈법 방법에 의한 명함 배부, 당내 경선운동 방법 위반, 기부 행위 제한 위반, 매수 및 이해 유도 등의 공선법 위반으로 재판받고 있던 중 배우자의 위 판결 확정으로 자신의 재판이 마무리되기도 전에 당선 무효가 되었다(이후 재판에서 K는 기부 행위 등에 대해 일부 무죄를 선고받았으나, 사전선거운동 등이 인정되어 벌금 80만 원을 선고받았음).

선거 사무실을 찾아 온 기자에게 금품 제공
(대법원 2015. 11. 27. 선고 2015도7254)

(1) 판결에서 인정된 사실관계

지방선거를 앞두고 선거 사무실을 찾아온 언론사 기자 2명에게 "재선되면 언론사를 지원할 테니 도와주십시오. 잘 부탁합니다" 등의 언행을 하며, 4차례에 걸쳐 210만 원을 제공했다.

(2) 선고 형량 및 양형 사유

1심과 항소심에서 모두 징역 6월에 집행유예 2년 선고, 대법원의 상고기각으로 확정되어 당선이 무효가 되었는데(함께 기소된 비서실장은 벌금 500만 원, 돈을 받은 기자 2명은 각 80만 원과 200만 원의 벌금), 법원은 양형 사유에서 기부 대상이 선거구민이거나 ○○ 지역 담당 기자들로서 기부 행위로 인해 선거에 미친 영향이 적지 않았을 것으로 보이고, 실제로 2014년 6월 치러진 ○○시장 선거에서 K는 2위와 불과 252표라는 근소한 차이로 당선되었으며, 이미 선거법 위반 혐의로 의원직을 잃은 전력이 있음에도 다시 선거법을 위반했고, 하급자인 비서실장에게 책임을 전가한 사실이 인정되어 불량하여 징역형을 선택하나, 이 사건 범행이 자신을 불시에 찾아온 기자들을 상대로 이루어진 것으로 계획적이거나 적극적인 범행으로 보기는 어려운 점, 공선법 위반으로 징역형의 집행유예를 선고받아 확정된 경우 확정일로부터 10년간 공직에 나아갈 수 없는 불이익이 있는 점 등을 종합해 징역형의 집행유예를 선고한다고 설명했다.

돈을 받았던 기자 중 1명이 ○○시가 개최할 예정이었던 전국축구대회가 취소됨에 따라 축구 선수를 꿈꾸던 자신의 아들이 대회에 참가할 수 없게 되었다는 이유로 경찰에 금품을 제공받은 사실을 실토하는 진정서를 제출하여 수사가 개시되었고, 진정서 제출 소식을 들은 다른 기자도 다음 날 경찰에 돈을 받은 사실을 제보하여 수사가 개시되었다.

선거운동 기간 전 전화를 통한 여론조사, 전화 홍보원 급여 제공(대법원 2013. 7. 25. 선고2013도1793)

(1) 판결에서 인정된 사실관계

K는 선거일 1년 전부터 사무실을 차려놓고, 전화 홍보원 10명을 모집해 여론조사를 가장해 자신의 출마 예상 지역구 선거구민들에게 10만 3,110회 전화를 걸어 홍보 활동을 하도록 지시했고, 전화 홍보원 등에게도 급여 명목으로 3,278만 원을 제공했다.

(2) 선고 형량 및 양형 사유

법원은 K에게 이전에도 공선법 위반으로 벌금형을 선고받은 전력이 있었다는 점 등을 참작하여 1심과 항소심 모두 징역 1년, 집행유예 2년을 선고했고, 대법원에서 그 형량이 그대로 확정되어 당선 무효되었다.

이장협의회 단합대회 식사 대금 결제, 조기축구회 창단식에
20만 원 전달(대법원 2005. 9. 9. 선고 2005도2014)

(1) 판결에서 인정된 사실관계

1) 국회의원인 P는 자신의 선거구이며 고향의 이장들로 구성된 이장협의회에서 단합대회 명목으로 제주도에 여행을 간다는 사실을 알고 이장단 회식 장소를 예약하고, 이장협의회 소속 인원에게 생선회 및 소주 등 65만 원 상당의 식사 제공과 술을 권하며 인사를 하고 "의정 활동을 하는데 많이 도와주시고 유익한 시간되시기 바랍니다"라고 말한 후 후배의 신용카드로 식사 대금을 결제하도록 했다.

2) P는 선거구 내의 또 다른 이장협의회가 제주도로 여행을 가는 것을 알고 후배 J로 하여금 양주를 구입하여 제공하게 하고, 음식값 등을 계산하게 하면서 예산 편성 등을 홍보했고, 이후 단란주점을 예약하여 이장협의회 사람들이 이용하게 한 후 후배 J로 하여금 주점 비용을 신용카드로 결제하게 한 다음, 또 다른 후배 L이 J에게 신용카드 대금 1,050만 원을 송금해주었다.

3) P는 자신의 선거구민들로 구성된 조기축구회 창단식에 참석하여 현금 20만 원이 든 봉투를 고사상 위에 놓고 갔다.

(2) 선고 형량 및 양형 사유

법원은 P에 대하여 벌금 700만 원을 선고했고, 신용카드로 대금을 결제한 후배 J에게는 벌금 200만 원, 경기도 당원협의회 소속으로 카드 대금을 송금해준 후배 L에게는 벌금 500만 원을 선고했다.

(3) 재판상 쟁점

식사 대금 상당액을 각 이장협의회로부터 돌려받았는데, 이에 대해 1심은 후배 J가 후보자와 의사 연락 없이 대금을 결제한 것이라고 보아 기부 행위를 부정했으나, 항소심은 후배가 이장협의회 회식 장소에 가게 된 경위 등을 근거로 기부 행위를 인정했고, 이후 이장협의회로부터 회식 대금 상당액을 돌려받은 것은 기부 행위의 성립에 영향을 미치지 않는 것으로 판단했다.

국회의원 선거의 후보자로서 인지도를 더욱 제고하고 지지를 유도함으로써 당선을 도모하기 위한 것으로 인정될 수 있는 능동적·계획적 행위로서, 저녁 식사 자리에 참석하여 각 지역의 현안에 관해 언급한 것은 의정 활동 보고가 아니라 사전선거운동에 해당한다고 평가했다.

국회의원 신분으로 자신의 선거구민들로 구성된 조기축구회 창단식에 참석하여 현금 20만 원이 든 봉투를 고사상 위에 놓은 것에 대해서도 단순한 의례적이고 통상적인 축의금 내지 종교적 헌금 행위라 볼 수 없는 선거구 안에 있는 단체의 행사에 금품을 제공한 행위로 판단했다.

식사비, 노래방 비용 대납

(대법원 2008. 12. 24. 선고 2008도9407)

(1) 판결에서 인정된 사실관계

국회의원 후보자 K는 평소 친분이 있던 기자들과 저녁 식사 모임을 갖기로 하고 식당을 예약했고, K와 알고 지내던 A는 K와 연락 하에 계모임을 하던 사람들 및 지인들과 같은 식당 같은 호실에 예약한 후 같이 모여 식사를 했는데, 서로 술을 권하며 건배를 하기도 했고, K는 전화번호 등이 기재된 명함을 건네주면서 군수를 한 사람이라고 자신을 소개했다. A는 참석자들에게 메모지에 이름과 전화번호 적도록 한 후 K에게 건네주었고, K는 그다음 날 모임에 참석한 사람들에게 일일이 안부 전화를 했다.

K의 선거 사무실 자원봉사자인 B는 위 식사 자리가 진행되는 동안 식당 밖에 대기하고 있다가 식사가 끝날 무렵 현금 32만 원을 꺼내어 식사비로 지급했는데, 기자들과 A가 데려온 사람들은 서로 다른 일행이었음에도 실제 식사를 한 후 어느 누구도 식사비에 대해 언급을 하거나 식사비를 계산하려 한 사실이 없었다. 이후 A는 자신이 운영하는 노래방으로 기자들과 지인들을 데리고 가 양주 4병(판매가 12만 원, 원가 3만 원), 맥주 3박스(판매가 30만 원, 구입 원가 7만 8,000원) 등을 마셨다.

전주시의회 의원을 한 바 있는 C는 A에게 주위에 아는 사람들이 있으면 K에게 소개해주고 모임이 있으면 연락하여 K가 인사할 수 있도록 해달라는 부탁을 했다. A는 자신이 다니는 피트니스클럽 매니저, 트레이너, 회원 등을 식당으로 데려가면서 C에게 알려주었고, K는 이들에게 인사를 하고 자리를 떠났으며, 당시에는 누구도 식사비를 계산하지 않았다. 20여 일이 지난 후 식당 주인으로부터 식사비 지급을 요구받은 B가 이를 C에게 알렸고, K의 조카사위인 D가 식사비 20만 1,000원을 식당에 지급했다.

(2) 선고 형량 및 양형 사유

법원은 사전선거운동 및 기부 행위에 의한 공선법 위반을 인정하여 K에게 벌금 500만 원을 선고했고(1999년 공직선거 및 선거부정방지법 위반죄로 벌금 80만 원을 선고받은 전력, 적극적으로 향응을 제공한 점, 범행을 부인하는 점을 고려), A에 대해서는 벌금 400만 원, B에 대해서는 벌금 300만 원, C에 대해서는 벌금 100만 원을 각 선고(C는 직후의 지방선거에 출마할 예정이었으나, 피선 거권이 5년간 제한되어 출마를 포기했음)했다.

(3) 재판상 쟁점

K 등은 B가 식사비를 부담했다는 등의 변명을 했으나, 법원은 신용불량자로 아무런 보수도 받지 않고 K의 사무실에서 운전, 심부름 등 잡일을 하는 B가 32만 원이라는 적지 않은 식사비를 자신의 돈으로 부담할 이유가 없고, 미리 식당에 지급할 돈을 봉투에 넣어 준비하고 있었던 점, 기자들이나 A의 지인들이 식사비에 대해 묻거나 지불하려고 한 사실이 전혀 없었던 점 등에 비추어 기자들과의 모임에서 식사비의 실질적인 부담자는 K로 봄이 상당하다고 판단했다.

A는 홍보를 위하여 노래방 이용료를 받지 않고 무상으로 제공한 것이라고 주장했으나, 법원은 영세한 노래방이 무상으로 술까지 제공했다고 볼 수 없고, A가 장부에 현금 50만 원을 지급받은 것으로 기재해놓았던 점(전체 금액 79만 원으로 기재하고, 50만 원을 지급받아 29만 원이 미결제 상태라는 표시가 돼 있었음), 노래방 종업원이 K가 계산을 한 것 같다고 진술하는 점 등을 종합하면 K가 현금 50만 원을 지급한 것으로 봄이 상당하고, 나머지 29만 원도 K가 부담해야 할 것으로 보인다고 판단했다.

또한 법원은 A가 피트니스클럽 관련자들과 식사한 비용은 A로부터 식사 모임이 있다는 연락을 받고, K와 함께 식당으로 간 C가 실질적으로 부담한 것으로 봄이 상당하다고 판단했으며, 이외에 사교적·의례적 모임에 불과하다는 주장 또한 인정하지 않았다.

자원봉사자에게 금품 지급

(서울고등법원 2017. 4. 12. 선고 2016노3672)

(1) 판결에서 인정된 사실관계

Y는 선관위에 등록되지 않은 자원봉사자인 선거대책본부장 M에게 "가족들과 식사나 하라"며 현금 100만 원을 지급했다.

(2) 선고 형량 및 양형 사유

검찰은 위 100만 원의 지급행위를 기부 행위와 선거운동 관련 금품 제공·수령으로 기소했고, 1심에서는 기부 행위까지 유죄로 인정하여 벌금 300만 원을 선고했으나, 항소심에서는 기부 행위에 대해서는 무죄를 선고하면서 벌금 90만 원의 형을 받았다(돈을 받은 M에게는 벌금 70만 원 선고).

(3) 재판상 쟁점

1심에서는 100만 원의 교부를 기부 행위로 인정했으나, 항소심에서는 지역구 국회의원 선거와 관련하여 금품 등을 제공하는 사람을 기부 행위에 해당한다는 이유로 처벌하기 위해서는 각 지역 선거구의 범위가 지역적으로 어디까지인지를 법률에 명백히 규정함으로써 행위자 입장에서 금품 등을 제공받는 자가 당해 선거구 내에 주소나 거소를 갖거나 일시적으로 체재하는지 여부 또는 그 선거구 내에 주소나 거소를 갖는 사람과 연고가 있는지 여부를 분명하게 확인할 수 있어야 하는데, 헌법재판소가 2014년 10월 30일 구 공선법 제25조 제2항의 별표 1 '국회의원 지역 선거구 구역표'에 관해 헌법 불합치 결정을 하면서 2015년 12월 31일을 시한으로 정하여 2016년 1월 1일부터 위 구역표는 효력을 상실했으므로 새로운 선거구 구역표가 시행되는 2016년 3월 3일 이전까지는 선거구를 확정할 수 없는 상태에 있어 2016년 2월 5일 100만 원을 교부한 행위는 처벌 대상이 될 수 없다는 이유로 무죄를 선고했다.

Y와 M은 M의 활동이 통상적인 정당 활동에 해당하는 것으로 선거와 관련한 금품의 제공이 아니라는 주장을 했으나, 법원은 M이 정당 당원들 및 자신이 소속된 단체의 회원들에게 탈당하지 말라고 권유하거나 Y에 대한 지지를 호소한 것은 통상적인 정당 활동의 범위를 넘어서는 것이고, M이 당원들에게 "내가 Y캠프에 들어갔으니 잘 부탁한다" 등의 말도 했고, 그러한 전화를 할 당시 M은 Y의 사무실에서 Y가 제공한 설비를 이용했던 점 등을 들어 선거운동과 관련한 금품의 제공으로 인정했다.

법원은 기부 행위와는 달리 선거운동에 있어서는 그 상대방이 제한돼 있지 않으므로, 그 선거운동의 상대방이 당선 또는 낙선을 도모하는 특정 후보자의 선거구 안에 있거나 선거구민과 연고가 있는 사람이나 기관·단체·시설 등에 해당해야만 선거운동에 해당한다고 볼 것은 아니라는 이유로 선거구 미확정으로 선거운동에 해당하지 않는다는 C의 주장을 배척했다.

허위 사실 공표, 비방

방송 토론회에서의 허위 사실 공표
(수원고등법원 2019. 9. 6. 선고 2019노119)

(1) 사실관계 및 재판의 진행 경과

△△시장이었던 L은 □□도지사 후보로 출마하여 후보자 토론회에 참석하여 사실은 수회에 걸쳐 자신이 시장으로 있는 관할 구역 내의 보건소장 등에게 자신의 친형을 구 정신보건법 제25조 시장 등에 의한 입원 규정에 의해 강제로 입원시키도록 지시했다. 보건소장 등이 이에 대해 불가 의견을 개진하고, 위법한 일이라는 이유를 대면서 이를 이행하지 않자, 수회에 걸쳐 질책하면서 계속하여 위 입원 절차 진행을 지시했음에도 친형을 입원시키려고 했다는 내용으로 사실대로 발언할 경우 낙선할 것을 우려하여 당선될 목적으로 '정신병원에 입원시킨 것은 형의 부인, 그러니까 형수와 조카들이었고, 어머니는 (형님이) 정신질환이 있는 것 같으니 확인을 해보자고 해서 진단을 요청한 일은 있으며, 그 권한은 자신이 가지고 있었기 때문에 어머니를 설득하고 막아서 결국은 진단 요청을 안 했다는 말씀을 드린다'는 취지로 자신의 행위에 관해 허위의 사실을 공표했다는 이유로 유죄로 인정되어(해당 부분에 대해 1심은 무죄를 선고했음) 벌금 300만 원을 선고받고 상고하여 현재 상고심 절차가 진행 중이다.

(2) 항소심의 선고 형량 및 양형 사유

법원은 형으로부터 많은 시달림을 당했고, 해명 과정의 극히 일부만이 허위라는 점을 유리한 정상으로 들었고, 허위 사실의 공표가 누구나 시청할 수 있는 공중파 방송에서 행해져 매우 쉽게 전파될 수 있는 점, 단순한 소극적 부인을 넘어 적극적으로 사실을 왜곡하여 허위 사실을 발언한 점, 범행에 관하여 반성하고 있지 않은 점, 이전에도 공선법 위반죄로 벌금형의 처벌을 받은 사실이 있는 점 등을 불리한 정상으로 보았으며, 당락에 크게 영향을 미치지 않았다는 점에 대해서는 중요한 양형인자가 되지 않는다고 하면서도 양형 기준의 하한보다 낮은 형을 선고했다.

[유형의 결정] 허위 사실 공표·후보자 비방 → 제2유형 당선 목적 허위 사실 공표

[특별양형인자]

 - 감경 요소: 허위 사실 공표나 후보자 비방의 정도가 약한 경우(행위인자)

 - 가중 요소: 상대방이 상당히 다수이거나 전파성이 매우 높은 경우(행위인자)

  동종 전과(행위인자)

[권고 영역 및 권고형의 범위] 가중 영역, 벌금 500만~1,000만 원

확정되지 않은 고속도로 통행료 폐지를 약속받았다며
허위 사실 공표(대법원 2009. 3. 12. 선고 2009도26)

(1) 판결에서 인정된 사실관계

현직 국회의원이던 Y는 보좌관 P에게 지시하여 "Y의원, 110만 울산시민 최대 숙원사업 마침내 해결! 울산-언양 간 고속도로 울산시로 이관하여 통행료 폐지 약속"이라는 제목으로 'Y의원은 2월 14일 울산-언양 간 고속도로를 해제하여 울산시로 관리권을 이관하기로 건교부로부터 약속

받았다'는 내용의 보도자료를 작성했고, 작성된 자료를 활용하여 이를 울산 지역 신문·방송 등 언론사에 제공했고, 예비후보자 홍보물, 선거 공보, 후보자 토론회 등을 통해 건설교통부로부터 울산-언양 간 고속도로 통행료 폐지를 약속받았다고 공표했다.

(2) 선고 형량 및 양형 사유

1심에서 허위 사실 공표로 벌금 150만 원을 선고받고, 2심 항소기각, 대법원의 상고기각으로 위 벌금이 확정되어 당선 무효되었다.

(3) 재판상 쟁점

당시 건설교통부는 Y를 비롯한 의원들 일부가 출퇴근 시간대 고속도로 통행료 감면, 명절 연휴 기간 고속도로 통행료 면제, 경인고속도로, 울산-언양 간 고속도로 등 준공 후 30년이 경과한 고속도로의 통행료 감면 등을 요구하면서 6건의 유료도로법 개정안을 발의함에 따라 2007년 10월경 고속도로 통행료 체계 전반에 대한 개선대책을 마련하기 위해 한국도로공사를 통해 한국개발연구원KDI에 통합채산제 등 유료도로정책 발전 방향, 통행요금 체계 및 구조 개선 방안, 통행료 감면 정책 운영 개선 방안 등에 대한 타당성 용역을 의뢰하여 둔 상태로 위 용역 결과가 나오는 대로 종합적인 개선대책을 마련한다는 입장을 취하고 있었을 뿐, 울산-언양 간 고속도로에 대해 통행료 폐지 방침을 정하지 않은 상태였다.

건설교통위원회 법안심사소위원회에서 건설교통부의 입장을 설명하면서 유료도로법 개정에 관한 의원 입법안을 수용하기 곤란하다는 답변과 함께 건설교통위원회 의원들의 요구 사항을 충분히 검토하여 고속도로 통행료 제도 전반에 대한 개선 대책을 마련하겠다는 취지로 답변하는 등 의원들의 요구에 "잘 검토하겠다"라는 답변만 했을 뿐 고속도로의 통행료를 폐지하겠다는 취지의 말을 한 사실은 없었다.

방송 토론회에서 상대 후보가 북침설을 주장하다 처벌을 받았다는 허위 주장을 제기(대법원 2008. 12. 11. 선고 2008도 8952)

(1) 판결에서 인정된 사실관계

방송 토론회에서 상대 후보 J에게 친북 반미 성향이 있다고 주장하면서 북침설을 주장하다 7년간 징역살이를 했다고 발언했다.

(2) 선고 형량 및 양형 사유

법원은 방송 토론 중에도 여러 차례 사실관계를 확인 및 정리할 수 있는 기회가 부여되었음에도 허위 주장을 유지한 점 및 허위의 발언이 선거 결과에 영향을 미친 것으로 보이는 점 등을 고려하여 벌금 300만 원을 선고했다.

(3) 재판상 쟁점

법원은 J가 북침설을 주장했다는 부분은 그 언어가 가지는 의미상 다의적으로 해석될 여지가 전혀 없고, 북침설 주장이 국가보안법 위반 행위, 친북 행위의 일종이거나 하위 개념 또는 유사 개념인 것과 무관하게 북침설을 주장했다는 것 자체가 다른 개념들과 뚜렷이 구분되는 것이며, 분단국가인 대한민국에서, 더구나 지역구 대표자를 뽑는 국회의원 선거토론회에서는 더더욱 금기시되는 그 파급력이 지대한 발언인 점, 이 사건 발언이 나오게 된 전후의 상황과 피고인이 한 발언의 취지와 의도 등에 비추어볼 때 오히려 L의 발언의 중요 부분은 국가보안법 위반이라는 표현이 있지 않고, 북침설을 주장했다는 구체적인 표현에 있다고 보아야 하는 점 등에서 이 사건 발언은 진실과 약간의 차이가 나거나 다소 과장된 표현으로 보기 어렵다고 판단했다.

L은 재판 과정에서 친북과 북침을 구별하지 못하는 착오 등을 주장했으나, 법원은 북침설의 주장이 서술적 표현이라는 점, J의 문제 제기와 토론회 사회자의 사실 확인 과정을 거친 후에도 마무리 부분에서 다시 북침설에 대한 주장을 유지한 점 등을 근거로 L의 주장을 배척했다.

재산신고 누락(대법원2009. 7. 9. 선고 2009도1374)

국회의원 후보자 J는 재산등록 때 125억 원 상당을 빠뜨린 채 신고한 것으로 기소되어 벌금 1,000만 원을 선고받아 의원직을 상실했다. 증권거래법 위반으로도 함께 기소되었는데, 공선법 위반에 대한 분리선고 규정에 따라 분리되어 형이 정해졌으며, 증권거래법 위반 부분은 파기 환송 후 징역 2년 6월, 벌금 130억 원, 추징금 86억 8,000만 원 선고 후 확정되었고, 공선법 위반 부분만 먼저 확정되었다.

차명계좌 미신고(대법원 2009. 10. 29. 선고 2009도5945)

(1) 판결에서 인정된 사실관계

서울시 교육감 후보 K는 공직 후보자로서 배우자 소유의 차명 재산을 누락하여 허위 신고하여 공개했다.

(2) 선고 형량 및 양형 사유

법원은 차명으로 관리되던 4억 3,000만 원은 후보자 자산의 20%에 달하는 금액으로 그 차명 재산이 공개되었을 경우에는 선거의 쟁점이 됐을 가능성이 있다고 판단하여 양형에 반영하여 벌금 150만 원을 선고했으며, K는 교육감에서 물러났다.

(3) 재판상 쟁점

법원은 예금계좌의 명의자는 단순히 그 명의만을 빌려주었을 뿐이고 예금의 출연자가 계좌를 개설한 다음 통장과 인장을 스스로 관리하면서 전적으로 자신의 계산으로 예금을 입·출금하고 계좌를 해지·신설하는 등으로 예금계좌를 사실상 지배·관리하는 차명계좌의 경우, 그 차명계좌상 예금은 출연자가 공직자윤리법 제4조 제1항, 제10조의2 제1항에 의해 등록 또는 신고해야 할 사실상 소유하고 있는 재산에 해당한다고 보아야 함을 설명하면서 차명계좌를 신고하지 않은 행위를 허위의 사실을 공표하여 선거인의 올바른 판단에 영향을 미치는 행위로 판단했다.

선거 공보에 허위 내용 기재(대법원 2017. 8. 29. 선고 2017도7682)

(1) 판결에서 인정된 사실관계

국회의원 후보자 K의 선거 공보에 "B도로가 국도지선으로 승격되었다"는 허위 내용이 기재돼 있었는데, 실제로는 B도로를 국도지선으로 지정하는 내용의 일반국도 노선 지정령 일부 개정령안이 입법 예고되었으나, 이후 도로법이 개정되면서 국도지선의 지정을 국토해양부장관이 지정하여 관보에 고시하는 방법으로 변경되어 지정 절차가 이루어지지 않은 상황이었다.

(2) 선고 형량 및 양형 사유

법원은 K에 대해서는 무죄 선고하고, 보좌관 A에 대해서는 유죄를 인정하면서 전과가 전혀 없고, K가 2위 후보자와 1만 2,000표 이상의 상당한 차이로 이겼으며, 허위 사실의 공표 정도가 약하여 해당 문구로 인해 선거인에게 후보자에 대한 정확한 판단을 그르치게 한 정도로 중하지 않다는 등의 이유로 벌금 80만 원을 선고했다.

(3) 재판상 쟁점

검찰은 K가 국회의원 후보자로서 선거 공보의 내용을 당연히 확인해야 할 의무가 있으며, 이를 확인하고 검토할 충분한 시간이 있었다는 점을 들어 A와 공모하여 선거 공보에 허위의 사실을 기재한 것이라고 주장했으나, 법원은 A와의 공모 관계를 입증할 만한 직접적인 증거가 없다는 이유로 K에 대해 무죄를 선고했다(도로 건설 추진이 주된 선거 공약이고, 국도지선인지 여부는 크게 비중 있는 것으로 기재되지 않은 사정 및 후보자가 정당 공천에서 탈락 후 뒤늦게 선거운동을 시작하여 선거 공약의 세부 내용까지 일일이 확인할 여유가 없었던 사정 등을 고려함).

A는 해당 문구가 허위가 아니며, 허위라 하더라도 허위라는 점에 대한 인식이 없었다고 주장했으나, 법원은 A가 K를 도와 국도지선 지정을 적극적으로 노력했던 점에 비추어 허위라는 사실을 충분히 인식할 수 있었던 것으로 인정했다.

피선거권의 회복을 사면법상의 복권으로 발표

(대법원 2017. 12. 22. 선고 2017도6433)

(1) 판결에서 인정된 사실관계

국회의원 후보자 K는 뇌물수수죄로 징역 1년, 집행유예 2년을 선고받은 후 복권을 받은 사실이 없고, 집행유예 기간의 도과로 형이 실효된 것에 불과했음에도, 위와 같은 형사처벌 전력으로 인하여 공천 신청 자격이 없다는 언론 기사를 반박할 목적으로, 그와 같은 언론 보도는 허위이고, 이미 복권이 되었기 때문에 공천 규정상 공천 신청 자격에 아무런 문제가 없으며, 이는 다른 후보자들의 흑색선전에 불과하다는 성명서를 발표했다.

(2) 선고 형량 및 양형 사유

K는 2001년에도 공선법 위반죄 등으로 벌금 80만 원을 선고받은 전력이 있었으나, 범행이 선거 예정일로부터 약 1년 전에 이루어진 것으로 선거 결과에 미친 영향이 비교적 크지 않았을 것으로 보이는 점, 범행 이후 공천관리위원회가 공천 부적격 기준 시행 규칙을 마련함으로써 K의 공천 신청 자격 문제가 정당 내부에서 정치적으로 해결되어 K가 결국 정당의 공천을 받게 된 점 등을 유리한 정상으로 판단하여 벌금 80만 원을 선고했다.

[유형의 결정] 허위 사실 공표, 후보자 비방 → 제2유형(당선 목적 허위 사실 공표)

[특별양형인자]

  - 감경 요소: 허위 사실 공표나 후보자 비방의 정도가 약한 경우

  - 가중 요소: 동종 전과(벌금형 포함)

[권고형의 범위] 감경 영역(벌금 70만~300만 원)

(3) 재판상 쟁점

법원은 K가 성명서에서 공표한 내용은 단순히 의견을 표명한 것으로 볼 수 없고 전체적으로 보아 K가 사면법상의 복권 또는 공천 규정 §3 ② 단서의 복권을 받았다는 과거의 증명 가능한 사실관계를 구체적으로 적시한 것으로 인정되고, 공천 규정 §3 ② 단서의 복권은 사면법상 복권을 의미하는 것으로 해석되므로 결국 K가 공표한 내용은 객관적 사실과 합치하지 않아 선거인으로 하여금 후보자에 대한 정확한 판단을 그르치게 할 수 있을 정도의 구체성을 가진 허위 사실에 해당하고, K가 미필적으로나마 자신이 공표한 내용이 허위라는 점을 인식했음을 충분히 인정할 수 있다고 판단했다. 특히 법원은 K가 위와 같은 전과가 문제되어 정당의 공천을 받지 못했고, 결국 무소속으로 출마하여 당선된 바 있으며, 이후 "확정판결 이후 공직선거에 출마하여 당선된 사람은 공천 부적격자에서 제외한다"는 새로운 공천 규정에 따라 공천을 받은 것이라는 점을 근거로 성명서의 해당 내용이 허위라는 점 및 K가 허위성을 인식하고 객관적인 사실에 반하는 공표를 했음을 인정했다.

검찰은 K가 지속적으로 조선업종의 특별고용 지원업종 지정에 대한 협의를 하지 않았음에도 협의를 한 것처럼 공표했다거나, 고용노동부에서 내부의 자체 계획과 일정에 따라 조선업에 대한 특별고용 지원업종 지정에 관한 검토 작업을 진행한 것을 K의 노력의 결실로 검토 작업이 진행되는 것처럼 허위 사실을 공표했다는 혐의에 대해서도 기소했으나, 법원은 K의 의정 활동에 비추어 일부 표현의 세세한 부분에서 다소 과장된 것으로 보일 뿐, 전체적으로 중요한 부분은 대체로 객관적 사실에 부합한다고 인정하여 무죄를 선고했다.

특별관리지역 지정을 그린벨트 해제로 홍보
(서울고등법원 2017. 2. 15. 선고 2016노3872)

(1) 판결에서 인정된 사실관계

국회의원 후보자 H는 과림동 일대가 단지 특별관리지역으로 지정되었을 뿐임에도 '과림동 일대 그린벨트 해제'라는 허위 사실을 담고 있는 의정보고서 7만 5,000부를 유권자에게 배포했다.

(2) 선고 형량 및 양형 사유

법원은 H가 주민 이익을 반영하기 위해 특별관리지역 지정을 위해 노력한 점, 이 사건 문구로 인해 선거인들로 하여금 후보자에 대한 정확한 판단을 그르치게 한 정도가 중하지 않은 것으로 판단되는 점, 여러 차례 선거를 치르고 선출직 공무원으로 재직하면서 공선법 위반으로는 처벌받은 전력이 없는 점 등을 감안하여 벌금 90만 원을 선고했다.

(3) 재판상 쟁점

H는 특별관리지역 지정을 쉽게 설명하기 위해 '그린벨트 해제'라는 문구를 사용한 것이므로 허위가 아니며, 설령 허위라 하더라도 허위 사실 공표의 인식이나 고의가 없었으며, 당선되게 할 목적도 없었다고 변명했다. 그러나 법원은 특별관리지역은 10년 동안 난개발을 막고 체계적인 개발을 위해 지정되는 것으로 그린벨트 해제와 동일하지 않으므로 해당 문구가 허위일 뿐만 아니라 H가 이 사건 문구가 허위라는 사실을 인식했음

이 인정되고, 당선을 목적으로 허위 사실을 공표했다는 점 등이 합리적 의심을 할 여지가 없이 인정된다고 판단했다.

당내 경선 과정에서 지지자들에게 지지 정당을 거짓 응답하도록 유도(2017. 6. 19. 선고 2017도4354)

(1) 판결에서 인정된 사실관계

제주 지역에 출마한 ○○는 당내 경선을 앞두고 자신의 SNS에서 동영상 생중계를 통해 "다른 정당을 지지하는 분들도 ○○를 선택할 수 있다. 그때는 '지지하는 정당이 없다'고 말씀해주셔야 ○○에게 유효표를 던질 수 있다"는 취지의 발언을 했다.

공선법 §108 ⑪ 누구든지 다음 각호의 어느 하나에 해당하는 행위를 하여서는 아니 된다.

- 제57조의2 제1항에 따른 당내 경선을 위한 여론조사의 결과에 영향을 미치게 하기 위하여 다수의 선거구민을 대상으로 성별·연령 등을 거짓으로 응답하도록 지시·권유·유도하는 행위

(2) 선고 형량 및 양형 사유

법원은 해당 정당이 당내 경선의 효력을 문제 삼지 않고 ○○를 후보자로 결정한 부분과 당내 경선의 상대 후보자가 경선 결과를 수용한 점을 양형이유로 설명하면서 벌금 80만 원을 선고했다.

공약 이행률을 공표하지 않는 기관의 자료를 편집하여
그 기관의 발표인 것처럼 문자메시지를 보내면?
(대법원 2018. 1. 25. 선고 2017도16591)

(1) 행위 및 재판 경과

매니페스토 실천본부가 19대 의원들의 개인별 공약 이행률을 공표하지 않는데도 국회의원 K는 메니페스토 실천본부가 공약 이행률을 공표한 것처럼 '한국매니페스토 실천본부 공약 이행 평가 71.4%로 강원도 3위'라는 내용의 문자 메시지를 선거구민에 발송했다는 이유로 기소되어 국민참여 재판으로 진행된 1심에서 벌금 200만 원을 선고받았으나(메니페스토 실천본부는 당초 개인별로 공약 이행률을 발표할 목적이 없었고, 의원실로부터 받은 평가 자료를 그대로 게시했을 뿐이고, K의 보좌관이 직접 71.4% 수치를 자체적으로 도출하여 메니페스토 실천본부에 문의한 사실이 없이 문자메시지로 발송하여 미필적 고의가 인정된다는 취지), 항소심에서 무죄판결을 받은 후 대법원에서 확정되어 의원직을 유지했다.

(2) 재판상 쟁점: 중요한 부분이 객관적 사실과 합치한다고 판단

검찰은 K에게 허위성에 대한 인식이 있다고 보기 어렵다는 이유로 불기소했으나, 재정 신청을 통해 기소된 사안으로 항소심은 매니페스토 실천본부가 K의 공약 이행률을 3위로 평가하고 공표했다는 문자는 일부 세세한 부분이 진실과 약간 다르거나 다소 과장됐다고 볼 수는 있어도 중요한 부분이 객관적 사실과 합치해 허위 사실로 볼 수 없다고 판단했다(매니페스토 실천본부는 K의 전체 공약 70여 개 중 48개의 이행이 완료되었다고 인터넷 홈페이지에 게시했는데, 이를 다른 강원도 국회의원과 비교했을 때 이행률이 3위라는 점이 객관적으로 확인된다는 취지).

여론조사 결과 왜곡 전달 등으로 기소되었으나 무죄가 선고된 사례(대법원 2017. 11. 23. 선고 2017도13212)

(1) 기소 내용

국회의원 후보자 P는 당내 경선에서 여론조사에서 실제 1위는 경쟁 상대인 L이었고, 자신은 2위였음에도 불구하고 자신이 1위를 했다는 거 짓 결과를 선거구 내 당원들에게 전화로 알렸고, 자신이 구청장 시절에 '우면동에 삼성 R&D 연구소를 유치했다'는 허위 사실이 포함된 홍보물 을 유권자에게 발송했다.

(2) 재판상 쟁점

여론조사 관련 발언이 경쟁 후보자 K의 적극 지지자와 전화 통화 도중 중도 포기에 대한 질문을 받고 대답하는 과정에서 흥분된 상태로 한 것 에 불과하여 제3자에게 전파될 가능성이 있었다거나 P가 여론조사 결과 를 왜곡하여 '공표'한다는 인식을 가지고 있었다고 단정하기 어렵다는 이 유로 여론조사 결과 왜곡 공표에 해당하지 않는다고 판단했다(고발 등의 목적으로 문제 발언을 유도했을 가능성도 높다고 판단).

검찰은 '우면동에 삼성 R&D 연구소를 유치했다'는 문구는 선거인의 입장에서 P가 구청장으로 재직하는 동안 연구소 건립을 확정시켰다는 내 용으로 인식될 수밖에 없는데, P가 구청장 재직 시기에는 용적률 및 층고 제한 문제로 인해 연구소 유치가 이루어지지 않았으므로 홍보 문구가 허 위 사실에 해당한다고 주장했으나, 법원은 P가 연구소 유치를 위해 노력한 일련의 활동 등 제반 사정에 비춰보면 허위 사실을 공표했다고 보기 어렵다고 판단했다.

사조직, 유사 기관

선거를 앞두고 마을 주민 공동체 사무소 운영
(대법원 2017. 12. 22. 선고 2017도12584)

(1) 판결에서 인정된 사실관계

국회의원 후보자 Y는 선거를 앞두고 마을 주민 공동체 사무소를 만들어 유사 선거 사무소로 사용하여 유사 선거 사무소 운영했고, 선거운동 기간이 아닌 기간에 선거구 일대에서 1인 시위나 출근 투쟁, 길거리 캠페인을 빙자하여 사전선거운동을 했다.

(2) 선고 형량 및 양형 사유

1심에서는 선거운동 기간이 아닌 기간에 선거구 일대에서 1인 시위나 출근 투쟁, 길거리 캠페인을 빙자한 사전선거운동 부분만 유죄로 인정되어 벌금 90만 원을 선고했으나, 항소심에서는 유사 선거 사무소 운영 부분까지 유죄로 인정되어 벌금 300만 원을 선고받았고, 대법원에서 상고가 기각되어 당선 무효되었다.

(3) 재판상 쟁점

1심에서는 Y가 단순히 사무실을 수차례 방문했다는 사실만으로 그 사무실을 선거 사무실로 사용했다고 볼 수 없다고 판단했으나, 항소심에서는 Y 등은 마을 주민 공동체 ○○사무실의 관리 주체로 볼 수 있고, 선거운동 기간에 ○○사무실을 여러 차례 출입했고 자신의 선거운동을 위해 ○○사무실을 직접 이용하기도 했다고 보아 유사 선거 사무소 운영 부분에 대해서도 유죄로 인정하면서 당선 무효에 해당하는 벌금 300만 원을 선고했다.

지역도시발전연구소 운영, 활동비 등을 지급

(대법원 2005. 1. 27. 선고 2004도7511)

(1) 판결에서 인정된 사실관계

국회의원 선거 후보자 ○○는 사실상 선거 사무소를 차리고 조직적으로 사전선거운동을 하기 위해 금강지역도시발전연구소를 설치하여 운영하고, 연구소 근무 인력 등에게 활동비도 제공했으며, 선거구민을 상대로 윷놀이 대회를 개최하여 상품 및 음식을 제공했다.

(2) 선고 형량 및 양형 사유

○○는 유사 기관 설치, 사전선거운동, 선거운동 관련 금품 제공 내지 제공의 의사 표시 등으로 구속기소되어 1심에서 징역 1년, 집행유예를 선고받았으나, 항소심에서는 벌금 1,500만 원을 선고받았으며, 대법원에서 상고가 기각되어 당선 무효가 확정되었다.

(3) 재판상 쟁점

당선자 ○○는 위와 같은 활동이 순수한 선거 준비 행위에 해당한다고 주장했으나, 법원은 지역발전연구소를 설치하고, 연구소의 자금 관리 및 총책, 기획실장, 특정 고등학교 동문 담당, 특정 조직 담당, 홍보 담당 등의 역할을 분담하고, 선거구민들을 직접 접촉하거나 전화를 걸어 지지를 부탁하거나, 마을 회의 및 계모임이 개최되는 사실을 알아내어 참석하여 지지를 호소한 점, 선거구민들의 휴대전화에 새해 인사를 문자로 전송하고, 윷놀이 대회를 개최하여 지지를 호소한 것은 순수한 선거 준비 행위의 범위를 넘어 연구소를 선거 사무실로 사용한 것으로 판단했다.

팬클럽을 조직하여 사전선거운동

(대법원 2013. 2. 28. 선고 2012도15689)

(1) 판결에서 인정된 사실관계

군수 후보자 C는 선거캠프의 정책실장 역할을 담당하는 A에게 선거운동원 모집책 명단을 교부했고, A는 이를 토대로 C사모(C를 사랑하는 사람들의 모임)라는 명칭으로 약 50명의 선거운동원을 모집한 다음 모집된 사람들을 대상으로 C의 경력과 장점을 홍보하는 내용의 유인물을 돌려보게 했고, 7개 팀으로 선거운동원을 분류한 다음 그 무렵부터 선거운동 기간 개시일 전날까지 매일 오전에는 율동 연습을 하게 하고, 오후에는 팀별로 선거구 내 음식점, 장터, 찜질방 등지를 돌아다니며 불특정 다수의 선거인을 상대로 C에 대한 홍보, 상대 후보자의 단점 부각 및 비위 수집 등의 활동을 하게 했다.

(2) 선고 형량 및 양형 사유

법원은 C사모 결성을 유사 기관을 이용한 선거운동 및 사전선거운동에 해당하는 것으로 판단하고, 자원봉사자들에게 일당을 준 행위도 매수죄로 인정하여 C에 대해 징역 2년을 선고했다.

(3) 재판상 쟁점

C는 C사모에 대해 선거 사무소에 설치되어 내부적 선거 준비 행위를 하는 기구인 공선법 §89 ① 단서의 선거대책기구에 해당한다고 주장했으나, 법원은 후보자가 되고자 하는 자가 내부적 선거 준비 행위의 차원을 넘어 선거인에게 영향을 미칠 목적으로 단체 등을 설립했다면 이는 공선법에서 정한 유사 기관에 해당하는 것일 뿐, 선거 사무소에 설치되어 내부적 선거 준비 행위를 하는 기구인 공선법 §89 ① 단서의 선거대책기구에는 해당하지 않는 것으로 판단했다.

선거비용, 정치자금

공천 헌금으로 실형 선고

(대법원 2018. 2. 8. 선고 2017도17838)

국회의원 후보자 P는 총선을 앞두고 창당준비위원회 창당 경비, 후보자 추천 등의 명목으로 K로부터 3억 1,700만 원을 받은 행위에 대해 공선법상 후보자 추천 관련 금품수수죄로 기소되어 유죄판결을 받았고, 이외에도 선거당일 선거운동을 한 행위와 선관위에 신고된 예금계좌를 통하지 않고 선거비용을 지출한 행위에 대해서도 유죄를 인정받아 징역 2년 6월, 추징금 3억 1,700만 원을 선고받았으며, 회계 책임자를 거치지 않고 선거비용 2,000만 원을 무단 사용한 행위로 기소된 P의 선거 상황실장과 선거운동원도 벌금 각 300만 원과 200만 원을 선고받았으며, 대법원에서 모두 동일하게 확정되었다.

신고하지 않은 계좌로 선거비용 지출
(대법원 2014. 6. 12. 선고 2013도10776)

국회의원 후보자 B는 회계 책임자 K에게 법정 선거비용 외 선거운동 대가로 3,500만 원을 주고 선관위에 신고하지 않은 계좌로 선거비용을 지출하여 1심과 항소심에서 징역 6월, 집행유예 2년을 선고받았고, 대법원에서 그대로 확정되어 당선 무효되었다(B의 처가 K에게 돈을 주겠다는 말을 듣고 승낙한 것에 대해 B의 책임 인정). 함께 기소된 회계 책임자도 선관위에 등록하지 않은 선거운동원에게 대가를 지급하거나 선거비용 신고를 누락했다는 이유로 징역 8월에 집행유예 2년을 선고받았고, 그 판결이 확정되었다.

정책 세미나 비용을 기부 받은 후보자
(대법원 2018. 6. 19. 선고 2017도10724)

(1) 판결에서 인정된 사실관계
국회의원 선거에 출마할 계획을 가지고 있던 S는 총선을 앞두고 '미래를 위한 ○○포럼'을 만들어 정책 세미나 비용으로 사용하기 위해 회원들로부터 정치자금 700만 원을 기부 받았다.

(2) 선고 형량 및 양형 사유
법원은 공선법 위반(사전선거운동)은 무죄로 판단하면서, 정치자금법 위반에 대하여 벌금 90만 원을 선고했다.

S는 해당 행위가 있었던 총선에서 낙선했으나, 당선자였던 P의 공선법 위반 유죄판결(징역 2년 6월, 추징금 3억 1,700만 원) 확정으로 치러진 재보궐 선거에 출마하여 당선(재판을 받은 대상은 총선을 앞두고 이루어진 행위)되었다.

(3) 재판상 쟁점

총선을 앞두고 '미래를 위한 ○○포럼'을 만들어 정책 세미나를 한 부분에 대해 통상적인 정치인 활동으로 평가하여 무죄를 선고했다(사전선거 운동과 관련해서는 미래를 위한 ○○포럼이라는 단체가 선거일로부터 6개월 이전에 활동을 종료했고, 활동 내역이 S가 향후 어떤 선거에 나설지도 모른다는 예측을 주는 정도에 불과하고 선거인의 관점에서 제20대 국회의원 선거에서 S의 당선을 도모하려는 목적 의사를 가지고 한 행동임을 쉽게 추단할 수 있을 정도에 이르렀다고 인정하기에 부족하며, 위 포럼을 통해 활동하면서 S의 인지도와 긍정적 이미지를 높이는 결과를 가져왔다고 하더라도 이를 유사 기관에 의한 사전선거운동에 해당한다고 볼 수 없고, 선거 운동을 목적으로 위 포럼을 설립했다고도 볼 수 없음을 이유로 무죄를 선고).

포럼이 개최한 정책 세미나 비용으로 사용하기 위해 회원들로부터 정치자금 700만 원을 기부 받은 행위에 대하여는 미래 포럼이 개최한 정책 세미나는 인지도를 높일 목적으로 한 정치 활동이고, 포럼 회원이 개최 비용을 낸 것은 불법 정치자금을 기부한 것으로 판단하여 유죄를 선고했다(1심에서는 정치자금법 위반에 대해 무죄로 판단했으나, 항소심에서는 포럼의 주요 활동이 산악회와 정책 세미나의 개최인데, 산악회 행사 때마다 S가 여러 사람들과 인사를 나누었고, 정책 세미나에서도 격려사를 했던 사람이 S가 유일하며 S의 군수 시절 실패한 사업에 대한 해명 기회를 부여하는 등 S의 인지도를 높이고, 이미지를 향상시키려한 정치 활동으로 인정되어 유죄를 선고).

기타

가족들을 선거구로 허위 전입신고

(대법원 2017. 12. 22. 선고 2017도8118)

(1) 판결에서 인정된 행위

후보자 K는 선거를 두 달 앞둔 시기에 출마 예정인 지역구 주소지로 자신과 가족의 주민등록 전입신고했다.

(2) 선고 형량 및 양형 사유

법원은 K 자신의 전입신고에 대해서는 실제 선거구 내 전입신고한 주소지에 거주했다고 보아 무죄를 선고하면서, 가족에 대해서는 전입신고된 주소지에 실제 거주했다고 볼 수 없다는 이유로 벌금 90만 원을 선고했고, 그 판결이 확정되어 의원직을 유지했다.

(3) 재판상 쟁점

공선법 §247 ①에서 정하는 '특정한 선거구에서 투표할 목적으로 주민등록에 관한 허위의 신고를 한 자'의 주체에 관해 '투표할' 목적으로 주민등록에 관한 허위의 신고를 한 행위자만이 그 주체가 될 수 있으며, 타인으로 하여금 '투표하게 할' 목적으로 그 타인의 주민등록에 관한 허위의 신고를 한 사람은 투표할 목적을 가진 그 타인과 공모하지 않는 이상 그 주체가 될 수 없다고 선언하면서, K에 대해서는 가족들의 주민등록 이전에 대한 공모 사실을 인정하여 가족들의 공범으로 유죄를 인정했고, 함께 기소된 사업성 채권액을 2년 전 29억 원에서 재산신고 당시 13억 원으로 평가하여 신고한 부분에 대해서는 사업성 악화, 부동산 경기 하락, 감정 평가 결과 등 제반 사정에 비추어 수긍할 만한 사정이 있다는 이유로 무죄를 선고했다.

2020. 4. 15.(수) 실시 제21대
국회의원선거 주요 사무 일정

시행 일정	요일	실시 사항	기준일	관계 법조항
2019년 10월 18일부터	금	선거에 영향을 미치는 시설물 설치, 인쇄물 배부 등 금지	선거일 전 180일부터 선거일까지	법§90, 93
2019년 12월 7일까지	토	선거비용 제한액 공고·통지 예비후보자 홍보물 발송 수량 공고	예비후보자 등록 신청 개시일 전 10일까지	규§51①, ②
2019년 12월 17일부터	화	예비후보자 등록 신청	선거일 전 120일부터	법§60의2 ①
2020년 1월 16일까지	목	각급 선관위 위원, 예비군 중대장급 이상 의 간부, 주민자치위원, 통·리·반의 장이 선거 사무 관계자 등이 되고자 하는 때 사직	선거일 전 90일까지	법§60②
		입후보 제한을 받는 자의 사직	선거일 전 90일 [비례대표 국회의원 선 거에 입후보하는 경 우 선거일 전 30일: 3.16(월)]까지	법§53①, ②
1월 16일부터 4월 15일까지	목 수	의정 활동 보고, 출판기념회, 광고 출연, 광고 금지·제한	선거일 전 90일 부터 선거일까지	법§93②, 103⑤, 111
2월 15일부터 4월 15일까지	토 수	지방자치단체장의 선거에 영향을 미치는 행위 금지	선거일 전 60일 부터 선거일까지	법§86②
3월 24일부터 3월 28일까지	화 토	선거인 명부 작성	선거일 전 22일 부터 5일 이내	법§37
		군인등 선거 공보 발송 신청		법§65⑤
3월 26일부터 3월 27일까지	목 금	후보자 등록 신청 (매일 오전 9시~오후 6시)	선거일 전 20일 부터 2일간	법§49
4월 1일부터 4월 6일까지	수 월	재외 투표 (매일 오전 8시~오후 5시까지)	선거일 전 14일 부터 9일까지 기간 중 6일 이내	법§218의 17①, ⑦

4일 1일까지	수	선거 벽보 제출	후보자 등록 마감일 후 5일까지	법§64②
4월 2일	목	선거 기간 개시일	후보자 등록 마감일 후 6일	법§33③
4월 3일까지	금	선거 공보 제출	후보자 등록 마감일 후 7일까지	법§65⑥
		선거 벽보 첩부	제출 마감일 후 2일까지	법§64②
4월 3일에	금	선거인명부 확정	선거일 전 12일에	법§44①
4월 10일부터 4월 11일까지	금 토	사전투표 (매일 오전 6시 ~ 오후 6시)	선거일 전 5일부터 2일간	법§158
4. 15.	수	투표(오전 6시~오후 6시)	선거일	법 제10장
		개표 (투표 종료 후 즉시)		법 제11장
4월 27일까지	월	선거비용 보전 청구	선거일 후 10일까지 (기간의 말일이 토요일 또는 공휴일인 때에는 그 익일)	법§122의2 ①, 민법 §161
6월 14일 이내	일	선거비용 보전	선거일 후 60일 이내	법§122의2

2020. 4. 15.(수) 실시 제21대
국회의원선거 주요 선거회계 사무 일정

시행 일정	추진 사항	기준일	관계 법조
2019. 12. 7.(토)	•선거비용 제한액 결정·공고	예비후보자 등록 신청 개시일 전 10일까지	공선법 §122, 공직선거관리규칙 §51
후보자 등록 시부터 (선거 연락소 설치 시부터)	•회계 책임자 선임(변경)신고 및 예금계좌 신고(변경 신고)	(예비)후보자 등록 신청 시 [선거 연락소 설치 신고 시]	정치자금법 §34
	•정치자금(선거비용 포함)의 수입·지출 및 회계장부 기재 등 - 예금계좌를 통한 수입·지출 - 회계장부 비치·기재 - 영수증 등 증빙서류 구비	정치자금 회계 마감까지	정치자금 회계 마감일까지
2020. 4. 24.(금)까지	•선거운동용 전화요금 정산 청구 (정당→통신회사)		공직선거관리규칙 §51의3
4. 27.(월)까지	•선거비용 보전 청구 및 부담비용 청구	선거일 후 10일까지	공직선거관리규칙 §51의3
5. 5.(화)까지	•정치자금 회계 마감	선거일 후 20일까지	정치자금법 §40
5. 15.(금)까지	•정치자금 수입과 지출 보고서 등 제출	선거일 후 30일까지	정치자금법 §40
	•선거비용 보전 청구 및 부담비용 추가 청구 •선거운동용 전화요금 정산 청구서 제출 (후보자→관할 선관위)	선거일 후 30일까지	공직선거관리규칙 §51의3
5. 22.(금)까지	•정치자금 수입·지출 보고서 사본 공고 (모든 선거 일괄 공고)	회계 보고 마감일부터 7일 이내	정치자금법 §42
5. 22.(금) ~ 8. 24.(월)	•정치자금 수입·지출 보고서에 대한 열람·사본 교부 및 이의신청 ※ 선거비용 외 정치자금 회계 보고 사본은 공고 후 시기에 관계없이 교부 가능	공고일부터 3월간	정치자금법 §42

6. 14.(일)	• 선거비용 보전(점자형 선거 공보, 전화 요금 등 포함)	선거일 후 60일 이내	공직선거관리 규칙 §51의3
7. 2.(목)까지	• 후보자의 반환·보전비용의 인계	보전받은 날부터 20일 이내	정치자금법 §58
7. 13.(월)까지	• 후보자의 반환·보전비용의 인계·인수서 제출	보전받은 날부터 30일까지	정치자금법 §40
2023. 5. 15.(월)까지	• 회계장부 기타 서류의 보존	회계 보고를 마친 날부터 3년간	정치자금법 §44

대검찰청, 《공직선거법 벌칙해설(제9개정판)》, 대검찰청, 2018

중앙선거관리위원회, 《선거 관련 법규집》, 중앙선거관리위원회, 2017

중앙선거관리위원회, 《정당법·정치자금법 축조해설》, 중앙선거관리위원회, 2016

중앙선거관리위원회, 《공직선거법규운용자료 I, II》, 중앙선거관리위원회, 2017

중앙선거관리위원회, 《정당·정치자금법규운용자료》, 중앙선거관리위원회, 2017

중앙선거관리위원회, 〈정치관계법 사례예시집〉, 중앙선거관리위원회, 2018

중앙선거관리위원회, 〈정당·후보자를 위한 선거 사무안내〉, 중앙선거관리위원회, 2018

중앙선거관리위원회, 〈정당·예비후보자를 위한 선거 사무안내〉, 중앙선거관리위원회, 2018

중앙선거관리위원회, 〈예비후보자 및 후보자의 정치자금 회계실무〉, 중앙선거관리위원회, 2018

중앙선거관리위원회, 〈후보자후원회의 정치자금 회계실무〉, 중앙선거관리위원회, 2018

중앙선거관리위원회, 〈선거비용 보전 안내서〉, 중앙선거관리위원회, 2018

중앙선거여론조사심의위원회, 〈선거여론조사 사례집〉, 중앙선거여론조사심의위원회, 2018

중앙선거여론조사심의위원회, 〈선거여론조사 가이드북〉, 중앙선거여론조사심의위원회, 2018

유승찬, 《메시지가 미디어다》, 나무바다, 2018

조희정, 《민주주의의 전환》, 한국학술정보㈜, 2017

박이석, 《형법론과 공직선거법》, 상원사, 2016

서인석/조성재, 《안전한 당선을 보장하는 선거법 해설》, 타커스, 2014

조기연, 《이기는 법 지는 법》, 푸른정원, 2014

이용섭/김영철/조훈/윤진희, 《선거용어사전》, 중앙선거관리위원회 선거연수원, 2014

박이석·조훈·이영춘, 《공직선거법》, 예문사, 2013

박이석·조훈·이영춘, 《정치관계법》, 새롬, 2007

〈대법원 판례〉, 대법원, http://www.scourt.go.kr

〈헌법재판소 판례〉, 헌법재판소, http://www.ccourt.go.kr
〈공직선거법 법규〉, 중앙선거관리위원회, http://www.nec.go.kr
〈정치자금법 법규〉, 중앙선거관리위원회, http://www.nec.go.kr
〈정당법 법규〉, 중앙선거관리위원회, http://www.nec.go.kr
〈공직선거법 질의회답〉, 중앙선거관리위원회, http://www.nec.go.kr
〈정치자금법 질의회답〉, 중앙선거관리위원회, http://www.nec.go.kr
〈정당법 질의회답〉, 중앙선거관리위원회, http://www.nec.go.kr
〈각종 법령 정보〉, 법제처, http://www.law.go.kr

대법원 2018. 7. 20. 선고 2018도6604 판결

대법원 2018. 6. 19. 선고 2017도10724 판결(광주고등법원 2017. 6. 22. 선고 2017노125 판결)

대법원 2018. 6. 15. 선고 2017도9794 판결(부산고등법원 2017. 6. 14. 선고 2017노85 판결)

대법원 2018. 2. 28. 선고 2017도13103 판결

대법원 2018. 2. 13. 선고 2017도15742 판결(대전고등법원 2017. 9. 18. 선고 2017노95 판결, 대전지방법원 천안지원 2017. 2. 15. 선고 2016고합171 판결)

대법원 2018. 2. 8. 선고 2017도17838 판결(서울고등법원 2017. 10. 27. 선고 2017노142 판결)

대법원 2018. 1. 25. 선고 2017도16591 판결(서울고등법원 2017. 9. 27. 선고 2017노1527 판결)

대법원 2017. 12. 22. 선고 2017도6433 판결(부산고등법원(창원) 2017. 4. 26. 선고 2017노51 판결}

대법원 2017. 12. 22. 선고 2017도8118 판결(서울고등법원 2017. 5. 25. 선고 2016노4067 판결)

대법원 2017. 12. 22. 선고 2017도12584 판결(부산고등법원 2017. 7. 26. 선고 2017노186 판결, 울산지방법원 2017. 3. 24. 선고 2016고합321 판결)

대법원 2017. 12. 22. 선고 2017도13104 판결(서울고등법원 2017. 8. 9. 선고 2017노850 판결)

대법원 2017. 12. 22. 선고 2017도13216 판결(서울고등법원 2017 8. 11. 선고2017노933 판결)

대법원 2017. 12. 22. 선고 2017도14874 판결

대법원 2017. 12. 22. 선고 2017도15613 판결{광주고등법원(전주) 2017. 9. 15. 선고 2017노89판결}

대법원 2017. 11. 23. 선고 2017도13212 판결(서울고등법원 2017. 8. 9. 선고 2016노3828 판결)

대법원 2017. 11. 22. 선고 2017도15540 판결(서울고등법원 2017. 9. 15. 선고 2017노629 판결)

대법원 2017. 11. 14. 선고 2017도3449 판결

대법원 2017. 11. 9. 선고 2017도12126 판결(서울고등법원 2017. 7. 21. 선고 2016노4127 판결, 수원지방법원 2016. 12. 15. 선고 2016고합501 판결)

대법원 2017. 10. 31. 선고 2016도20658 판결

대법원 2017. 9. 26. 선고 2017도10333 판결
대법원 2017. 9. 12. 선고 2017도6155 판결
대법원 2017. 9. 12. 선고 2017도9996 판결
대법원 2017. 9. 12 선고 2017도10920 판결
대법원 2017. 9. 7. 선고 2017도10062 판결
대법원 2017. 8. 30. 선고 2017도13458 판결(서울고등법원 2017. 8. 23. 선고 2017노690 판결)
대법원 2017. 8. 29. 선고 2017도7682 판결(부산고등법원 2017. 5. 17. 선고 2017노14 판결)
대법원 2017. 7. 18. 선고 2017도6553 판결
대법원 2017. 7. 11. 선고 2017도5534 판결(서울동부지방법원 2016. 12. 16. 선고 2016고합285판결)
대법원 2017. 6. 19. 선고 2017도4354 판결(광주고등법원(제주) 2017. 3. 15. 선고 2016노103 판결)
대법원 2017. 5. 11. 선고 2017도4053 판결
대법원 2017. 4. 26 선고 2017도 1799 판결
대법원 2017. 4. 13. 선고 2017도2193 판결
대법원 2017. 2. 9. 선고 2017도7514 판결
대법원 2017. 1. 12. 선고 2016도17595 판결
대법원 2016. 12. 27. 선고 2015도14375 판결
대법원 2016. 12. 15. 선고 2016도15744 판결
대법원 2016. 8. 26. 선고 2015도11812 판결
대법원 2016. 1. 14. 선고 2015도17504 판결
대법원 2015. 12. 10. 선고 2015도7342 판결
대법원 2015. 11. 27. 선고 2015도7254 판결(창원지방법원 2015. 1. 15. 선고 2014고합278 판결)
대법원 2015. 10. 15. 선고 2015도1098 판결
대법원 2015. 10. 15. 선고 2015도8606 판결
대법원 2015. 9. 10. 선고 2015도7459 판결
대법원 2015. 9. 10. 선고 2014도17290 판결
대법원 2015. 8. 19. 선고 2015도5789 판결
대법원 2015. 8. 13. 선고 2015도8540 판결
대법원 2015. 7. 23 선고 2015도6244 판결
대법원 2015. 4. 23. 선고 2015도2979 판결
대법원 2015. 4. 23. 선고 2013도3790 판결
대법원 2015. 3. 31. 선고 2015도159 판결
대법원 2015. 3. 27. 선고 2015도2426 판결
대법원 2015. 3. 26 선고 2015도1125 판결
대법원 2015. 3. 26 선고 2014도17777 판결
대법원 2014. 6. 12. 선고 2013도10776 판결(광주고등법원 2013. 8. 22. 선고 2012노527 판결)
대법원 2013. 12. 26. 선고 2013도10896 판결
대법원 2013. 11. 14. 선고 2013도2190 판결
대법원 2013. 11. 14 선고 2013도6620 판결
대법원 2013. 9. 26. 선고 2013도7876 판결
대법원 2013. 7. 25. 선고 2013도1793 판결(대구고등법원 2013. 1. 30. 선고 2012노709 판결)
대법원 2013. 5. 9 선고 2012도12172 판결

대법원 2013. 2. 28. 선고 2012도15689 판결(부산고등법원 2012. 11. 30. 선고 2012노197,245 판결)

대법원 2012. 11. 29. 선고 2010도9007 판결

대법원 2011. 12. 22. 선고 2008도11847 판결

대법원 2011. 10. 27 선고 2011도9243 판결

대법원 2011. 7. 14 선고 2011도3862 판결

대법원 2011. 5. 26. 선고 2011도3897 판결

대법원 2011. 3. 24. 선고 2010도5940 판결

대법원 2011. 3. 10. 선고 2011도168 판결

대법원 2011. 3. 10. 선고 2010도16996 판결

대법원 2011. 2. 10. 선고 2010도16694 판결

대법원 2010. 12. 23. 선고 2010도9110 판결

대법원 2010. 10. 14. 선고 2010도1380 판결

대법원 2010. 12. 13. 선고 2010도16996 판결(서울고등법원 2010. 12. 1. 선고 2010노2811 판결)

대법원 2010. 8. 26. 선고 2010도5616 판결

대법원 2010. 7. 8. 선고 2009도14558 판결

대법원 2009. 10. 29. 선고 2009도4931 판결

대법원 2009. 10. 29. 선고 2009도5945 판결(서울고등법원 2009. 6. 10. 선고 2009노682 판결)

대법원 2009. 7. 9. 선고 2009도1374 판결

대법원 2009. 6. 23. 선고 2009도2903 판결

대법원 2009. 6. 11. 선고 2008도11042 판결

대법원 2009. 5. 28. 선고 2009도 1937 판결

대법원 2009. 5. 14. 선고 2009도1938 판결

대법원 2009. 4. 23. 선고 2009도834 판결

대법원 2009. 3. 12. 선고 2009도26 판결(부산고등법원 2008. 12. 30. 선고 2008노744 판결, 울산지방법원
2008. 10. 7. 선고 2008고합245 판결)

대법원 2009. 2. 26. 선고 2008도11589 판결

대법원 2009. 2. 12 선고 2008도11051 판결

대법원 2008. 12. 24. 선고 2008도9407 판결(광주고등법원 2008. 10. 7. 선고 2008노147 판결)

대법원 2008. 12. 24. 선고 2008도8819 판결(대구고등법원 2008. 9. 25. 선고 2008노303 판결)

대법원 2008. 12. 11. 선고, 2008도8952 판결

대법원 2008. 10. 23. 선고 2008도6776 판결

대법원 2008. 9. 11. 선고 2008도6255 판결

대법원 2008. 8. 11. 선고 2008도4492 판결

대법원 2008. 3. 13. 선고 2007도7902 판결

대법원 2007. 10. 25. 선고 2007도3601 판결

대법원 2007. 9. 6. 선고 2007도4823 판결

대법원 2007. 8. 24 선고 2007도4294 판결

대법원 2007. 7. 26. 선고 2007도2625 판결(광주고등법원 2007. 3. 29. 선고 2006노497 판결)

대법원 2007. 7. 26. 선고 2007도2636 판결

대법원 2007. 7. 12. 선고 2007도579 판결

대법원 2007. 6. 29. 선고 2007도3211 판결

대법원 2007. 6. 29. 선고 2006도8747 판결
대법원 2007. 4. 26. 선고 2007도218 판결
대법원 2007. 3. 30 선고 2006도3025 판결
대법원 2007. 3. 15. 선고 2006도8368 판결
대법원 2007. 3. 15. 선고 2006도9042 판결
대법원 2007. 2. 23. 선고 2006도8098 판결
대법원 2006. 9. 22 선고 2006도4954 판결
대법원 2006. 8. 25. 선고 2006도3026판결
대법원 2006. 6. 27. 선고 2005도303 판결
대법원 2006. 4. 27. 선고 2004도4987 판결
대법원 2005. 12. 22. 선고 2004도7116 판결
대법원 2005. 10. 14. 선고 2005도301 판결
대법원 2005. 9. 15. 선고 2005도2246 판결
대법원 2005. 9. 9. 선고 2005도2014 판결(서울고등법원 2005. 3. 22. 선고 2004노2924 판결)
대법원 2005. 6. 23. 선고 2004도8969 판결
대법원 2005. 5. 13. 선고 2004도395 판결
대법원 2005. 5. 13. 선고 2005도836 판결
대법원 2005. 5. 13 선고 2004도3385 판결
대법원 2005. 1. 28. 선고 2004도227 판결
대법원 2005. 1. 27 선고 2004도7511 판결(대전고등법원 2004. 10. 28. 선고 2004노348 판결)
대법원 2005. 1. 13. 선고 2004도7360 판결
대법원 2004. 8. 16. 선고 2004도3062 판결
대법원 2004. 4. 23. 선고 2004도1242 판결
대법원 2003. 11. 28. 선고 2003도5279 판결
대법원 2003. 4. 25. 선고 2003도782 판결
대법원 2003. 1. 10 선고 2002도5981 판결
대법원 2002. 7. 26 선고 2002도1792 판결
대법원 2002. 6. 25. 선고 2002도45 판결
대법원 2002. 6. 14. 선고 2000도4595 판결
대법원 2002. 5. 24. 선고 2002도39 판결
대법원 2002. 4. 9. 선고 2000도4469 판결
대법원 2002. 2. 26. 선고 2000수162 판결
대법원 2002. 2. 21. 선고 2001도2819 판결
대법원 2002. 1. 25. 선고 2000도1696 판결
대법원 2001. 6. 12. 선고 2001도1012 판결
대법원 2001. 1. 19 선고 2000도3877 판결
대법원 2000. 4. 25. 선고 99도4260 판결
대법원 2000. 4. 25. 선고 98도4490 판결
대법원 2000. 2. 25. 선고 99도4330 판결
대법원 1999. 11. 12. 선고 99도1659 판결
대법원 1999. 3. 12. 선고 98도4183 판결

대법원 1998. 6. 9. 선고 97도856 판결
대법원 1997. 12. 26 선고 97도2249 판결
대법원 1997. 4. 25. 선고 96도2910 판결
대법원 1997. 3. 11. 선고 96도3220 판결
대법원 1996. 12. 23. 선고 96도1558 판결
대법원 1996. 11. 29. 선고 96도500 판결
대법원 1996. 9. 10. 선고 96도976 판결
대법원 1996. 9. 10. 선고 96도1469 판결
대법원 1996. 6. 14. 선고 96도405 판결
대법원 1992. 6. 23. 선고 92도846 판결
대법원 1975. 7. 22. 선고 75도1659 판결
헌법재판소 2014. 7. 24. 선고 2013헌바169 결정
헌법재판소 2014. 5. 29. 선고 2012헌바383 결정
헌법재판소 2011. 12. 29. 선고 2007헌마1001, 2010헌바88, 2010헌마173·191(병합) 결정
헌법재판소 2010. 11. 25. 선고 2010헌바53 결정
헌법재판소 2009. 4. 30. 선고 2007헌바29·86(병합) 결정
헌법재판소 2005. 10. 27. 선고 2004헌바41 결정
헌법재판소 2001. 8. 30. 선고 99헌바92 결정
헌법재판소 1997. 11. 27. 선고 96헌마60 결정
헌법재판소 1996. 3. 28. 선고 96헌마9 결정
헌법재판소 1996. 3. 28. 선고 96헌마18·37·64·66(병합) 결정
헌법재판소 1995. 7. 21. 선고 92헌마177·199(병합) 결정
헌법재판소 1995. 5. 25. 선고 95헌마105 결정
수원고등법원 2019. 9. 6. 선고 2019노119 판결
부산고등법원 2018. 4. 18. 선고 2017노623 판결
서울고등법원 2018. 1. 11. 선고 2017노3337 판결
대전고등법원 2017. 7. 3. 선고 2017노71 판결
광주고등법원 2017. 6. 22. 선고 2017노1254 판결
부산고등법원 2017. 6. 14. 선고 2017노85 판결
서울고등법원 2017. 4. 12. 선고 2016노3672 판결
서울고등법원 2017. 3. 21. 선고 2017노28 판결
서울고등법원 2017. 2. 15. 선고 2016노3872 판결
대전고등법원 2016. 12. 12. 선고 2016노337 판결
대구고등법원 2016. 11. 17. 선고 2016노527 판결
광주고등법원 2015. 4. 9. 선고 2014노418, 2015노62(병합) 판결
광주고등법원 2015. 2. 5. 선고 2014노539 판결
서울고등법원 2015. 1. 30. 선고 2014노3328 판결
광주고등법원 2015. 1. 8. 선고 2014노504 판결
광주고등법원 2014. 12. 11. 선고 2014노419 판결
서울고등법원 2013. 12. 13 선고 2013노3423 판결
서울고등법원 2013. 6. 13. 선고 2013노304호 판결

서울고등법원 2013. 3. 8. 선고 2013노302 판결
서울고등법원 2013. 2. 21. 선고 2012노4005 판결
서울고등법원 2013. 2. 1. 선고 2012노4009 판결
대구고등법원 2011. 4. 7. 선고 2011노28 판결
서울고등법원 2011. 2. 25. 선고 2011노150 판결
서울고등법원 2011. 1. 28. 선고 2010노3508 판결
서울고등법원 2009. 2. 6. 선고 2008노3403 판결
서울고등법원 2009. 1. 15. 선고 2008노3096 판결
광주고등법원 2008. 12. 5. 선고 2008노127 판결
서울고등법원 2008. 10. 24. 선고 2008노1942 판결
대구고등법원 2007. 3. 15. 선고 2007노38 판결
대전고등법원 2006. 10. 13. 선고 2006노344 판결
서울고등법원 2006. 2. 16. 2005초기105 결정
대구고등법원 2005. 1. 27. 선고 2004노573 판결
부산고등법원 2004. 11. 17. 선고 2004노787 판결
서울고등법원 1999. 2. 9. 선고 98노3258 판결
서울고등법원 1998. 4. 3. 선고 97노2263 판결
대구고등법원 1997. 12. 23 선고 97노452 판결
서울고등법원 1993. 7. 14. 선고 92노1522 판결
대구고등법원 1992. 10. 14. 선고 92노533 판결
서울고등법원 1972. 6. 13. 선고 71노815 판결
수원지방법원 2017. 1. 12. 선고 2016고합527 판결
부산지방법원 2016. 12. 2. 선고 2016고합690 판결
광주지방법원 순천지원 2016. 12. 1. 선고 2016고합218 판결
의정부지방법원 2016. 11. 23. 선고 2016고합438 판결
광주지방법원 목포지원 2015. 3. 26 선고 2014고합169 판결
대전지방법원 공주지원 2015. 3. 4. 선고 2014고합45, 2015고합1(병합) 판결
대전지방법원 논산지원 2015. 2. 9 선고 2014고합61 판결
창원지방법원 진주지원 2014. 12. 4. 선고 2014고합115 판결
대구지방법원 안동지원 2014. 10. 2. 선고 2014고합45 판결
대구지방법원 영덕지원 2014. 8. 28. 선고 2014고합22 판결
대구지방법원 포항지원 2014. 5. 19. 선고 2014고합29 판결
서울동부지방법원 2013. 7. 26. 선고 2013고합164 판결
서울중앙지방법원 2013. 3. 21. 선고 2013고합148 판결
인천지방법원 부천지원 2012. 11. 30 선고 2012고합337 판결
춘천지방법원 강릉지원 2012. 10. 5. 선고 2012고합108 판결
울산지방법원 2012. 9. 26. 선고 2012고합377 판결
서울북부지방법원 2012. 9. 21. 선고 2012고합274 판결
광주지방법원 2012. 9. 19. 선고 2012고합798 판결
의정부지방법원 고양지원 2012. 9. 7. 선고 2012고합243 판결
울산지방법원 2012. 8. 14. 선고 2012고합224 판결

인천지방법원 2012. 7. 13. 선고 2012고합622 판결
춘천지방법원 원주지원 2012. 7. 5. 선고 2012고합86 판결
서울서부지방법원 2012. 3. 21. 선고 2011고합352 판결
창원지방법원 진주지원 2010. 11. 19. 선고 2010고합134 판결
광주지방법원 장흥지원 2010. 11. 9. 선고 2010고합35 판결
대구지방법원 2010. 6. 16. 선고 2010고합205 판결
대구지방법원 2010. 5. 19. 선고 2010고합91 판결
수원지방법원 2010. 4. 30. 선고 2010고합117 판결
광주지방법원 순천지원 2008. 9. 11 선고 2008고합114 판결
대구지방법원 영덕지원 2006. 10. 2. 선고 2006고합32 판결
인천지방법원 2006. 9. 14. 선고 2006고합410. 50(병합) 판결
서울지방법원 북부지원 2002. 8. 30. 선고 2002고합308 판결
인천지방법원 1999. 10. 20. 선고 98고합181 판결
대전지방법원 1996. 8. 8. 선고 96고합26 판결

1 대법원은 ① 출판기념회 개최를 빙자하여 피고인의 인지도를 높였다는 이유만으로 사전선거 운동에 해당한다는 취지의 대법원 2007. 8. 23. 선고 2007도3940 판결, ② 후보자가 되고 자 하는 자가 선거인에게 영향을 미칠 목적으로 단체 등을 설립했다면 선거운동의 목적이 있 는 것으로 보아 공선법 제89조 제1항 본문의 유사 기관에 해당한다고 판시한 대법원 2006. 6. 27. 선고 2005도303 판결 등은 위 판결의 견해에 배치되는 범위에서 전원합의체 판결로 이를 변경했다.

2 예비군 중대장급 이상의 간부, 주민자치위원회 위원, 통반장, 각급 선관위 위원들의 경우 선 거운동을 하기 위해서는 선거일 90일 이전에 사직해야 한다는 점에 유의해야 한다.

3 21대 총선의 경우에는 2019년 12월 17일이다.

4 21대 총선의 경우 2020년 4월 1일이다.

5 선거에 관한 여론조사를 투표 용지와 유사한 모형에 의한 방법을 사용하거나 후보자(후보자 가 되고자 하는 자 포함) 또는 정당(창당준비위원회 포함)의 명의로 선거에 관한 여론조사를 할 수 없다.

6 여기서 '선거운동과 관련하여'의 의미는 '선거운동을 위하여'보다는 넓은 개념으로서 선거운 동에 즈음하여 선거운동 관련 사항을 동기로 하여와 유사한 의미로 해석된다.

7 주관적 구성 요건인 '선거에 영향을 미치게 하기 위하여'의 의미에 관하여 법원은 "선거법 제 58조 제1항이 규정한 '당선되거나 되지 못하게 하기 위한 행위', 즉 선거운동을 위하여 하는 경우로 해석함이 상당하다"라고 한다.

8 예비후보자 또는 후보자의 회계 책임자가 예비후보자후원회 또는 후보자후원회의 회계 책임 자를 겸임할 수 없음에 유의해야 한다.

9   위법한 선거운동을 위하여 또는 기부 행위 제한 규정을 위반하여 지출한 비용, 즉 위법 비용은 선거비용으로 보전되지 않는다. 선거 후 회계 보고서를 작성하여 선관위에 보고하게 되면 선관위는 심사를 통해 위법 비용이 존재하는지 여부를 검토하고, 위법 비용이 발생한 경우 후보자에게 서면 통지한다. 선관위의 통지에 대해 후보자나 회계 책임자 등은 이의를 신청할 수 있다.

10 공선법 제122조의2(선거비용의 보전) 제3항에 따른 부담 비용 청구 절차 역시 선거비용 보전 청구와 유사하다.

11 안내장은 우편 발송 외에도 해당 후원회·후보자의 사무소에 비치하여 방문객에게 배부하거나 당원 집회에서 참석자에게 배부할 수 있다. 하지만 발송 봉투를 사용하지 아니하고 안내장을 배부하는 경우에는 배부 근거('이 안내장은 정치자금법 제15조에 따라 정치자금 모금을 위하여 배부하는 것입니다'라는 문구를 말함)와 후원회의 명칭을 안내장에 게재해야 한다.

12 과학기술정보통신부 및 한국인터넷진흥원, 〈인터넷 이용실태 조사〉(국가승인 지정통계 제120005호)

13 현행 공선법은 8회로 규정하고 있다.

14 다만, 20대 국회의원 당선자에 대한 선거법 재판에서 허위 사실 공표(18명) 혐의로 기소된 사람 중 당선이 무효가 된 경우는 없었다. 허위 사실 공표 혐의를 받은 의원들은 모두 무죄(확정 6명, 항소심 1명)나 선고유예(1명) 또는 의원직에 영향이 없는 벌금 50만~90만 원 형(10명)을 받았다.
     – 동부지법 존치 약속을 법원행정처장에게 받아냈다는 허위 사실을 총선 공보물에 쓴 ○○○ △△당 대표: 벌금 80만 원
     – 13억 원의 재산을 신고하지 않은 ○○○ 의원: 벌금 80만 원

15 후보자 비방죄에 대한 사안이지만, 사안의 비교를 위해 본항에서와 같이 설명한다.

16 선거여론조사심의위원회는 선거 여론조사 결과에 대한 이의신청을 접수하여 처리하는 위원회이다. 언론 보도 중에서 여론조사와 관련한 사항이라면 선거여론조사심의위원회에 이의 신청을 해야 한다.

17 다만, 다른 사람의 유도 또는 도발에 의해 당해 후보자의 당선을 무효로 되게 하기 위해 지출한 때에는 예외로 한다.

18 선거범죄로 인한 후보자격 제한은 아니지만, 다른 공직선거(교육의원 선거 및 교육감 선거를 포함함)에 입후보하기 위해 임기 중 그 직을 그만 둔 국회의원·지방의회의원 및 지방자치단체의 장은 그 사직으로 인하여 실시 사유가 확정된 보궐선거의 후보자가 될 수 없다.

19 양형 기준에 대한 서술은 대법원 양형위원회가 2017년 발간한 〈양형 기준〉에서 발췌한 것이다.

20 20대 국회의원 선거 관련 통계는 선거 이후 2016년 8월 1일 중앙선관위가 발표한 자료를 근거로 했다.

실전 선거법 A to Z

초판 1쇄 2020년 1월 30일

지은이 법무법인 한결
펴낸이 서정희
책임편집 고원상
디자인 제이알컴
마케팅 김형진 김범식 이진희

펴낸곳 매경출판㈜
등 록 2003년 4월 24일(No. 2-3759)
주 소 (04557) 서울시 중구 충무로 2 (필동1가) 매일경제 별관 2층 매경출판㈜
홈페이지 www.mkbook.co.kr
전 화 02)2000-2632(기획편집) 02)2000-2636(마케팅) 02)2000-2606(구입 문의)
팩 스 02)2000-2609 **이메일** publish@mk.co.kr
인쇄·제본 ㈜ M-print 031)8071-0961
ISBN 979-11-6484-076-2 (03360)

이 도서의 국립중앙도서관 출판예정도서목록(CIP)은 서지정보유통지원시스템 홈페이지(http://seoji.nl.go.kr)와 국가자료공동목록시스템(http://www.nl.go.kr/kolisnet)에서 이용하실 수 있습니다. (CIP제어번호: CIP2020001485)